U0035533

中國近代史話集

左舜生・原著
蔡登山・主編

導讀：左舜生和其近代史研究

左舜生與曾琦、李璜並稱「曾、左、李」，是中國青年黨的黨魁，在變幻莫測的民國政壇上叱吒風雲、顯赫一時；他與李劍農、蔣廷黻齊名，是中國近現代史研究的先驅者之一，著作豐碩，卓然成家。

左舜生（1893-1969），譜名學訓，以字行，湖南長沙人。一九〇四年入長沙第十八初小，一九〇八年春，考入長邑高等小學。一九一二年入長沙縣立師範肄業。一九一三年入上海震旦大學法文系。一九一九年七月，與曾琦、惲代英、毛澤東、張國燾、李大釗、張聞天、鄧中夏、李璜、何魯之、余家菊、陳啟天、黃日葵、劉仁靜、段錫朋、羅家倫、易家鉞、易嶷之、熊夢飛、田漢、沈澤民、何公敢等發起組織少年中國學會，並任《少年中國》主編；後任該會執行部主任。一九二〇年任中華書局編譯所新書部主任，先後編印《新文化叢書》、《教育叢書》、《嘗試叢書》、《音樂叢書》、《少年中國學會叢書》，名噪一時。一九二三年，與曾琦、李璜等發起組織中國青年黨。一九二四年任中國青年黨黨刊《醒獅週報》總經理，自校勘以至發行，皆一手包辦。一九二六年得中華書局之助，赴法留學一年後復歸中華書局。一九三一年「九一八」事變後，再創《民聲》週報，鼓吹抗戰。一九三二年「一二八」淞滬戰起，左舜生辭去書局職務，協助十九陸軍抗戰，並在復旦、大夏等大學授課。一九三四年七月赴廬山晉謁蔣委員長，開國、青兩黨聯合抗日之先聲。一九三五年應邀至中央政治學校任教，同年七月並當選青年黨中央執行委員會委員長，並發行《國論》月刊。一九三七年抗戰爆發後，國民黨成立了國民參政會作為戰時最高民意機構，並把各黨派領袖和各界社會名流悉數網羅進來。左舜生自始至終參與其事，開大會時擔任大會主席團主席，休會時任駐會委員。他也積極參與、推動了抗戰中期和後期的兩次聲勢浩大的民主憲政運動。

為了於國共兩黨外形成一種制衡力量，進而組建一具有較大規模的大黨，青年黨與國家社會黨、鄉村自治派、農工黨、職業教育社等於一九四一年三月成立中國民主政團同盟（簡稱「民盟」），黃炎培任主席，左舜生擔任秘書長直至青年黨退出「民盟」。這期間他長期主持「民盟」中央工作。「民盟」的重要文件大多出自左舜生之手。一九四五年七月，左舜生還以「民盟」代理主席身分與黃炎培、傅斯年等五名參議員一同訪問延安。左舜生等人受到了熱烈歡迎並多次會談外，還與曾同為少年中國學會會員的毛澤東、張聞天進行了單獨會談，加深了他對中國共產黨的認識和瞭解。

一九四七年四月，青年黨與國民黨、民社黨共同簽訂《國民政府改組後施政方針》，組成所謂三黨聯合政府。左舜生出任國民政府政務委員兼農林部長，至一九四九年三月因行政院總辭職離任，時間將近兩年。同年四月自滬來臺，九月又赴香港定居。從此不再涉足青年黨的黨務，其政治生涯基本結束。在港期間先創辦《自由陣線》週刊，又與友人合辦《自由人》三日刊。一九五七年任教於新亞書院。翌年創辦《聯合評論》。一九六五年應邀在香港清華書院講授中國近代史。一九六九年返台，促成青年黨團結後返港，舊疾復發。九月十四日來臺入榮民總醫院就醫，十月十六日病逝，終年七十六歲。

左舜生治史受梁啟超和章太炎的影響較大。他稱讚梁啟超說：「梁任公為現代中國做啟蒙運動最努力的一人，他治學重點關於史學的一面，更為我所私淑。」章太炎與左舜生曾在一九三一年「九一八事變」後交往了兩年多的時間。章太炎建議左舜生看陳壽《三國志》中之裴松之注，說「此書簡練謹嚴，如能同時細看裴注，則可悟古人運用史料之法」。對此，左舜生說：「余於此書曾翻閱三四遍，得先生之力為多也。」

左舜生對中國近現代史料至為嫻熟，一方面他曾長期在中華書局做編輯，接觸了許多史料，另一方面他當年活躍在中國政壇，相識遍天下的豐富人生經歷，近六十年來中國歷史重大事件之發展變遷和歷史人物的為人、學問、掌故，他或參與其事，或熟知內情，對史料瞭解甚多。早在上個世紀二十年代初期就有許多研究成果問世，如《近代中英外交關係小史》、《近代中日外交關係小史》、《辛亥革命小史》、《中國近百年史資料初編》及《續編》等。陳啟天認為：「這幾種書的出版，確立了先生終身研究中國近代史的基礎，也引起了我國學人研究中國近代史的興趣。」

一九四九年左舜生遷居香港後，在香港新亞、清華、珠海、華僑等大專院校講授中國近代史和史學名著等課程。根據他多年從事近代史研究的心得，他精心編寫了《中國近代史四講》，他說：「這部書是我近九年來在香港兩處大專級學校講中國近代史的一種講義。」，「我這部簡陋的講義是一面編寫，一面發表，發給學生們作為他們聽講後整理筆記的參考用的；其目的在使他們知道清代之所以亡，與民國之所以興，而禍根所伏，已貽害及於今日。」他又說：「假定我們把這一百多年間的大事，依先後次序逐一的講下去，這會近於一篇流水帳，看來應有盡有，實際按之無物，可能引不起聽者的興趣，講者的責任感也未免過於輕鬆。」於是他說：「近年在香港乃只講『甲午戰爭』、『戊戌維新』、『庚子拳變』以及『辛亥革命』這四大段。我所持的理由如下：第一、中國真正的政治和文教改革運動，確實是甲午戰後才逐漸起來的。第二、儘管我的講稿主題僅從甲午開始，但要追溯這四件大事的根源，則自《江寧條約》訂立以來的若干事實，仍不能不有所涉及，這不僅我在口頭上的講述如此，即在這部講義文字的表現也是如此。第三、現在各大學的必修科，另有中國通史，通史的講法如何我不大清楚，但我相信自五口通商迄甲午戰敗的經過，也一定會要講到，因此，像我這樣一種的講法，對聽講的人也不見得會有什麼不能連貫之處。」

左舜生在講課時，除了經心地準備他的講義外，在課堂上也盡量做到生動有趣，引人入勝。他的學生陳鳳翔在〈我所見晚年的左舜生先生〉一文中，就說到：「先生上課之前，有充分準備，常帶參考書數種。講時徐速有節，井井有條，而不用看看書本，尤於近代史一課，至為生動，每講一事、論一人，皆如親歷其境，如數家珍。講到激動處，語調突變，聲容俱動，白眉略蹙，手指作勢；說到國運蹇困處，萬方多難，則不禁卷長歎；說到平生際會之奇或興奮之處，則撫胸呵呵長笑，淋漓興會而不覺疲倦；學生聽講，亦如沐春風，心焉嚮往。」

《黃興評傳》是左舜生晚年的代表作之一，主要論述黃興（克強）在辛亥革命中的活動，充分肯定了其歷史地位。左舜生感慨於：「以我近三十年教書的經驗，各地大學生，在我沒有和他們講明以前，能舉出克強先生的姓氏，或略略知道他生平梗概的，已絕無僅有；甚至在某些敘述中華民國開國史的書籍，能有三兩處提到克強先生的也不多。」但他認為黃興「對於創建民國的勳業，其地位僅次於中山先生；在民國初年，中外人士無論在口頭，在文字，一提到中國革命，大抵以孫、黃並稱；甚至連袁世凱在民元招待兩先生北上，也用了同樣隆重的典禮。」對於這位同是湖南前輩的表彰，左舜生有其敬意與感情在，但不因此而失其治史之嚴謹和理性。

對於黃興死後，一度因二次革命失敗及與孫中山之間鬧分歧等問題而遭致某些人的詬病，左舜生在書中都有其辯解，他認為二次革命的失敗不應由黃興一人負責，他說：「以宋案發生後，國民黨與袁世凱兩方的形勢論，國民黨發動對袁用兵，無論是由中山或克強出而指揮軍事，結果必至失敗。」其原因在於：當時一般國民求苟安之心甚切，國民黨雖擁有幾省地盤，但形勢散漫，其武力與財政都相當空虛。而「用兵以財政為第一，自辛亥首義以迄二次革命，國民黨的失敗，實以財政無辦法為一主要原因……可見，二次革命失敗，實敗於財政而非戰之罪。」加之此時的國民黨「原為一新造的政團，其所以能結成一個大黨，取得國會多數議席制袁，實以宋教仁之力為多，宋死以後，即失去主要的領導人物。」另外後人對於孫、黃的分歧，左舜生雖說不敢發表揣測之語，但卻借用章士釗和周震鱗的話來表達自己對黃興的支持，指出孫、黃之間的分歧，並不是對待革命的原則性分歧，而黃興就算去美國養病期間，也不忘宣傳孫中山的「三民主義」。因此儘管有人認為黃興是「革命黨裡妥協派的最大代表」，在左舜生看來，根本就是無稽之談。

另外左舜生在娓娓道來的舒緩風格中，往往會借重詩詞作品來增加其感染力。在《黃興評傳》黃興聽聞好友劉道一為革命犧牲的消息後悲痛欲絕的心情，左舜生引用黃興當時所做的一首緬懷詩來呈現；而黃興為鼓舞「東方暗殺團」完成刺殺李準的行動時，左舜生也以一首〈蝶戀花〉的詞來表達黃興的高昂情緒。其所以如此，左舜生說：「我寫這篇〈譚、黃、宋、蔡四先生評傳〉，剛好這四位先生都能做詩，我在全篇的結構上，擬就他們每人的作品各選錄一二首或三五首。我選錄的標準，不全在詩的好壞，乃是擇其足以代表作者個性，使讀者能想像其為人；同時又有以激發青年的志氣，庶幾使之感奮能步四先生之後，起而效忠於國族。」

《中國近代史話集》包括有初集和二集兩冊，左舜生說：「我這本《中國近代史話初集》，錄正文十五篇，附錄十五篇，合計三十篇，半數以上是十年前在幾種刊物上發表過的，而且曾以舊版新版的方式，編入《萬竹樓隨筆》，印過四次，共六千冊。後來因為發行隨筆的「自由出版社」停頓了，也就沒有再印。這次又加入最近寫的若干篇，在臺灣發行，並使我有一個淘汰、訂正、補充的機會，但究竟能有多少貢獻，卻很難說。惟有向我的同行們求教。」至於《中國近代史話二集》則主要收入《宋教仁評傳》和讀書雜記十七篇。在這些文章中，左舜生對於人物事蹟的考辨極為重視。例如〈記張蔭桓〉一文，可說最具代表性。在《清史稿》中，不過區區七百餘字，但左舜生參考了《春冰室野乘》、《翁同龢日記》、《庚子西狩叢談》、《驛舍探幽錄》、《光宣僉載》、《荷戈集》等資料，將張蔭桓的身世經歷、宦海風雲、才華學識、奢靡斂財及與翁同龢的關係等，考辨得十分詳細，也將張蔭桓在近代政治史上的角色，刻畫得清清楚楚。這與左舜生對於史料的重視有著密切的關係。

左舜生研究中國近現代史長達四十多年，出版了許多史學著作，有《中國現代名人軼事》、《近三十年見聞雜記》、《遊記六篇》、《反共政治論文集》、《中國近代史四講》、《萬竹樓隨筆》、《中國近代史話》初集和二集、《文藝史話及其批評》、《黃興評傳》等。

未輯成冊的有《宋教仁評傳》、《梁啟超的生平及其思想與著作》。這其中《萬竹樓隨筆》曾四次印刷，暢銷一時。

蔡登山

序

近年出版的中國近代史資料，多到不可勝數，就我個人所搜集的而論，不算太多，但包括整本整部的書，以及零篇斷簡，已不少於七八千萬字。

以一個中國近代史研究者的立場來說，這些東西自然都有一定的用處；但不適於一般大學史學系的學生翻閱。甚至為大學畢業以後，進入研究所專攻近代史的人，用處也不太大：

第一、因為他們沒有許多閱讀的時間。

第二、這些資料，出於無數人的手筆，無論對事對人的記載，都不免矛盾衝突，希望博觀約取，加以剪裁或選擇，他們似乎不容易做好這種準備。

第三、歷史上既無孤立的人，也沒有一件不牽涉多方面的事，要他們就一個專題去找材料已經很難，何況作一種廣泛的搜集？

此外，就進一步專門研究中國近代史的人來說，截至現在為止，無論在臺灣，在香港，乃至在日本或美國，我還不知道有沒有一所理想的圖書館，可供他們充分的運用。再加上最近五六十年，中國變亂紛乘，一個新的執政者起來，往往把有利舊執政者的史料，故意加以湮沒；或改頭換面，隨意竄改或曲解；而學術思想與黨派的分歧，乃至私人間的恩怨，更足以淆亂是非，顛倒黑白；以致非躬與其役或曾親接其人者，要對有意或無意寫出許多不正確的記載加以矯正，也是一件很困難的事。

何況，百餘年來的中國近代史，實與世界近代史不可分，如果不對若干與中國關係密切國家的近代史有一大致的了解，則遇到一件涉及國際的大事，在敘述上便難免流於主觀或偏見。基於上舉種種原因，希望在目前即有一部比較妥善完備的《中國近代史》出現，乃是不可能的事，而且也決不是三五人之力所能成功。目前所能著手的，只能期待有志從事這一工作的人們，分工發展，通力合作，根據多種資料，加以鑑別，就一事一人，反覆重寫，為將來寫這部綜合性中國近代史者，節省時間與精力。

我這本《中國近代史話集》，錄正文十五篇，附錄十五篇，合計三十篇，半數以上是十年前在幾種刊物上發表過的，而且曾以舊版新版的方式，編入《萬竹樓隨筆》，印過四次，共六千冊。後來因為發行隨筆的「自由出版社」停頓了，也就沒有再印。這次又加入最近寫的若干篇，在臺灣發行，並使我有一個淘汰、訂正、補充的機會，但究竟能有多少貢獻，卻很難說。惟有向我的同行們求教。「文章總是自己的好」，我是今生今世決不會存此妄想的。

1965.12.24，記於九龍鑽石山

目次

003／導讀：左舜生和其近代史研究／蔡登山
011／序
015／林則徐的一生（一七八五－一八五〇）
029／記張蔭桓（一八三七－一九〇〇）
041／清末建設與盛宣懷（一八四四－一九一六）
046／張謇及其事業（一八五三－一九二六）
059／清民之際的梁士詒（一八六九－一九三三）
066／譚嗣同評傳（一八六五－一八八九）
120／文人兼經師的王闓運（一八三二－一九一六）
133／亢直敢言的王先謙（一八四二－一九一七）

141／戊戌得罪的皮錫瑞（一八五〇－一九〇八）
147／遊戲召禍的葉德輝（一八六四－一九二七）
151／五四運動與蔡元培（一八六八－一九四〇）
159／我所見晚年的章炳麟（一八六八－一九三六）
168／厭世自沉的王國維（一八七七－一九二七）
186／記梁濟自殺（一八五九－一九一八）
191／最近大陸去世的三位老人冒廣生、張元濟、冷遹
201／宋教仁評傳（一八八二－一九一三）
264／清末改革運動的四大領袖——康、梁、孫、黃
276／我們怎樣紀念中山的百年誕辰？
286／壽介公總統八十——述我與蔣先生之間的幾件小事
301／讀書雜記十七篇

林則徐的一生（一七八五－一八五〇）

林則徐，福建侯官人，字元撫，一字少穆，晚號俟村老人。他出生於一個清貧的讀書人家，祖若父均秀才。父名賓日，字孟養，號暘谷，以病目，遂絕意科名，不樂仕進，以經術誘掖後進，曾掌教將樂「正學書院」垂十年，著有《小鳴集》，計詩八卷，古文時文各二卷。母氏陳，工針黹，又善剪綵為草木之花，大者成樹，其小至於一莖一葉，皆有生意；年可易錢數十串，頗賴以貼補家用。他的父母共有三個兒子，則徐居次。

則徐早慧，幼從父讀，七歲即開始作文，母亦期以遠大。十三歲應府試第一，次年補弟子員（秀才），二十歲中舉（嘉慶九年）；寫《古春風樓瑣記》的高拜石先生，說他即以是年聯捷成進士，不確；他成進士在嘉慶十六年，同榜有程矞采、周天爵諸人，其時則徐的年齡已經是二十七了。

則徐工詩文，尤長削牘，受知於閩撫張師誠（高《瑣記》作思誠，誤），被延入幕。張師誠者，字蘭渚，浙江歸安人，他在乾隆五十五年成進士以前，即曾服官中樞，其後歷官山西、河南、江蘇、江西、安徽等省，性警敏綜覈，知兵，在嘉道間疆吏中有能名。其任福建巡撫的時期，為嘉慶十一年十月至十九年三月，因此則徐之入張幕，最早當亦在十一年以後，高《瑣記》說則徐中舉的這一年（嘉慶九年）即已在張幕中，與事實不合。李元度《國朝先正事略》記林則徐一篇（卷二十五），謂則徐「二十舉於鄉，就某邑令記室，閩撫張公師誠見所削牘，奇之，延入幕。」著《林文忠公年譜》的魏應麒先生，即根據《事略》這一篇，也把林入張幕這件事繫於嘉慶九年，與高先生的《瑣記》殆陷於同一錯誤。張師誠撫閩歷時七年以上，林從張亦甚久，不獨林之得「盡識先朝掌故及兵刑諸大政」得張的益處不少，甚至後來禁煙一幕，則徐在廣東設防並斷絕英人接濟，也多少受了師誠在閩參加平定海盜蔡牽朱濆一役的暗示。則徐既與張有這樣甚深的關係，所以我不得不就李（元度）魏（應麒）高三位先生的記載作出這一小小的訂正。（舜按：高著《古春風樓瑣記》，我已見過一、二、三，三集，都數十萬言，可喜的記載甚多，為治中國近代及現代史有用的參考資料，其記〈張師誠兩試林則徐〉一則，見第一集第一篇，特附帶介紹於此。）

則徐生於乾隆五十年乙巳七月二十六日（1785.8.30），卒於道光三十年庚戌十月十九日（1850.11.22），得年六十有六（據魏譜）。其一生任事的簡歷如後表：

序號	年代	簡歷
1	嘉慶21年	三十二歲，充江西鄉試副考官。
2	嘉慶24年	三十五歲，充會試同考官。
3	嘉慶25年	三十六歲，補江南道監察御史，授浙江杭嘉湖道，究心水利。
4	道光2年	三十八歲，授江南淮海道，旋署浙江鹽運使。
5	道光3年	三十九歲，升江蘇按察使。
6	道光4年	四十歲，署江寧布政使，總司江浙兩省水利。
7	道光5年	四十一歲，上年丁母憂，是年仍奉特旨赴南河督修隄工。
8	道光7年	四十三歲，授陝西按察使，署布政使事。是年丁父憂。
9	道光10年	四十六歲，補湖北布政使，調河南布政使。
10	道光11年	四十七歲，調補江寧布政使，授河東總督。
11	道光12年	四十八歲，辦理河工，訓練河標，調江蘇巡撫。
12	道光13年	四十九歲，在蘇撫任，興水利，賑災荒。
13	道光14年	五十歲，仍在蘇撫任，整理運河漕運。
14	道光15年	五十一歲，署理兩江總督。
15	道光16年	五十二歲，回蘇撫任。
16	道光17年	五十三歲，任湖廣總督，整頓鹽務。
17	道光18年	五十四歲，仍在湖廣總督任，奏籌辰沅道苗疆屯防各事宜，又奏定禁煙辦法多種，大搜湘鄂煙槍、煙土、煙膏，奉旨赴廣東查辦海口事件，並節制該省水師。
18	道光19年	五十五歲，抵廣州，就欽差大臣任，曉諭外商繳煙，奏請議定外商夾帶鴉片罪名專條，赴虎門督員銷化煙土，下令驅逐在澳英人，英艦疊次來犯，均被擊退，曉諭停止英國貿易。任兩廣總督。
19	道光20年	五十六歲，特摺奏舉整飭洋務辦法五條。英艦大隊犯浙，陷定海，英艦疊次攻擊粵關閘礬石赤灣等處，均禦退之。清廷懼，與英議和，罷公職。

序號	年代	簡歷
20	道光21年	五十七歲，赴浙會辦洋務，尋遣戍伊犁，途中折回東河效力。是年英軍攻粵，陷虎門礮台，迫廣州；攻閩，陷廈門；攻浙，佔定海，大掠餘姚。
21	道光22年	五十八歲，東河工竣，仍遣戍伊犁。是年英軍復陷浙寧波、鎮海等處；佔吳淞，入南京；清廷與英議和，訂立《南京條約》。
22	道光24年	六十歲，勘辦伊犁開墾事宜。自備資斧，親歷庫車、阿克蘇、烏什、和闐、喀什噶爾、葉爾羌及伊拉里克、塔爾納沁等城，縱橫三萬餘里。
23	道光25年	六十一歲，仍繼續在伊犁開墾。大興水利，闢屯田三萬餘頃，回民生計，賴以改善。
24	道光26年	六十二歲，任陝西巡撫，緝拿刁匪，開倉平糶。
25	道光27年	六十三歲，任雲貴總督。
26	道光28年	六十四歲，剿辦永昌等處哨匪，添設永昌、順寧、大理、蒙化等處汛兵。
27	道光29年	六十五歲，摺奏查勘滇省礦廠情形，試行開採四事，因病開缺，回籍調理。
28	道光30年	六十六歲，回閩，倡議驅逐佔居城內神光積翠兩寺英人。洪秀全起金田，被命為欽差大臣，赴桂剿辦，行至潮州卒。

（前表據魏譜節錄增訂）

綜則徐二十餘年在疆吏任內之所為，殆無時無地不表現一種實心實力任事的精神，亦無一事不有助於民生國計，可是說到關係國家命運與民族強弱的一件大事，則尤莫如他在廣東嚴厲執行禁止鴉片政策的一幕。

按鴉片在中國逐漸流行，遠在清乾隆二十二年（1757）英國東印度公司佔領鴉片產地孟加拉，及三十八年（1773）東印度公司獨佔鴉片專賣權以後。到了嘉慶二十一年（1816），東印度公司更把專賣權放棄改為自由貿易，於是鴉片對中國的輸入，乃突呈飛躍。

根據一種不完全的統計，嘉慶二十三年（1818）輸入的煙價，還只值四百七十餘萬元，到道光十三年（1833），便已加到一千二百八十餘萬元。至於鴉片的數量，僅道光十四年（1834）一年，即已到達二萬一千七百八十五箱的巨額。鴉片既是這樣大批湧進，於是吸食者乃普遍及於全國，上自王公貴族，官吏士紳，下迄販夫走卒，娼優隸役，據估計當在兩百萬人以上，實際或尚不止此。

本來，中國禁煙原不是從道光時代才開始的：嘉慶元年（1796），十九年（1814），二十年（1815）便有過三次的嚴令禁止。可是販賣鴉片既為大利之所在，人民吸食一經上癮，即傾家蕩產亦毫不顧惜，同時以禁令愈嚴，官吏接受賄賂的機會也愈多，於是興販煙土者，熬製煙膏者，開設煙館者，自廣東以至各省，其沿途的關吏巡丁，各衙門的書吏差役乃至家丁幕友，莫不互相勾結，包庇縱容，於是禁煙的法令儘管多於牛毛，而鴉片的販運與吸食仍通行無阻。這種情況發展到道光十七、十八兩年（1837-1838），煙價已到達二千五百萬元以上，煙土的數量已到四萬箱以上！這便是道光十八年閏四月鴻臚寺卿黃爵滋〈請嚴塞漏卮以培國本〉一篇奏摺的由來。黃字德成，號樹齋，江西宜黃人，官至刑部左侍郎。道光初年，林則徐曾和黃及龔自珍（定菴）、魏源（默深）等，組織了一個「宣南詩社」，龔為新疆改建行省的首倡者，魏則為最早提倡維新思想之一人，黃乃發動了這次的禁煙運動，而則徐在事實上成了他們的領袖。

黃爵滋這篇奏摺，主張處吸食鴉片者以死刑，他指出鴉片輸入增多的一個嚴重後果，即為白銀逐年漏出，據他說：「道光三年以前，每歲漏銀數百萬兩」「自道光三年至十一年，歲漏銀一千七八百萬兩；自十一年至十四年，歲漏銀二千餘萬兩；自十四年至今，漏至三千餘萬兩之多，此外福建、浙江、山東、天津各海口，合之亦數千萬兩。」他更說明理由，謂：「耗銀之多，由於販煙之盛；販煙之盛，由於食煙之眾；無吸食者，自無興販，無興販則外夷之煙自不來矣。今欲加重罪名，必先重治吸食。」他還加重語氣說：「以中國有用之財，填海外無窮之壑，易此害人之物，漸成病國之憂，日復一日，年復一年，臣不知伊於胡底！」「若再數年間，銀價愈貴，奏銷如何能辦？稅課如何能清？設有不測之用，又如何能支？」道光帝旻寧讀到這些句子，非常激動，即發交直省各督撫各抒所見，妥議章程，而以則徐所奏及所擬章程六條最為剴切詳盡，切實可行。時則徐官湖廣總督，他覺得這是禁絕鴉片的最好機會，乃首先在湘鄂兩省大舉嚴禁，計先後繳獲煙槍五千五百餘桿，煙土煙膏一萬二千餘兩，並配製戒煙藥丸，供民服食。奏報後，深得道光帝嘉許，批示「所辦甚屬認真。」林又上疏略言「煙不禁絕，國日貧，民日弱，數十年後，豈惟無可籌之餉，抑且無可用之兵。」更促成道光帝的決心。其時查得莊親王某，輔國公某在尼僧廟內吸食鴉片，即分別將其王爵公爵革去，仍各罰應得養贍錢糧兩年。上年太常寺少卿許乃濟請弛禁鴉片照藥材收稅，至是乃將許乃濟降為六品頂帶，即行休致，以示儆儆。凡此，均可看出旻寧在初期對於禁煙的態度確實是相當勇往的。

是年十一月，則徐自湖北入覲，被道光帝召見凡八次。十五日奉諭：「湖廣總督兼兵部尚書銜林則徐，頒給欽差大臣關防，馳驛前往廣東，查辦海口事件，所有該省水師，兼歸節制。」則徐奉命後，即於二十三日出京，經由直隸、山東、安徽、江西，前往廣東。這個時候則徐的心情怎樣呢？在臨行前，龔自珍寫了一篇〈送欽差大臣侯官林公序〉給他（文見《定盦文集》補編卷四，文後附有則徐在赴粵途中寫給龔的一封回信。）龔文希望林到粵後堅持定見，不要為當地的浮言所動，而且勸林對這種以危辭動搖國策的人，不妨「殺一儆百」，以示決心。林信中說他所慮的，乃「多口之不在彼也。」這個意思是說：他不怕廣東的意見太多，他所憂慮的，乃是北京方面的人言龐雜，可能會使得道光帝的意志無法貫徹。這證以後來的事實，可看出則徐確有遠見，如大學士穆彰阿之類將對他不利，是早在他的意料之中的。

在則徐未到達廣州以前，道光帝還下了一道上諭給當時的兩廣總督鄧廷楨和巡撫怡良，教他們「益矢勤奮，盡泯畛域，應分辦者各盡己責，應商辦者會同奏聞，趁此可乘之機，力救前此之失，總期積習永除，根株斷絕，……為中國祛此一大患。」則徐本人，也在途中飛劄廣州布、按兩司，就包買的窯口，說合的孖氈和興販的奸商按照他所已查得的名單，分最要次要，密為拘捕。以這類人多係衙門堂差，營伍兵丁，恐有迴護，故措辭頗為嚴厲。等到他在十九年正月二十五到達廣州就任以後，老煙商查甸，即已聞風逃脫歸國，停在伶仃洋的鴉片躉船，也先後開動，作回國姿態。則徐以躉船二十二隻，每隻儲存鴉片，約千箱左右，因嚴令煙商全部繳出。二月，英領事義律（Captain Charles Elliot）已由澳門到達廣州，對繳煙仍存觀望，並令老煙商顛地（Lancelot Dent）於夜間逃遁。則徐一面截回逃人，一面下令停止中英貿易，並派兵包圍洋館，撤退洋館中僕役，斷絕洋館與躉船交通，義律不得已，乃將全部煙土二萬二百餘箱，計重二百三十七萬六千二百五十四斤，值價約一千二百萬元，至是年四月初六日止，陸續交出。則徐即在虎門海灘，挑成兩池，將煙土投入池內，撒以鹽滷，燃以石灰，從四月二十二日起，至五月十五日止，將其全部燒毀，並隨海潮衝入海內，不聽涓滴餘留。至今我們以陽曆六月三日作為林則徐大舉燒煙的紀念日，實即最足表現我民族精神最光榮的一天也。

繼此以後，則徐對外國鴉片商的態度更趨強硬，令進口各船出具「永不夾帶鴉片，如有帶來，一經查出，貨盡沒官，人即正法，情甘服罪。」的甘結。義律對「人即正法」一點，堅決拒絕。是年五月二十七日，有村民林維喜者，被英船水手毆斃，則徐令義律交出凶犯抵罪，義律又抗不交凶。於是延至本年七月，則徐乃下令禁絕英人柴米食物，撤退買辦工人，義律及英商無法在澳門居住，乃遷到海上的貨船，並托葡人出面調停，但對書寫「人即正法」的甘結，仍不接受。是月下旬，義律以久困非計，乃率兵船一艘，武裝商船十隻，突向我九龍山口岸巡船開砲，巡船回擊，岸上砲台也發砲應援，英船被擊翻一隻，英兵死傷多人，我兵也微有損失，英兵逃去。延至九月底，有英國商船兩艘，遵令具結，義律派兵船阻其進口，則徐即派水師對具結英船加以保護，結果一艘開入，一艘逃去。英兵船開砲來攻，我水師提督關天培親率兵勇回擊，英兵船敗走。自是至十月初旬，中英接仗凡七次，我方均獲小勝。道光帝接到此項勝利的奏報，虛驕之氣突增，乃下諭：「即將英吉利國貿易停止，所有該國船隻，盡行驅逐出口，不必取具甘結。」這種漫無分別的辦法，適足促成英方對我開釁的決心，也就是供給義律所求之不得的一種藉口，殊為失策。其時英方已決定用兵，但籌備調遣尚需相當時日，乃由義律貌為恭順，表示但求「仍作正經貿易」，別無他求。在則徐卻只能遵旨封港，斷絕中英通商關係，對義律所請求嚴重予以拒絕。十二月，清廷調鄧廷楨為兩江總督（旋改閩浙總督），以則徐為兩廣總督。其時則徐對海口嚴密設防，對接濟英船的漢奸，也加以多方打擊；關天培與則徐更能密切合作。

道光二十年正月（一八四〇年二月），英政府任命印度水師提督喬治義律（George Elliot）為對華談判全權代表，作為用兵的初步。三月，英議會經過三天的激辯，終以九票的多數，通過對我用兵的軍費支付案。於是英政府乃正式派陸海兩部一萬五千人，軍艦十六艘，大砲五百四十門，再加上駐防印度的軍艦二十三艘，統由伯麥（Gordon Bremer）指揮，於是年五月，陸續到達廣州口外的海面。

則徐在此嚴重威脅的形勢之下，毫不為動，一面發動民眾，組織漁船蛋戶，對以食物淡水接濟英船的奸民，予以打擊；一面懸出重賞，准許人民對侵入內河的英船，「人人持刀痛殺」。英船既並食物淡水而不可得，乃至對漢奸也不敢輕信，而對廣州的虛實更不敢輕下判斷，如此經過一月左右，勢成坐困，於是英政府乃改變向廣州攻堅的方針，訓令伯麥向中國北部活動。六月上旬，伯麥率艦隊三十一艘北駛。五艘攻廈門，為鄧廷楨所擊退；二十六艘擾舟山島，卒將定海縣攻陷。但留粵英軍進攻澳門附近的關閘，則仍為則徐及關天培所擊敗。

定海失陷，為清廷改變態度的一個關鍵，一部分的賣國者，更對則徐攻擊不遺餘力，也有言鄧廷楨廈門軍報不實者。道光帝因此下諭斥責則徐說：「外而斷絕通商，並未斷絕；內而查拏犯法，亦不能淨；無非空言搪塞，不但終不能濟，反生出許多波瀾，思之曷勝憤 。看汝以何詞對朕也。」則徐對於這類的非議，無法作正面答覆，但在寫給他的鄭夫人一封家書裡面卻透漏了他的難言之隱，也表示了他不計生死與毀譽的決心，現在我把他這封家書節錄在下面：

「……外間悠悠之口，都謂我激啟夷釁，殊不知實出聖躬獨斷，屢頒嚴旨，謂不慮諸臣操之過切，只愁諸臣畏之過甚耳。……夫予生逢盛世，得蒙皇上特達之知，……明知禁煙妨碍奸夷大利必有困難，而毅然決然不敢稍存畏葸之心者，蓋以身許國，但求福國利民，與民除害，自身生死且尚付諸度外，毀譽更不計及也。夫人……諒因外間嘖有煩言，謂余一世令名將斷送於售私奸夷之手，用是深抱殷憂。而今英夷兵船來華，既不能在粵思逞，必然改竄他省；他省海口皆無設備，苟有疏失，則該督撫等必然諉罪於余之惹啟夷釁焉，則是非祇可聽之公論而已！……」

英方之決然用兵，由於道光帝下諭停止中英全面貿易，這本來是則徐所不以為然的。他在家書裡說啟釁由於道光帝「獨斷」，並不是則徐要推諉責任，而事實確係如此。可是要一個獨裁的皇帝自己認錯是太不容易的。於是是年的七八月，道光帝乃一面令兩江總督伊里布為欽差大臣赴浙江查辦（七月下旬），一面又命直隸總督琦善為欽差大臣赴廣東查辦（八月）。先是英艦已開赴白河，並以兵艦多艘，分別將北直隸灣、揚子江口、寧波、廈門，以及廣東海口封鎖。喬治義律向琦善提出六條：一、償給貨價（指被燒鴉片所值）；二、割讓一島或數島；三、兩國文書平等往來；四、賠償軍費；五、不得以外洋販煙之船牽累正當商人；六、廢止洋行商把持勒索並賠償欠款。琦善在道光帝及穆彰阿的領導之下，對喬治義律承認林則徐「措置失當」，並允「逐細查明，重治其罪。」其意不僅普通貿易可以恢復，即鴉片貿易也可恢復，目的則在使英艦由北方退往廣東。喬治義律對這一答覆，當然非常滿意，並且對琦善表示：「中堂若赴廣東，我等即可永遠和好。」此即琦善被命為欽差大臣、兩廣總督的由來，亦即九月林則徐鄧廷楨「交部分別嚴加議處」並被革職的由來。

當英艦自白河啟椗南旋，路過浙江，伊里布時在鎮海，遣家人張喜餽以牛酒，首以林鄧去職為賀。伯麥搖搖頭，對張喜說：「林公自是中國的好總督，有血性，有才氣，但不悉外國情形耳。斷鴉片可，斷貿易不可。貿易斷，則我國無以為生，不得不全力以爭通商，豈為仇總督而來耶？」其批評林者，自是英國人口吻，但在投降賣國者聽來，寧不愧死！

本文以敘述林則徐個人的生平為主，則徐自道光二十年九月革職，二十二年二月實行遣戍伊犁，即與鴉片一役完全脫節。其後關於和戰的變化；琦善、伊里布、奕山、楊芳、奕經、耆英、牛鑑等所為；關天培、葛雲飛、鄭國鴻、王錫朋、陳化成之戰死；顏伯燾之戰敗，裕謙之自殺等經過；以迄《南京條約》的訂立；均與則徐無關，是以不復敘及。

則徐與鄧廷楨被遣戍伊犁，本係二十一年五月的事，但則徐在出發途中，又奉命折回東河效力贖罪。等到次年二月河工告竣，雖經王鼎力保，仍被命前往伊犁，致引起王鼎與穆彰阿的衝突，乃至王鼎的自殺。則徐有兩首哭王鼎的七律，茲錄第二首如下，可略見則徐到伊犁以後心情：

> 廿載樞機贊畫深，獨悲時事涕難禁。
> 艱屯誰是同舟濟，獻替其如突不黔。
> 衛史（史魚）遺言成永憾，晉卿（范文子）祈死豈初心！
> 黃扉聞道猶虛席，一鑑云亡未易任。

則徐留伊犁約三年，平日除經營開墾，闢各路屯田三萬七千餘頃這一偉大工作以外，仍讀書及為人寫字不斷；有人說：與他相處數十年，從「未嘗見他袖手枯坐」，這可說明則徐精力過人的一斑。

道光二十五年則徐被赦回來，曾一度署理陝甘總督；次年三月鄧廷楨死，他即代鄧補陝西巡撫。他任陝撫僅一年，即被命為雲貴總督。則徐服官中外三十餘年，他在西安的時候，曾寫了一份分書，將他所有約值銀三萬餘兩的田屋產業，勻作三股，分給他的三個兒子（汝舟、聰彝、拱樞），這可看出他一生的清廉儉樸為何如？此外他還有兩個女兒，他的次女，便嫁了咸同間有名的沈葆楨。

則徐任雲貴總督兩年餘，至道光二十九年七月，始以病體未痊引退。胡林翼曾薦左宗棠於則徐，以引疾不及用，至是以回閩過湘，乃招宗棠到他的船上暢談，一直談到天亮。後來宗棠之經營新疆，可能得他的啟示不少。

三十年二月，他才回到他的家鄉福州。有人問他以應付外國侵略的方略者，則徐答曰：「此易與耳，終為中國患者，其俄羅斯乎！吾老矣，君等當見之。」這大致是因他住在伊犁三年，目睹當地民族複雜情形有感而發，決非空談可比。

是年六月，洪秀全起於金田，勢甚猖獗。九月，則徐奉命以欽差大臣赴桂剿辦。則徐聞命即行，兩粵人民多額手相慶，廣西境內土匪，也多自動解散；不幸行到潮州，以疾發不治，薨於普寧行館，其時為道光三十年十月十九日也。道光帝死於是年正月，咸豐帝奕詝繼立，惟未改元，則徐之赴桂，實咸豐帝所命，非道光帝。

左宗棠聞則徐去世，以一聯輓之，聯曰：

附公者不皆君子，間公者必是小人，憂國如家，二百餘年遺直在；

廟堂倚之為長城，草野望之若時雨，出師未捷，八千里路大星頹。

言簡意賅，大致可以概括則徐的一生了。

記張蔭桓（一八三七－一九〇〇）

《清史稿》為張蔭桓寫了一篇七百多字的傳，大體是不錯的（見《清史稿‧列傳》二百二十九）；可是想要從張的一生經歷，窺見清末政象的一斑，這篇傳便沒有多大用處。現在我根據其他多種資料，再作出如下面一個比較詳盡的敘述。

張蔭桓，字樵野，廣東南海人，生一八三七年（道光十七），卒一九〇〇年（光緒二十六），年六十四。他不是由科甲出身，捐了一個知縣，在山東候補。山東巡撫閻敬銘（丹初）、丁寶楨（稚璜），對他都很賞識，經過他們幾度的保舉，他便得到了一個道員。光緒二年，他署理登萊青道，黃遵憲在煙臺和他見面，彼此有詩唱和，便正在這一年（時黃年二十九，小於張十歲）。咸陽李岳瑞（孟符）所撰《春冰室野乘》說「蔭桓起家簿尉，粗識字，中歲始力學」，光緒二年他三十九，大概書已經讀得不錯了。

光緒七年，他任安徽徽寧池太廣道，頗有政績，次年，升按察使，被調到北京，賞三品京堂。十年，除太常寺少卿，又命他在總理各國事務衙門學習行走。《清史稿》說：「蔭桓精敏號知外務，驟躋巍官，務攬權，為同列所忌。」李岳瑞也說他：「生平做事，不拘繩尺，且以流外官致身卿貳，諸貴人尤疾之，以故毀多於譽，然幹局實遠出諸公上。」這大致都是實在的。就在這一年，他以洩漏朝旨的罪名，被人參劾，退出總署，左遷直隸大順廣道，以閻敬銘力保（時閻任戶部尚書，入軍機，直總署），十一年乃被命充出使美國、西班牙、秘魯三國大臣。次年赴任，十五年始回國，居外約四年餘，不失為當時駐外使節中之佼佼者。十六年閏二月，再入總署行走。十八年，任戶部左侍郎，從這一年到二十四年被革職，在戶部凡六年，與翁同龢共事最久（翁十一年十一月代閻敬銘任戶部尚書，迄二十四年五月罷免，凡十二年以上。）翁對張也倚重傾倒備至，大抵張一生在政治上最有關係之人，前一期為閻，後一期則為翁，現在把翁的日記摘錄幾條在下面，可看出一個大概：

一、張樵野長談，此人才調，究勝於吾。（光，二一・十・六。）

二、觀樵野和樊雲門詩，真絕才也。（光，二三・一二・一六。）

三、王鵬運劾余與張蔭桓朋謀納賄，薰蕕同器，涇渭雜流。元規汙人，能無嗟詫。（光，二四・四・九。）

吳永所述《庚子西狩叢談》，也有一段涉及翁張關係，並可見張之為人，吳說：「……翁常熟當國時，倚之（指張）直如左右手，凡事必諮而後行，每日手函往復，動至三五次。翁名輩遠在張上，而函中乃署稱吾兄我兄，有時竟稱吾師，……其當時之親密可想。每至晚間，則以專足送一巨封來，凡是日經辦奏疏文牘，均在其內，必一一經其寓目審定，而後發布。張公好為押寶之戲，每晚間飯罷，則招集親知僚幕，圍坐合局，而自為囊主。……翁宅包封，往往以此時送達。有時寶匣已出，則以手作勢令勿開，即就案角啟封檢閱。封中文件雜沓，多或至數十通。一家人秉燭倚其左，一人自右進濡筆，隨閱隨改，塗抹勾勒，有原稿數千字僅存百餘字者，亦有添改至數十百字者，如疾風掃葉，頃刻都盡。亟推付左右曰：「開寶開寶！」檢視各注，輸贏出入，仍一一親自核計，錙銖不爽，於適才處分如許大事，似毫不置之胸中。至次日常熟每有手函致謝，謂某事一言破的，某字點鐵成金，感佩之詞，淋漓滿紙；足見其倉卒塗竄，固大有精思偉識，足以決謀定計，絕非草草塘塞者。而當時眾目環視，但見其手揮目送，意到筆隨，毫不覺有慘澹經營之跡，此真所謂舉重若輕，才大心細者，宜常熟之服膺不置也。」

按光緒二十一年蔭桓與日使林董議商約，吳永即係在張幕贊助之一人，後且以此事為張所保薦，上面這個故事，當為吳所親見，即令略有渲染，去事實當不遠也。

二十三年（1897）為英女王維多利亞即位六十週年紀念，蔭桓被命充賀使，兼與各國議加稅，因遍歷英、美、法、德、俄諸國而還。

二十四年六月，清廷設礦務鐵路總局，蔭桓仍與王文韶同被命主持其事；時翁同龢已於四月二十七奉命開缺回籍，蔭桓原亦被人參奏，且聞有旨抄籍，但以榮祿力諫而止，不過等到八月政變爆發，慈禧再出訓政，蔭桓也終於不免了。

八月初六（即慈禧再出訓政的第一天），步軍統領崇禮奉命搜南海館，捕康有為，有為已於初五日出京，乃將其弟廣仁捕去。初八初九兩日，蔭桓與譚嗣同、楊深秀、楊銳、林旭先後被捕，劉光第徐致靖聞捕，也自投刑部獄中，合廣仁共為八人。十三日，他們已聽到備車出決，蔭桓問獄卒：「能不能留下一兩人？」獄卒答：「留兩人。」問：「兩人為誰？」答：「楊深秀、康廣仁。」隨果聞套車六輛，蔭桓自知不免，惟有靜坐待死。不一會，獄中所提出者乃為楊深秀、楊銳、林旭、譚嗣同、劉光第、康廣仁。徐致靖永遠監禁，蔭桓則遣戍新疆。（劉徐自投獄，據《康有為自編年譜》；蔭桓與獄卒問答，據《驛舍探幽錄》蔭桓所自述。）

六君子被殺，未經審訊，也沒有宣布任何罪名，對蔭桓卻還在八月十五正式下了一道上諭，該諭云：「已革戶部左侍郎張蔭桓，居心巧詐，行踪詭秘，趨炎附勢，反覆無常，著發往新疆交該巡撫嚴加管束。沿途經過地方，著各該督撫等遴派妥員押解，毋稍疎虞。欽此。」

究竟張蔭桓犯的是什麼罪？單從上諭上這十六個字是看不出什麼道理的。照一般的說法，總以為康有為是蔭桓的小同鄉，康和他往還甚密，行跡可疑；甚至有人以為康本年三月在保國會第一次集會的演說辭，列舉了當時外交緊急事項共二十點，多為當時的京朝士夫所不知，如果不是在總署經辦外交的張蔭桓向他洩漏，他怎麼能知道得這樣清楚？不錯，這一點確不失為蔭桓得罪的近因，可是要說這就是他得罪惟一的原因，卻又是皮相之論。

原來慈禧是一個凶狠狡獪而最熱中權力的女子，自從咸豐十一年冬因與奕訢合作誅鋤載垣端華肅順以後，便造成了同治一代由她和慈安兩人垂簾聽政的一幕，其時王大臣中之較有權力者，莫如奕訢、文祥、沈桂芬諸人，地方的重要疆吏，則由曾左李諸人分佈，內外相維，表面上總算由平定髮捻而進入一個小康之局。到同治十二年正月，名義上號稱由同治帝親政，但實權仍握於慈禧。十三年十二月同治帝死，慈禧不願立奕訢的兒子載澂，也不肯立奕緯的孫子溥倫，而獨獨選上了奕譞的兒子載湉，其原因則因奕譞是她的親信，奕譞的福晉即載湉的生母是她的嫡親姊妹，而載湉又還是一個年甫四歲的小孩，這些都是最便於她攬權的條件。

光緒七年三月，慈禧把一個名分在她之上的慈安毒死（見惲毓鼎《崇陵傳信錄》）；十年三月，更把奕訢、寶鋆、李鴻藻、景廉、翁同龢逐出軍機，翁且得革職留任的嚴重處分。於是世鐸、額勒和布、張之萬、孫毓汶等乃聯袂並進，慈禧且命軍機處遇有緊要事件，須與醇親王奕譞商辦，朝局清一色的色彩更濃，而太監李蓮英的弄權，也更加露骨（如御史朱一新、國子監祭酒王先謙之劾李，乃十三十四年事），惲毓鼎說：「辛巳（光緒七年）後土木游宴之風始盛，」便是指的這個時期。

十二年，光緒帝十六歲，已漸有成人之度，於是慈禧乃做作一番，裝出一個願意歸政的樣子，並命欽天監選擇明年的一個黃道吉日，以便舉行皇帝「親政」的大典。可是慈禧的內心，大家還是明白的，於是奕譞、世鐸以及一般大小官僚，乃迎合意旨大大地給她一番歌頌，認為皇帝年紀還輕，仍非由她繼續訓政不可。這一點正是她所需要的，因此，她便自己落帆，自己轉舵，於這一年的六月十五，頒下一道懿旨，表示她對光緒帝「亦必隨時調護，遇事提撕，此責不容卸，此念亦不容釋！」便在這樣一種的藉口之下，她又繼續訓政了將近三年。

到十五年，光緒帝已十九歲，慈禧本人也到了五十有五，頤和園因動用海軍經費已修建一新，她確實也想多有一點時間，可以盡情享樂。於是在這一年的二月，光緒帝的「親政」乃居然實現；可是依然是形式的，除最普通的例行事項可由光緒本人處理以外，一切重大事件，仍非向這位老太太請示不可。同時，光緒帝的「大婚」，也同在這一年正月舉行，皇后葉赫那拉氏，係慈禧的老弟副都統桂祥之女，貌既不揚，年齡且大於光緒帝三歲，這當然是由慈禧勉強撮合的。光緒帝對這位皇后的感情不大好，他所歡喜的乃在瑾妃和珍妃（侍郎長敘之女，初封嬪，繼晉為妃。）而珍妃尤有寵。因此，母子、夫妻、婆媳之間更增加了許多葛藤，間接也就影響了當時的政治。

在一般的看法，總覺得光緒帝只是一個庸懦之主；進一步加以研究，他誠然不像後來保皇派筆下所描寫的那樣英明，但證以他在甲午、戊戌、庚子幾幕中的言動，我們最多也只能說他「懦」，而不能說他「庸」，而他這種懦的性格之所以養成，則大抵是由於被慈禧的積威之所劫，而思想的束縛與宮廷的環境自然也有相當的關係。

「惟名與器，不可假人」，慈禧既願意緊緊握著她既得的權力不肯放手，但名義上又不好不讓光緒帝「親政」。母子間既有了這種矛盾，其臣下也就無形中有了后黨與帝黨的鴻溝。自甲午中日戰爭以迄戊戌維新的前夕，從某一意義上說，便是這兩派人一段長時間的決鬥。慈禧所掌握的政權，到甲午戊戌之際，已有了三十年以上的積累，光緒帝的基礎則異常薄弱。甲午戰敗以後，凡主改革者，大抵多祖光緒，而翁同龢實為之魁；主保守者，多祖慈禧，而榮祿剛毅之流的權最大。帝黨人少，后黨人多，康梁這班維新志士之所以一度抬頭，也就是由於帝黨想擴大他們的力量，才對這班人加以汲引。不過形勢比人強，而光緒帝的懦，又遠不如慈禧的狠，因此在維新一幕正式展開以前，凡與光緒帝接近的人，如翁同龢、志銳、汪鳴鑾、長麟、文廷式等等，已一一為慈禧排斥淨盡；榮祿的權勢固已如日中天，即騎牆派的袁世凱張之洞之類，也就死心塌地，變成了慈禧的忠貞分子，這便是戊戌維新所以失敗的基本原因。

說到翁同龢的一點改革思想，與其說他是得力於康有為的幾本書，或和康幾度的接談，毋寧說他是得力於他的老同事張蔭桓較為妥當。康的新知是得自當時若干僅有的譯本，以及若干在他以前而主張改革者的先驅（例如馮桂芬、鄭觀應、王韜、薛福成、湯震、邵作舟、馬建忠、黃遵憲、何啟、胡禮垣、陳虬、陳熾等等），再加上他自己從中國舊籍中得到的一些悟解。因為他的文字特別有力，又敢作主張，因此他才成了維新派的領袖。實際他對外國的了解，並不如那般到過外國或正式受過外國教育的人來得真切。張蔭桓曾居外國多年，且曾遊歷歐美各國，以他的聞見種種，常向翁同龢等談及，證實中國在許多方面，遠不如外國，翁自不能不信，於是翁也就隱然成了維新的領導人物了。戊戌維新的前夕，慈禧以及她所領導的一大群頑固分子，以痛恨光緒之故，不能不去翁，翁去而張無可倖免，自屬一必然的趨勢。

本來，張蔭桓之為人，充其量也不過是當時一個比較能幹的新官僚而已，其目的在做官，對慈禧和光緒，原無所謂左右袒，可是他自身的弱點不少：一、恃才傲物。他不是由科甲出身，因而為科甲中人所看不起，而且隨時都想找題目排擠他，因此他來一個反動，對那些雖由科甲出身而並無知識的人，也就不放在眼中，這是他遭忌的一個最基本的原因。二、他的生活很豪華，而且歡喜鬧洋派。翁同龢在光緒十六年九月二十八日的日記說：「張樵野請吃洋菜，甚可口。又送電氣匣治臂病，試之。」這正是他由美國回來以後的事。又翁記光緒二十三年十二月二十一日的一條說：「樵野招至總署觀燈影戲，不過如走馬燈耳，內五星日月蝕為奇。」這便是他赴英充賀使以後的事。光緒二十三年是一八九七，翁所看的這種「燈影戲」究竟是初期的電影，還僅僅只是一種幻燈片子，我便不敢斷言。張不僅鬧洋派，而且還愛鬧名士派，他晚年能寫很好的文字，能做詩，也能畫幾筆，他所收藏的名畫，單講王石谷的山水，便在百幅以上，他有一個書齋號「百石齋」，便是由此而來。這個時候的北京，像徐桐那樣守舊而又痛恨洋派的人，正為慈禧所禮遇，蔭桓之不能見容於此輩，夫豈偶然。三、蔭桓似乎是相當的歡喜錢，像上面所舉他那種生活，自亦非有錢莫辦。又他所供職的戶部和總理衙門，都是當時比較容易找錢的機關，因此他屢被王鵬運、胡學宸等所彈劾。魏元曠所撰的《光宣僉載》有一條說：「張蔭桓早貧無賴，後附諸名士致通顯，官戶部侍郎兼總理各國事務衙門大臣。存金華俄遊行，立摺外復存一照片，人照不符，雖有摺不得取；人符照，以摺亦不得取；所約家人不知也。戊戌政變，其子塏徵慮及禍，先竊其摺歸粵，及蔭桓遣戍，速塏徵不至，恨而就道。既行，塏徵潛以摺至，行出照與約示之，始知其父所為之密，然無如何。蔭桓既戮，其金遂為華俄銀行有矣。……」

這一段記載，我無法肯定說一定正確，但也不能舉出反證說一定不正確，總之，蔭桓是一個富有才氣而持身則不甚謹嚴的人，處在那樣一個多猜忌而又新舊水火的朝廷，其召致殺身之禍，雖說是時代使然，但也不能說他毫無自取之咎。

此外尚有一事，也值得補述：當光緒二十三年蔭桓使英歸國之際，曾於巴黎拍賣行購得貴重紅綠帽花兩枚，鑽石手鐲兩副，分獻慈禧與光緒帝。帽花綠者最貴，以獻慈禧；紅者次之，以獻帝。但此時清宮定例，凡送禮與太后及皇帝者，必須通過總管太監李蓮英，因此必另備一份送李，始得圓滿達成貢獻之目的。此次張所獻者，於李獨付闕如，李銜之次骨，因於太后前就紅綠寶石謂張強生分別。蓋通俗嫡庶衣飾，以紅綠為區別，正室可著紅裙，而妾媵只能用綠，太后以出身西宮，對嫡庶之分極為耿耿，一聞李言，不覺老羞成怒，立命將兩份禮物，一律發還。不久張即以借款事被參，幾獲重譴，此與政變時之得罪雖屬兩事，但不得謂無關係也。（按此事《庚子西狩叢談》及《驛舍探幽錄》均有記載，惟詳略不同，可見當時宮廷黑暗一斑也。）

戊戌政變，救康有為的是英國，救梁啟超的是日本，救張蔭桓的則為英日兩國。這件事蔭桓在當日也未必明白，一直到今天，種種可靠的史料陸續出現，然後我們才明白兩國救張的經過。有人說，當時的維新派比較接近英日，頑固派比較的接近帝俄，這雖然談不到如何的親善，但大致的趨勢卻是如此。

當時英國駐北京的公使為竇納樂（Sir C. Mac Donald），日本的公使本來是矢野文雄，但矢野回國去了，由林權助代理，其時日本的元老伊藤博文，正來華遊歷，也就住在北京的日本公使館。

張蔭桓的被捕，在陰曆八月初十（即一八九八年九月二十五日），因為張在總理衙門非常活躍，在北京外交界的眼中，他好像就是中國的外交部長，因此他一經被捕，外交界便立刻知道，英公使竇納樂尤其注意。在上一年，蔭桓還到英國去作過女皇維多利亞即位六十週年的賀使，像這樣一位有地位的外交人物，忽然因莫須有的罪名便要拉去殺頭，這實在是野蠻之至，而且莫明其妙。因此，竇公使一聽到這個消息，便立即寫一封信給李鴻章，希望李予以援救，假定真的被殺或祕密的處死，這將予西方各國以極惡劣的印象。其時李已不在總理衙門，但他的地位還是重要，依然能作有力的發言。竇公使知道李與張的關係是很不好的，甚至他還懷疑張的這次被捕，乃是出於李的陷害。因此，他感到單獨靠英國一方的力量還嫌不夠，乃更遣書記官送信給日代公使林權助，要求他幫助，並希望請伊藤設法。其時日使館正在舉行晚餐，大宴中國賓客，李鴻章雖亦在座，但不便和他談這件事，林於是遣退英書記官，並答應決如來信照辦。宴後客散，林即與伊藤作一度商量，由林親往見李，並用伊藤名義，請李救張，李初推辭，林乃出以恫嚇，謂可能引起列強干涉，李不得已，乃接受林的建議，寫信給榮祿，要他於太后前為張緩頰，蔭桓之得以倖免於戊戌之難，這一幕大概是最主要的原因。

我在上面已提到蔭桓能作詩，在他被遣戍新疆的時候，沿途一帶，作詩甚多，他有一本《荷戈集》，我沒有看見，茲錄他一首七律如下，〈九月晦，渭南道中得廉卿祭酒書，述敝居及塏兒蹤跡，奉答一詩〉：

無限艱危一紙書，二千里外話京居，
覆巢幾見能完卵，解網何曾竟漏魚。
百石齋隨黃石散，兩家春作綠楊虛，
灞橋不為尋詩去，每憶高情淚引裾。

在上面也曾提到所謂《驛舍探幽錄》，這本小冊子原係北京圖書館抄本，現由上海神州國光社印行於《中國近代史資料叢刊》的「戊戌變法」。作者王慶保曹景郕，係當時奉命在直內押解張蔭桓的解官，自八月十九迄九月初四，在此半個月時間，他們兩個，隨時與張有所攀談，乃將張所談者逐日筆記下來，例如引用康有為的經過，六君子被殺的情形，乃至德亨利親王及伊藤博文的召見。甚至張也談到：「皇太后私蓄有二三千萬金，半在南苑，半在大內，皆用紅頭繩束之。」這也可證明張平日說話極不謹慎之一斑。

庚子年七月初五，殺吏部侍郎許景澄、太常寺卿袁昶，張蔭桓在新疆戍所被殺，也就正在這一時候。

清末建設與盛宣懷（一八四四－一九一六）

盛宣懷字杏蓀，晚號止叟，別署愚齋，江蘇武進人，生道光二十四年甲辰（1844），卒民國五年丙辰（1916），得年七十有三。其服官經歷，以同治九年（1870）入李鴻章幕府為始，至宣統三年（1911）革命爆發罷免郵傳部尚書告終，先後凡四十年。其在清末政治上地位之重要，不下於李鴻章、張之洞、袁世凱，而所從事建設各端，對於國家關係之大，尤遠非李張輩所能及。世徒以其鐵道國有政策為引起革命之導火線，乃並其一生之績業而忘之；又以其身後頗為富有，甚至以之與今日毫無建樹但有貪汙之腐敗官僚相提並論，似欠平允。余因次其一生事蹟之有關建設者，以實吾隨筆，俾今日談建設者有所借鏡，而使一輩大言炎炎其實毫無事業可稽者得稍知愧怍，或於挽回風氣一點，不無若干裨益也。

盛遺著有《奏議》二十卷，又《電奏稿》及《朋僚函稿》八十卷，都凡百卷，統名之曰《愚齋存稿》。凡余所記，大抵自其遺著中鈎稽而得，並傍及其他記載之有關者，僅存概略，未能詳也。

吾人談盛氏之建設事業，大致可分兩段言之，其一段在甲午以前，一段在甲午以後，而清廷對建設意義之認識，亦實以甲午一役為之樞紐。盛在甲午以前，地位不過一關道，然甚得直督李鴻章之信任，其見事之明與任事之勇，亦確有足以博得李鴻章信用之道。

同治十一年（1872），盛即向李鴻章沈葆楨建議造商船，由官設局，招收商股，以成一官督商辦之形式，是即中國有招商輪船局之起源，而盛即由李札委為該局會辦。先是洋商旗昌怡和太古各公司輪船，已久在長江及閩粵津滬海面往來如織，及招商局起，洋船乃大跌水腳，併力傾我，盛則日與其同事苦心擘畫，勉撐危局。至光緒二年，更以銀二百二十二萬兩，收買旗昌，驟增巨輪十數，而各埠碼頭堆棧，亦次第建立，於是乃得與怡和太古，並駕齊驅，有三公司之目，而招商之名且駸駸駕其上焉。至光緒十九年，三公司訂立合同，息爭均利，於是招商之地位乃得更趨穩固。入民國以後，日事內爭，未遑建設，而招商一局，亦隨時局遞嬗，往往握於一輩有特殊關係者之手，不惟內容為外間所不得盡知，即或盈或虧，亦在不明不白之際。抗戰八年，招商更遭受空前之打擊，加以今日官僚辦事之無一可恃，乃更為國人所腐心。追念七十年來創業之艱難，即此一端，吾人亦不禁為盛氏叫屈也。

除輪船外，在甲午前為盛所創始經營者，厥為電報。先是在中國未自辦電報以前，英國已由香港敷設海線至廣州，復循通商各口以達天津。至光緒六年（1880），更援前案引線達上海，且先在香港對岸設陸線至九龍；而丹麥海線亦由吳淞上岸設陸線，勢且經上海以延入內地。是年秋，盛乃亟請於鴻章，仿招商辦法，招商集股，設津滬陸線，以通南北兩洋之郵，兼遏洋線潛侵之患。並請即設電報學堂，以培育人才。繼復以兩年折衝之力，先後拆去丹麥在上海，英國在九龍所設之陸線，而兩國之海線，則俱以到達吳淞為限度，並會訂水線相接合同。迄光緒七年冬，津滬陸線工竣，鴻章即奏請派盛為電局總辦。於是電報與招商，同為官督商辦之兩大局，而實以盛一人總其成。光緒十年五月，鴻章奏以盛署天津海關道，而是月閩粵陸線亦告竣工，南北既已貫通，全國亦次第敷設，時至今日，雖有線電之重要已遠不如前，然蓽路藍縷，功不可沒，蓋盛總司兩局，招商始同治十一年，電報始光緒七年，迄光緒二十八年始同時交卸，先後實歷三十年之久也。

光緒十二年，盛轉任山東登萊青兵備道，兼東海關監督，在任凡六年，除仍綰輪電兩政而外，其建設事業之最可舉者，莫如振興東省之水利，尤以開濬小清河一事為功在地方，蓋小清河為東省一大幹河，多年淤塞，東撫張曜，於十七年奏請開濬，即以盛董其事，以工代振，歷時一年，糜款無多，而成效大著。迄十九年十一月，全功告成，時盛雖已去職，而仍被推為功首。民十九，余遊濟南，友人導余參觀一小清河之水閘，時余不知此一段史實，猶誤以疏濬小清河為韓復榘之功也。

光緒十八年，盛調補天津海關道，兼津海關監督，外管交涉，內參戎幕，而所獲得鴻章之信任，亦有加於前。十九年九月，上海織布局廠被焚，鴻章以洋貨紗布，進口日多，非另設機器紡織廠，不足以敵洋產而保權利，乃命盛赴滬，會同江海關道，商明前辦紳商，一面規復舊局，一面招集新股，就原址設立華盛總廠，又勸告華商分設大純、裕源、裕晉各廠，布置年餘次第開辦，而盛實以督辦負統籌之責，蓋中國紗布工業之有今日規模，盛亦開山之一人也。

在甲午以後，盛在政治上之地位既日趨重要，其所從事之建設事業，亦更與國家之命運有關，茲略記其築路與開鑛兩事。

盛與鐵路之關係，自光緒二十二年開去津海關道缺，以四品京堂候補，督辦鐵路總公司事務始。是年十二月，鐵路總公司即於上海成立，初所規畫者，為盧漢（後名京漢）、粵漢、寧滬三線，而目光則貫注全國。盧漢借比款，粵漢借美款，寧滬借英款。盧漢自光緒二十三年開工，南北並舉，中間包括黃河鐵橋之巨工，前後凡歷八年，迄三十一年十月，始舉行全路落成典禮。寧滬工事，開始於光緒三十年七月杪，而粵漢則以與美國合興公司交涉廢約，陷於停頓。自三十一年冬，盛即已不直接與聞路事，改由唐紹儀張之洞等負責。其時維新志士，本其愛國熱誠，視借款築路如鴆毒蛇蠍，一唱百和，如中風走狂，有路成國亡之說，不問自身實力，而徒唱收回自辦之高調，蓋清季路事之荊棘叢生，實此類不健全之輿論階之厲也。迄宣統二年十二月，盛任郵傳部尚書，辛亥四月，內閣改制，仍被簡為郵傳部大臣。時鐵路國有之議起，盛與張之洞袁世凱等固抱同一之政見，盛之言曰：「鐵路國有民有，本屬無甚出入，今國力方艱，果由商民實力舉行，不致延曠浮糜，自毋庸遽歸官辦。無如數年來，粵則收股及半，成路無多；川則倒帳甚巨，參追無著；湘鄂則開局多年，徒資坐耗。竭萬民之脂膏，供侵漁而付浪擲，恐曠時愈久，民累愈深，國防空虛，交通梗阻，上下交受其害，故收歸國有，銷除商辦，實出於萬不獲已。」

由今日視之，其言可謂明白曉暢，切中事情，不意川以爭路倡亂於前，武昌革命即因以爆發，清室以此而亡，盛之政治生命亦因此而絕。入民國以後，粵漢一線雖倖獲觀成，而川路則仍非大舉外債決無成功之望，可見盛固無負於路，爭路者不能無負於盛也。

盛所經手之鑛業，以光緒二十二年所開始經營之漢冶萍煤鐵公司為巨擘。先是漢陽鐵廠，創始於光緒十六年（1890）費鉅工艱，竭公帑數百萬，閱時六七年，官本不能支持，乃議改歸商辦。張之洞以大冶鐵鑛，原為盛所開採，而歷管輪電，又大有號召股款之能力，於是乃以此重大責任，一諉諸盛，盛亦毅然以此自任，初不意困難艱苦，集於一身，卒以此蒙謗負累，以迄其死。然中國言兵工製造者必舉漢陽，鍊鋼之早而成績之優，亦推漢陽為首，然則盛之勞績，固未可沒也。

張謇及其事業（一八五三－一九二六）

張季直先生謇，字嗇庵，江蘇南通縣人，生清咸豐三年癸丑（1853），卒民國十五年丙寅（1926），年七十四。以光緒二十年甲午（1894）會試禮部，中殿試一甲第一名，賜進士及第，授翰林院修撰，時年已四十二。其後半生事業，以教育實業及發展地方自治為主，正式服官之時期不長，僅於革命後一任南京臨時政府實業部長，及民二至民四一任工商農林部長而已。

茲將甲午後其主辦各事列一簡表如下：

序號	年代	事列
1	光緒21年乙未	創辦通州大生紗廠。
2	光緒26年庚子	創辦通海墾牧公司。
3	光緒28年壬寅	設立通州師範學校。
4	光緒29年癸卯	創辦呂四鹽業公司及漁業公司。是年赴日本考察，著有《東遊日記》。

序號	年代	事列
5	光緒30年甲辰	設立新育嬰堂，創辦江浙漁業公司，創辦上海大達輪船輪步公司、天生港輪步內河輪船公司。
6	光緒31年乙巳	設立南通城鄉各初等小學，設立博物苑，創立唐牐藝徒學校，吳淞商船學校。
7	光緒32年丙午	於通州師範先後附設土木測繪工科農科及蠶科各特班。主持赴意國都朗博覽會事。任蘇省鐵路公司協理。
8	光緒33年丁未	設立通州女子師範學校，成立海門長樂各小學，創辦崇明大生第二紗廠。任寧屬教育會會長，發表議辦導淮公司綱要。
9	光緒34年戊申	測地方輿圖。
10	宣統元年己酉	改造地方監獄。任江寧高等商業學堂監督，江蘇學務總會會長，江蘇諮議局議長，合十四省代表奏請速開國會。
11	宣統2年庚戌	設南洋勸業會勸業研究所，創設全國農業聯合會，任地方議會議長，發表修改各省鹽法草案。
12	宣統3年辛亥	設立墾牧各小校，設立農業學校，任中央教育會會長。江蘇上海鎮江江北四都督推任鹽政總理。任省議會議長，省教育會會長，臨時政府實業部部長。
13	民國元年壬子	設立醫學校及醫院。設立紡織學校，盲啞學校。設立圖書館，養老部及殘廢院。清丈全縣田畝，發表改革全國鹽政計劃書及意見書，設立鹽場警察長尉教練所。創辦南通、東臺、儀徵三貧民工場，任導淮督辦。
14	民國2年癸丑	設立幼稚園二處，設立唐牐工人公園及醫院。任漢冶萍公司總理。任工商農林部長。任全國水利總裁，發表導淮計劃宣言，並與美駐華公使芮恩施議導淮借款。
15	民國3年甲寅	規設部立各種試驗場及度量衡製造所。設河海工程專門學校於南京。主持赴美紀念巴拿馬博覽會事。組織遊美實業報聘團出發。
16	民國4年乙卯	改紡織學校為專門。查勘魯皖林牧事業。是年政府特令褒揚手創南通事業，以帝制議起，即自解各職返里。
17	民國5年丙辰	改農業甲種學校為專門。
18	民國6年丁巳	設立地方公園。

序號	年代	事列
19	民國7年戊午	改醫學校為專門。任華成鹽墾公司總理，任全國主張國際稅法平等會會長。
20	民國8年己未	設伶工學社，更俗劇場。設立工商補習學校。設立交通警察養成所。設立蠶桑講習所。創辦海門大生第三紗廠。創辦淮海實業銀行。任江蘇運河督辦。
21	民國9年庚申	合農業醫學紡織三專門為南通大學，女工傳習所新校舍落成。修縣路，著《繡譜》。
22	民國10年	設立墾牧高初等各小學。通海省道五百里通車。任吳淞商埠督辦，發表濬治長江計劃書。
23	民國11年壬戌	設紡織鹽墾總管理處。設立第三養老院。召集治江會議。任江蘇新運河督辦。任交通銀行總理。任華商紗廠聯合會會長。
24	民國12年癸亥	設立第三幼稚園。主席上海港務會議。任揚子江水道討論委員會副會長。

觀前表，已可窺見先生手創事業之梗概。當清民交替之際，國人談教育，談實業，談自治者必首舉南通，事雖發動於一隅，而影響則及於全國。民十九，余始讀先生遺著《張季子九錄》，及張孝若所述先生之傳記，乃決計一遊南通，時去先生之逝世甫四年，其事業之大部已陷於停頓，實不勝人亡政息之感。然入其境，則仍覺家給人足；參觀通州師範及女工傳習所，則見學生循循，可證其學風之良好；其餘如公園、博物苑、天文台、圖書館等等，亦大抵基礎尚存，惜繼起無人，而政府亦未遑建設，故一切惟有聽其毀滅而已。

季直先生之事業，除教育實業及地方自治而外，猶有關係中國整個局勢者兩事：其一為光緒庚子東南互保，其一則清民交替之際，促成南北之和平統一是也。東南互保一役，尸其名者張之洞、劉坤一，綰其樞紐者盛宣懷，發意及奔走其間者，則先生與趙竹君（鳳昌）、何眉孫（嗣焜）、沈愛蒼（慶瑜）、湯蟄先（壽潛）、陳伯嚴（三立）等也。時清廷倚仗拳民，不惜與全世界宣戰，先生與其朋輩憂之，擬合張劉兩督以挽東南危局，而任赴寧說劉者即為先生。劉以幕客有勸其持重者，頗猶豫，因問先生：「兩宮將幸西北，西北與東南孰重？」先生應曰：「無西北不足以存東南，為其名不足以存也；無東南不足以存西北，為其實不足以存也。」於是劉蹶然曰：「吾決矣！」並告某客曰：「頭是姓劉物！」遂決議電鄂約張，張應，東南大局以安。

辛亥革命雖發動於武漢，但在上海南京反正以後，重心即已移至江蘇。江蘇於季直先生為桑梓，清室則其故君；革命諸領袖大抵於先生素昧生平，而袁世凱其人則其舊友；時江蘇一省稱都督者四，諸軍又雲集南京，待命北伐，而實不名一錢。先生之宗旨既贊成共和，乃不能不調護各方，且力任籌款之艱矩。於是一面力勸清廷退位，一面誘致袁氏與民軍合作；既促成臨時政府以爭取國際地位，實亦示南方已成統一之局，藉以促袁氏最後之決心。黃克強先生向日本三井洋行借款三十萬元，且須由先生出名擔保，則當時財政之困難可知；孫中山先生復先生函解釋以漢冶萍向日人抵押借款一事，稱「民軍待哺，日有譁潰之虞」，則當時軍心之浮動可知；先生處此環境，卒能從容應付，以促成南北和平統一之局，甚至清廷退位一詔，亦由先生所手草，其功在國家，為各方所傾心悅服，固決非偶然也。

附錄：張謇與沈壽

沈壽，字雪君，江蘇吳縣人，其夫余覺，舉人，清末服務於農工商部，壽亦以藝在部充繡工科總教習。宣統元年，南京開南洋勸業會，駢羅百貨，湘、魯、江、浙之繡，亦應徵而至。季直任審查長，部則以壽專任繡品審查。壽至自京師，張所繡意大利后像於會，精絕為世所未有。時季直適得露香繡董書大屏，屬別真　，壽展首幀，即曰，此露香園繡也，問何以知，曰以鍼法知之，其精於鑑別如此。辛亥，京師繡工科解散，壽避地天津，自設繡工傳習所，藉課徒以自給。未幾，四川與南通爭相延聘，壽則捨川就通，任女工傳習所所長，時民國三年也。壽居通，五年三病，仍掙扎盡瘁於所職，卒以民國十年病歿，遺囑即葬南通。季直之於壽，愛憐備至，且由口述，季直筆受，成《繡譜》一書以傳其藝。《張季子九錄》中之文錄詩錄，為壽而作者，亦不下十餘篇，尤其〈惜憶詩〉四十八章最為纏綿徘惻。茲錄十六首於後，蓋不啻季直對此一公案最坦白之供辭也。

黃金誰返蔡姬身，常道曹瞞是可人，
況是東南珠玉秀，忍聽蕉萃北方塵。
（按此言自津聘壽至南通也。）

有斐館前春水生，唐家旙外暮潮平，
登樓即席殊矜重，不似驚鴻始為驚。
（按南通有旅館曰有斐館，頗饒花木之盛，或即壽初至通時下榻處也。）

漢儀新覯士昏箋，習禮全憑儐相賢，
但睹周旋登降節，如聞窈窕女師篇。
（按孝若結婚，壽任儐相。）

江南愛說采蓮謠，蓮葉分明接畫橋，
橋有東西人宛在，是誰將淚與波消。

北戶騎陽向晚炎，商量複障與重簾，
燕兒語罷旋羅袂，蟢子飛來著鏡奩。

聽誦新詩辨問多，夢如何夢醒如何，

夢疑神女難為雨，醒笑仙人亦爛柯。

輕舫時掠畫樓西，燈影常隨槳挈提，
最是中秋明月夜，兩回看到玉繩低。
（按上四首可見壽初至通未病前與季直相處情況之一斑也。）

病如眠起柳孱孱，愁似蕉心旋旋攢，
誰與金剛無量壽，可憐猶作健兒看。

致病非今見始今，一言頓使淚沾襟，
終身自分無人覺，不道醫和是聖心。
（按此兩首言壽病後強起掙扎及致病之由，壽固似有隱痛者。）

閒房幽檻屬謙亭，更為防風複紵櫺，
南撫鴛鴦刪岸草，東看舫鯉撥池萍。

感遇深情不可緘，自梳青髮手摻摻，
繡成一對謙亭字，留證雌雄寶劍看。
（按季直以謙亭為壽養病之所，壽以髮繡謙亭兩字報之。）

碧紗廚外淡無風，燈影微微帳影籠，
夢淺時驚雙喉鶴，簟涼獨怯五更鴻。

秋清冬凜接春溫，弱不禁銷綺樣魂，
霜露已更星月在，人天何處覓餘痕。

中元風物易中秋，扶病看燈拜月休，
太息明年知在否，兩行燭淚替人流。

短詩漸漸欲成篇，小字朝朝試摺箋，
不肯示人猶避我，男兒志氣女兒天。

曾指西山有有亭，亭邊劃壤葬娉婷，
那堪宿約成新讖，丹旐來時草尚青。

民十九，予遊南通，時去季直之死剛四年，其所手創之事業已衰相畢露，不勝「人亡政息」之感。曾參觀「女工傳習所」有十數女童習繡其中，教師循循善導，壽執教時之規模，殆猶有存者。至謙亭小坐，設置仍楚楚，猶想像當日茶竈藥爐之景象，慨嘆不置。於博物苑得見沈繡數幀，予湘人，平日亦頗誇湘繡，自見沈繡後，乃絕口不敢談湘繡矣。顧予所見者，猶非沈繡最精之品也。

壽不獨精於藝，亦有潔癖。季直之言曰：「自以濠陽小築前院隙屋借予女士為住宅後，一切器具，詳記有冊，迨移居繡織局時，前借之物，照常歸還，無一損壞。即周覽四壁，亦無纖微汙損，且未移動位置，居屋三年整潔若是，古所謂『去之日如其始至者』何讓也。最後之病，幾一百六十餘日，最重時亦幾六十日，視其几席床褥枕衾，無絲毫湯藥之汙。瀕死，器具亦未歷亂，其精神貫注至死不衰又如此。……」

壽之生年不詳，惟知其生於某年之八月十二日，卒於民國十年陰曆五月初三，即以是年雙十節卜葬於南通黃泥山之東海麓。其初至通，季直年六十二、其卒之年，季直已六十九，〈惜憶詩〉四十八章，即作於是年也。此外季直又有為壽而作之七律兩首，亦可誦，特再錄之。

其一、〈以詩侑梅贈雪君，慰其新癒。〉詩曰：

春如有訊渡江來，病起停鍼對鏡臺，
弱質已知愁琖藥，新機急與致盆梅。
欄前月且哉生見，砌下花須特地栽，
濠雪漸消波漸漲，翠眉因為好山開。

其二、〈雪君髮繡謙亭字，為借亭養疴之報，賦長律酬之。〉詩曰：

枉道林塘適病身，累君仍費繡精神，
別裁織錦旋圖字，不數迴心斷髮人。
美意直應珠論值，餘光猶厭黛為塵，
當中記得連環樣，壁月亭前祇兩巡。

予留南通兩日，既展謁季直先生之墓，復驅車至黃泥山憑弔此一代之藝人，以表敬意。當予立壽墓前，默念其與季直此一段因緣，終覺人生在可解不可解之間也。

南通友人告予：當壽與季直之關係已有風傳，余覺曾至通小住，思一見壽而不可得，「侯門一入深如海，從此蕭郎是路人！」覺乃自撰一聯張於門首，以抒積憤，聯曰：「佛云不可說不可說，子曰如之何如之何。」翁同龢日記，稱季直有「覇才」，國人亦頗有譏季直為「土皇帝」者，是則覺之處境，固亦有可同情者也。惜予於覺之身世不詳，否則以此史材，結構成一劇本，得一能作內心表演之麗人飾沈壽以演出之，當不難博得世間若干兒女之眼淚也。

按余上文以去年十一月發表於香港《天文臺》雙日刊，有署名「微妙」與「戒之」兩先生者，以余文於余覺身世不詳，特為文有所補充，意至可感。茲為使讀者得窺見此一公案之全貌起見，特將兩先生文照錄如下，或為兩先生樂許也。微妙先生文題曰〈記石湖老人余覺〉，文曰：「本刊（指天文臺）屢載張謇與沈壽事，兩人均已逝世多年，惟另一主角的余覺，今巍然尚存，年已八十餘矣。憶我與余覺相識，在前清南洋勸業會中，我之宿舍，與余為貼鄰，余知我為新聞記者，乃先來訪，及我回訪時，遂介紹見其夫人，時沈壽女士已為三十許之中年婦人，而兩如夫人則正少艾也。厥後，時或通信，為其夫人作宣傳。但有一次，則非常緊張。因其兩如夫人之一（此人係娶自北京胡同中者，乃北地胭脂也。）渠本已送往日本學刺繡者，乃與一趙姓者私逃。聞趙為演話劇者，名趙嗜淚，而又為革命黨，已在漢口為清政府所捕殺。其如夫人欲往營救，亦已被捕（以上均余覺致我信中語）。意在託我致書漢口武昌各通信員，探訪此事，結果則一無所得。數十年後，有人告我，所謂趙姓者，並未被殺，即敵偽時代，活躍東北之趙欣伯也。張謇逝世後，余覺已無情敵，加之孝若又為兇僕所戕。時則余覺常居蘇州，館於畫家吳子深家中，石湖之傍，有一空地，余覺向子深索其地，築屋數椽，供奉其夫人靈位，棲息於此，自稱「石湖老人」。張謇之孫輩（他們還有寄名親等關係），偶然來蘇遊玩，余覺常招待之，有時放舟石湖，互為吟嘯，不念舊怨矣。余覺有一女，嫁我遠房一表弟（另一如夫人所出），故知之甚詳也。」

戒之先生文題曰〈我亦一談張季直〉，文曰：「張季直與沈壽事，本刊（指天文臺）再三披露，以左舜生先生為最詳確，然尚有可補充者，余憶水心先生《西樓清話》（曾載《工商日報》）云：『張函沈云：汝定不回，我亦無法，惟有歸後，獨至謙亭，看可憐之月色耳，汝何由見之？十七日六時。又函云：熱日加甚，當午陽盛，切勿俯頭事繡，小臥最好，便人去，附書敬問謙亭主人安否？謇，八月廿六日九時。又〈題寄謙亭楊柳二詩〉云：記取謙亭攝影時，柳枝宛轉綰楊枝，不因著眼簾波影，東鰈西鶼那得知。楊枝絲短柳絲長，旋綰旋開亦可傷，要合一池煙水氣，長長短短覆鴛鴦。緣情綺靡，老尚多情。』水心先生僅以老尚多情四字輕輕一斷，使人於言外領略，具見深心。然就余所知，沈夫余覺所著之《余覺沈壽夫婦痛史》，係用鶼口孤鶼署名，張致沈之原函，均用銅版影印，於十七日六時之函末，有余覺註云：『按此函首語汝定不回四字，可證張謇之糾纏，以男校董於夤夜延佇女校長不來，即獨自看月傷心，作可憐之浩嘆，致函表情，此種書函體，竟出諸七十老翁，其不端為何如耶？乃意猶未盡，是日又致二詩於吾妻，詞更不堪，題為〈謙亭楊柳〉（筆者註即上文兩首），閱張謇此二詩，題曰〈謙亭楊柳〉，借物喻人，賦而比也，第一句記取謙亭攝影時，及末句東鰈西鶼云云，即知當日吾妻在謙亭東簾內，為張謇僱人攝影，張亦在西簾內，以自己之影，同時攝入，人在簾內，衹見影像，故詩之第三四句云：『不因著眼簾波影，東鰈西鶼那得知』噫！鶼為比翼鳥，鰈為比目魚，皆夫妻之喻，吾妻非張謇之妻，何可比為鶼鰈。其第二首詩首聯云：楊枝絲短柳絲長，旋綰旋開亦可傷。明知吾妻屢違張意，不肯仍居謙亭而言，一則意短，一則情長也。兩詩皆用一綰字，綰者勾引也，一則曰柳枝宛轉綰楊枝，自言極力勾引也；再則曰旋綰旋開亦可傷，自言一再勾引不成也。故第三第四句曰『要合一池煙水氣，長長短短覆鴛鴦也。』又於八月廿六日九時之函末，余覺註云：『按此函直呼吾妻為謙亭主人，張殆永以吾妻為謙亭主人耶？自矜文行與天下後世見者，乃如是耶？』觀此，則張季直之字裡行間，確有可議者在，更誰為之辨乎？」

按：張孝若為乃父寫傳記，對季直與沈壽間的一段羅曼斯，頗難著筆。但他敘述壽任「繡工傳習所」校長之勤勞，則謂乃父「很加以敬愛」；記乃父為壽著《繡譜》以傳其藝，又謂乃父「愛才如命」；連用兩個「愛」字，總算煞費苦心。近年季直友人劉厚生著《張謇傳記》，著重寫季直所處的時代，及其一生與政治的關係，藉以保存許多重要的史料，對沈壽事則一字不提，殆亦「為賢者諱」的另一方式也。（一九六五年八月舜生補記）

清民之際的梁士詒（一八六九－一九三三）

抗戰前讀《張季子九錄》，及張孝若所為乃父之傳記，余始略知張季直（謇）之生平及其事業；勝利後閱《愚齋存稿》（計《奏議》二十卷，《電奏稿》及《朋僚函稿》八十卷，都凡百卷。）始略知盛杏蓀（宣懷）之為人，及其在清末建設事業中所處地位之重要，與少年時所得諸流俗之口與不負責任之報章雜誌者，乃迴然不同。頃避難來臺，正苦無書可讀，友人湯君，假余《三水梁燕孫先生年譜》一部（凡兩厚冊，計一千零九十三面。）余窮五日之力，涉獵一過，於清末民初若干政治內幕為過去余所不知或知之而不詳者，乃得豁然開朗，而於梁氏一生之事蹟，亦得知其梗概焉。

論年輩，盛生清道光二十四年甲辰（1844），卒民國五年丙辰（1916），得年七十有三，最早；張生咸豐三年癸丑（1853），卒民國十五年丙寅（1926），得年七十四，次之；梁生同治八年己巳（1869），卒民國二十二年癸酉（1933），得年六十五，最晚。然三君為人，大抵重實踐而不尚空談；其畢生盡瘁於實業、交通、工鑛、水利、金融、教育，亦相類似；盛於庚子東南互保一役，與張同為盡力之人。張於甲午乃主對日作戰最力。第一次世界大戰，梁主張參戰最早，且曾秘輸軍火以助防香港，又主持遣送華工二十餘萬人赴法。是三君於政治以外殆又莫不注意外交焉。若「名滿天下而謗亦隨之」，更為三君生前同一遭遇，尤清末民初間是非得失之林也。余筆記中於盛張已有記載，茲請一談梁氏之生平。

梁名士詒，字翼夫，燕孫其號，廣東三水人。父名知鑑，字保三，師事朱次琦（南海九江人，學者稱朱九江先生），梁氏之力學實踐，殆與其家庭教育之淵源不無關係。年二十一，中光緒己丑恩科舉人（與梁啟超同榜，時啟超年十七），二十六成進士、應殿試，問河渠、經籍、選舉、鹽鐵四事，以二甲為翰林院庶吉士。二十七至三十五，除兩度主講其本邑鳳岡書院外，餘均供職於北京。

光緒二十九年（1903），清廷開經濟特科，燕孫應考，為徐尚書郙、戴侍郎鴻慈所保，其考語有云：「識智明遠，樸實不浮，於中西地理，水師兵學，頻年講習，寒暑不渝。」是科與考者，凡一百八十六人，於閏五月十日，皇帝親臨保和殿御試。第一場首題：「大戴禮保，保其身體；傅，傅之德義；師，導之教訓；與近世各國學校教育，體育、智育同義論」。次題：「漢武帝造白金為幣，分為三品，當錢多少，有定直，其後白金漸賤錢制亦屢更，竟未通行，宜用何術整齊之策。」及揭曉，共錄一等四十八人，二等七十九人，而燕孫乃名列一等第一。時值庚子拳變以後，清廷雖多方媚外，仍無意於維新，盈廷袞袞，尤為腐敗官僚所充斥；應試特科之新進人才，更為此輩所嫉視；於是造作蜚語，謂其中多革命黨人。西太后於召見某軍機大臣時問之曰：「特科流品龐雜，心術不端，有所聞否？」對曰：「一等第一名梁士詒，廣東人，為梁啟超之弟；其名末字又與康祖詒相同，梁頭康尾，其人可知。」於是西后益不悅。燕孫見清廷腐敗，遂不與覆試，即於是年十月，應北洋總督袁世凱聘，為北洋編書局總辦，是為梁氏與北洋系發生關係之始。

自光緒三十年迄宣統三年清室之亡，此七八年間，梁氏除一度以參贊名義隨唐紹儀赴印度辦理藏約交涉並參與日俄戰後之中日締約事宜外，其事蹟之可紀者，大抵以鐵路為限，交通銀行成立於光緒三十三年，為梁氏所發動，固亦以鐵路為緣者也。

光緒三十一年十一月，梁氏任鐵路總文案。三十二年正月，盛宣懷辭去鐵路總公司督辦後，改由唐紹儀繼任，梁仍為唐之助手，其所督辦者，僅京漢、滬寧、道清、正太、汴洛五線也。三十三年郵傳部設立五路提調處，梁被派為該處提調，同年十一月，提調處改「郵傳部鐵路總局」專營借款及各路行政事宜，以一事權而便管轄，梁氏被改派為局長，梁氏之得有全權從事鐵路事業之整理與發展，實始於此。

鐵路為清末一新興事業，以借款關係，頗啟外人攘奪路權之漸。建築管理不能不參用洋員，因之凡參與鐵路事業之華員，其待遇亦較其他衙署為優厚（梁氏任局長，月支薪水公費一千二百元）。計在梁氏任職期間，前舉五路之正太、滬寧已全部竣工，京漢更全部贖回自辦，既增京奉、廣九為七路，又經營展築津浦、吉長、株萍為十路。對外則更改合同，收回主權；對內則展拓路線，清理積弊；事業愈發展，艷羨而嫉視之者亦愈多。據梁氏自述，彼曾於一年之間，被參劾十六次，甚至有以合同簿據用陽曆，路員著制服，而加以「改正朔易服色」之罪名者，其困難可想見也。顧在清末七八年間，先後任郵傳部尚書者為林紹年、陳璧、徐世昌、唐紹儀，對梁氏均信任有加，至最後盛宣懷長部，梁氏卒以宣統三年正月被劾去職，而盛氏亦以其鐵路國有政策，成為辛亥革命之導火線焉。

清廷感於革命勢力之不可侮，不得已起袁世凱組閣，袁閣以辛亥九月二十六日成立，楊士琦任郵傳部大臣，士詒任副大臣，及楊氏隨唐紹儀南下與民軍媾和，郵部大臣即由梁署理。時南方各省已紛紛獨立，北方革命勢力亦到處瀰漫，十一月二十八日袁世凱被炸未傷，越十日，清軍諮使良弼乃為民黨彭家珍炸斃，於是清廷大起恐慌，親貴亦相率逃避。袁氏自遇刺後即不復入朝，所有面奏及請旨事件，均由士詒與署外務大臣胡惟德民政大臣趙秉鈞三人傳述，而袁與唐紹儀間之意見，亦賴梁氏居間彌縫解釋焉。梁氏嘗言：「當國勢危時，清廷所以餌我者甚至。御賜物件前後十餘種，又賞紫禁城騎馬及賞紫韁等等。良弼被炸之日，京師風雲至急，入朝行禮後，隆裕皇太后掩面泣云：『梁士詒啊！趙秉鈞啊！胡惟德啊！我母子二人性命，都在你們三人手中，你們回去好好對袁世凱說，務要保全我們母子二人性命！』趙秉鈞先大哭，誓言保駕，我亦不禁泫然。」

清廷心理已至如此，共和局勢，殆已成熟。時袁氏初出，其昔日幕府散在四方，倉卒未集，致軍務政務，亦由梁氏兼為處理，梁不得已，乃援引葉恭綽、施愚、蔡廷幹等共參機要，而實梁總其成。蓋其時袁所恃以應付民軍者惟唐紹儀，在北方策劃一切者，則士詒與趙秉鈞輩也。

清帝退位，南北和議告成，民國元年二月十五日，參議院開臨時大總統選舉會於南京，到會者十七省，袁世凱以十七票當選為中華民國大總統，仍都北京，唐紹儀任為第一任國務總理，士詒則任總統府秘書長焉。

士詒任公府秘書長凡兩年有餘，其名義為秘書長，實則綰外交、財政、交通之樞紐。權所在者眾必爭，名之高者謗斯集；加以袁氏雄猜多欲，其子克定，亦儼然以太子自居；士詒既握大權，交通銀行復在其掌握，各省軍人亦多奔走其門，袁氏欲改國務院為政事堂，梁氏又不肯附和，於是楊士琦、楊度輩，乃藉克定以進言於袁氏，謂士詒心懷叵測，勾結軍人，欲為總統，甚至將交通銀行所發行之鈔票，竄易一字編為重號，以進於袁，凡所以媒孽士詒者，殆無所不用其極，於是士詒乃不得不出公府而改任稅務處督辦焉，此民國三年五月事也。

一九一四年（民國三年）七月歐戰爆發，中國於八月六日宣告局外中立，梁向袁世凱建議：一、停付各國賠款，二、將關稅鹽稅提存於本國銀行，三、與英國合作，使英居其名，我居其實，以武力強迫德人還青島，以杜絕日本野心。梁氏並謂：「戰爭結果，德奧必難倖勝，我不妨明白對德絕交宣戰，將來對於和議中取得地位，於國家前途，當不無裨益。」卒以袁氏遲疑不決，且欲乘世界混亂之際，以達其個人帝制自為之目的，致自動收回青島及提前對德宣戰之議，卒不果行。

關於招募華工赴歐助戰一事，發動於民國四年六月，梁氏與法公使康悌在北京西山一度商討，至民五年五月始見諸實行。以其時中國尚未參戰，不便公然採取行動，不得已以私人資格，組織惠民公司，先後於塘沽、浦口、青島、香港各處募得十餘萬人；其後英國政府繼起，又募得七萬餘人；於是此一華工助戰事業，始克完成。此事在中國為一創舉，最初頗不為社會所諒，甚至造作種種蜚語，謂有販賣人口之嫌。工人家屬留居國內，以家用不能按時照撥，亦多與公司為難。其實公司與法方代表所訂合同，相當完善，公司不僅未嘗藉此牟利，且賠累頗多，其困難情形非局外人所能洞悉也。民國六年八月，中國卒對德奧宣戰，且有參戰督辦處之設立，以段祺瑞為督辦，但其時中國內爭正劇，卒無一兵一卒派赴歐洲。及歐戰將次結束，日本懼中國於和會發言，將於日不便，乃多方煽動，作種種不利中國之宣傳，且嗾各國公使向我提出參戰不力之警告！民八陸徵祥顧維鈞等赴歐參與和會，日本仍繼續破壞，幾使中國代表不能出席，於是陸顧力爭，並宣言梁士詒辦惠民公司，曾招募華工二十餘萬赴歐助戰，並作兵工種種工作，以證明日本之妄誕，於是協商各國始無異辭，卒於和會中爭回權利不少，可見此一舉措影響中國國際地位為何如也。

洪憲帝制議起，士詒與段祺瑞熊希齡三人頗不贊同，其時軍權在段，財權在梁，而熊亦頗負時譽，於是為袁策劃者，主脅陸軍次長徐樹錚以迫段，脅交通次長葉恭綽以迫梁，脅財政次長張弧以迫熊，蓋三人固與段、梁、熊最近者也。其結果段辭職，徐張均免職，葉則停職候傳。此外又有津浦、京漢、京綏、滬寧、正太五路參案，可見所以脅迫士詒者，更無所不用其極。梁氏以環境如此惡劣，始則託病避居京西之翠微山，繼乃杜門謝客，於是京師步軍統領，乃藉口亂黨乘機入京，治安可慮，派兵保護其居宅，即其汽車夫與內外僕從，亦易以若干新人，至是士詒之自由全失，凡署名勸進與通電製造民意，一切惟有聽人擺布，且亦無從自辯矣。及洪憲失敗，被通緝者八人，士詒乃與楊度、孫毓筠、顧鰲、夏壽田、朱啟鈐、周自齊、薛大可同列，但士詒亦緘默不置一辭。梁死，鄭洪年輓以一聯，其上聯云：「辛亥藎籌，而不自表，洪憲負謗，而不自明，毀譽胥忘，公可謂大」，固實錄也。

民六年十一月至翌年二月底，士詒赴日本考察三閱月，尤注意日本之經濟建設，凡足跡所至，日本朝野人士莫不予以盛大之歡迎，更樂於傾聽其意見，其紀錄固仍可為今後中日經濟提攜之參考也。民國十三年三月至八月底，士詒又漫遊歐美半年，其言論與地位，亦為歐美人士所重視。其遊日也，曾與松方、山縣、大隈、頭山、犬養、原敬、床次等傾談；遊歐美則與英之魯易佐治麥唐納，美之柯立芝，法之班樂衛等見面，其態度固儼然一現代政治家也。

譚嗣同評傳（一八六五－一八八九）

導言

一時代有一時代的人才，某一時代出現的人才或多或少，則視其時代是否適於人才的培育、歷練與活動以為斷。

去今六十年前（光緒三十一年，即一九〇五年），梁任公寫過一篇〈世界史上廣東之位置〉。他在這篇文章的第一段，對於廣東，便作了如下的估價：「……自百年以前，未嘗出一非常之人物，可以為一國之輕重；未嘗有人焉以其地為主動，使全國生出絕大之影響。崎嶇嶺表，朝廷以羈縻視之，而廣東亦若目外於國中。故就國史上觀察廣東則雞肋而已。雖然，還觀世界史之方面，考各民族競爭之大勢，則全地球最重要之地點僅十數，而廣東與居一焉，斯亦奇也。」

就任公在戊戌政變後所發表的文字來說，他這篇文章並不算是太長的，可是他已經詳徵博引，說明自後漢三國以來，廣東這一地區，實綰轂著世界交通的樞紐：世界佛、回、耶三大宗教的流行中土，固以廣東開其先路；而近代葡、荷、西、英、法、美這些國家次第與中國發生關係，也以廣東為最初到達的地點。至於中國人向海外開拓，尤其在南洋一帶的建樹，雖不以廣東人為限，要不能不推廣東人為巨擘。尤其說到最後的一點，更使人感慨萬端：別的國家把人民向海外移殖，大率依據其政府一定政策，而保護更異常週到；在中國，則既無所謂政策，更談不到如何保護，一切一切，大率是人民一種自發的行為。他們背井離鄉，遠適異國，其多數大抵是茹苦含辛，一身以外無長物。可是由於他們文化素養的深厚，鄉土和宗親關係的密切，加上組織以及容易接受領導的習慣，因此，他們每到一地，只要經過一定的時間，便往往能逐漸經營，逐漸發展，適應的能力逐漸加強，經濟的基礎逐漸穩固，便卒能立於不敗之地。中國人中具有這種性格的自然也不限於廣東人，而要以廣東人表現得最為具體。

我相信，當任公寫這篇文章的時候，他一定是躊躇滿志；廣東人的活動將在中國近代史上開一新頁，已事屬顯然。其時日俄戰爭正告結束，世界兩大帝國，居然在十年之間為一新興的日本先後所擊敗，中國必須走上改革的一途，已經是一定的趨勢。其時中國改革運動的主流，有維新與革命兩派，領導前者的為康有為，領導後者的為孫中山，而兩人都出生於廣東。儘管維新派已經在光緒二十四年遭遇了一度挫敗，可是國人對維新寄以希望者乃更為熱烈。其時任公的地位已經是維新派的第二領袖，而國人對任公印象的良好，實際已高出於康之上。任公在戊戌以後，原有一時期傾向於革命，對中山也有過親切的交往，等到光緒三十一年，一個全國性的革命團體「中國革命同盟會」便已經在東京初告成立，革命已有成功的可能，在一個感覺非常銳敏的任公，豈不深知？因此，我覺得他正在這個時候發表這篇強調廣東地位的文章，在他自已所主編而銷行最廣的《新民叢報》，這不僅對維新派是一絕大的鼓勵，對革命派也還是一絕大的鼓勵。

我是一個不大歡喜太強調地方觀念的人，我總覺得把地方觀念過度提高，對這一偉大中華民族的團結，未必有如何好處；可是歷史的演進，卻往往也可以令人發生一種驚異之感。即以我們的湖南這一地區來說，就中國全部文化史看，也不能不說是一個比較落後的地方。當中國黃河流域如山東河南一帶的文化已經發展到了輝煌程度的時期，湖南仍被人目為蠻荒，甚至湖南人且被人稱為蠻子；乃至就到了漢初，一個受了高度文化教養的河南青年，被疏遠去到湖南做了一名長沙王太傅，一個去今一千二百年左右的唐代大詩人劉長卿，還在不斷的為他叫屈：一則曰，「賈誼上書憂漢室，長沙謫去古今憐！」再則曰，「寂寂江山搖落處，憐君何事到天涯？」僅此一例，我們也不難想像在一千年以前，湖南還是一個不能引起任何人重視的所在！可是一經進入宋明以後（這只是去今八九百年的事），這種情況乃逐漸改觀：不僅外省的學者如張栻（南軒先生），如朱熹（晦菴先生），如真德秀（西山先生）……他們已經到達我們的湖南去講學，或從政；乃至中國一個最偉大的愛國詞人辛棄疾（幼安，1140-1207）當南宋孝宗淳熙六年的春夏之交（1179），正在他四十歲壯年的時候，也到了湖南去任轉運副使（簡稱漕使，地位大致等於清代的糧道），同年的秋天，改知潭州，兼湖南安撫使（略等於清代的巡撫，時稱潭帥）。他是一個志切驅逐金人汲汲想圖匡復的志士，他所具滿腔的熱情，比之與他同時的愛國詩人陸游（1125-1210），殆有過之而無不及。等到他得到了獨當一面的事權，他便開始整頓湖南的軍隊，並且他還募集湖湘子弟，特別成立了一枝步馬合組的「飛虎軍」。史稱：「軍成，雄鎮一方，為江上諸軍之冠。」在去今約六十年前，其時正值甲午中日戰爭以後，列強對中國的侵略野心，已發展到了瘋狂階段，一時瓜分中國之說更甚囂塵上，一個二十五歲的廣東青年學者梁啟超，一個具有世界眼光的政治外交人物且為近代一有名詩人的黃遵憲（公度，1848-1905，廣東梅縣），他們同時到了湖南，前者以講學為主，實際也參與了湖南的政治；後者以從政為主，實際也參加了「南學會」的學術講演，且與「時務學堂」的學生發生了甚深的關係。其結果與當時一位開明的巡撫陳寶箴以及湖南當地的紳士、學人如譚嗣同、熊希齡、唐才常、皮錫瑞等相互提挈，乃卒能使維新運動在湖南表現了良好的成績。這算是近代湖南人與廣東人第一次的合作。而且據事實所昭示，他們在湖南推行新政有一個更遠大的目標，便是想把「南學會」這類的民主作法（「南學會」實際是學術團體而兼有地方議會性質的一種組織），逐漸推行於中國南方各省，他們假定：萬一當時列強瓜分中國之說果然實現，他們便要把湖南作為一個重點，聯絡南方各省以作亡國之後圖。這種心理，可以說與辛棄疾想憑藉湖南建軍以圖恢復中原的心理並無二致。但當時南宋君臣之不足有為，辛棄疾未始不知，但看他在淳熙六年由湖北轉運副使調到湖南，在動身前所寫的一首〈摸魚兒〉，便可充分明白他當時那種悲觀心境。詞曰：

> 更能消幾番風雨，匆匆春又歸去。惜春長怕花開早，何況落紅無數。春且住！見說道，天涯芳草無歸路。怨春不語，算只有殷勤，畫檐蛛網，盡日惹飛絮。
>
> 長門事，準擬佳期又誤，蛾眉曾有人妒。千金縱買相如賦，脈脈此情誰訴？君莫舞！君不見，玉環飛燕皆塵土。閒愁最苦，休去倚危闌，斜陽正在，煙柳斷腸處。

梁任公在他女兒梁令嫻的《藝蘅館詞選》對這首詞的批語說：「迴腸盪氣，至於此極。」劈頭一句「更能消幾番風雨」，已把靖康以來的許多悲慘事實包舉無遺。最後說：「斜陽正在，煙柳斷腸處，」實已感到南宋那個殘局已接近日落崦嵫的景象。下半闋開始所謂「長門事，準擬佳期又誤，蛾眉曾有人妒。」他是早知道在湖南要有所作為，一定會引起那個小朝廷中但求苟安的人們多方阻撓的。果不出他所料，計他在湖南五年，竟被劾至十六次之多，當「飛虎軍」初建的時候，便幾乎被破壞到無法成立。但他還是一切不顧，苦鬥到底，當淳熙十一年（鄭廣銘著《辛稼軒先生年譜》，謂辛去湖南是在淳熙八年，茲從《梁譜》。）他被調任江西安撫使以前，經他所手練的湖南精兵，已由二千五百人擴充到八千人了。他在江西上饒帶湖所建新居，曾寫過一篇上樑文，他還曾經提到：「人生直合長沙住，欲擊單于老無力。」另一首〈送別湖南部曲〉詩：「青衫匹馬萬人呼，幕府當年急急符。愧我明珠成薏苡，負君赤手縛於菟。觀書到老眼如鏡，論事驚人膽滿軀。萬里雲霄送君去，不妨風雨破吾廬。」稼軒詞和他的詩文，充滿了悲歌慷慨的氣氛，在悲觀中而富有積極的精神，與湖南人的性格多少有些接近，他之特別重視湖南，而且對湖南人抱有好感，也就無怪其然了。（上面一段，參看梁任公《辛稼軒先生年譜》，鄧廣銘《稼軒詞編年箋注》、《年譜》，及鄧所輯校《辛稼軒詩文抄存》。）

以上還只是偶然想到的幾個例子，說明外來的學者和文人與湖南的一些關係，至於湖南當地出生的人物，較早者如周敦頤（濂溪先生，1017-1073），他是中國理學的開山，宋五子之一，二程子的老師，其所給予湖南人的影響更為深遠。記得我在長邑高等小學四年，國文老師給我們選讀了近三百篇的古文，而第一篇便是濂溪先生的〈愛蓮說〉，老師的講解，給我的印象甚深，事隔近六十年，這篇短文我至今也還能成誦。統計我八年的小學生活，曾經教育過我們的先生，共有一十三位，除掉兩位教英文的先生係從上海廣東請來的以外，其餘的十一位，都是出生於長沙本地。他們那種負責任的精神，那種與我們共生活共遊息的態度，在當時我還不怎樣覺得，經過了這五十年艱苦與憂患的生活後，也多多少少摸索著讀過幾本書，才知他們確有來歷，非同泛泛。一位教我們經學的老師（姓鄭，麇生），他房間裡有自備木版的《十三經注疏》；一位教我們高小後期國文的曹老師（名惠，字孟琪），他房裡有整部的《湖南文徵》，整套的《王船山遺書》，還有無數清末的翻譯書籍；他能作簡勁明潔的古文，也能寫暢達細緻的白話；在譚延闓初任湖南都督的時候，他是譚的一位參與機要的重要秘書，也是民國三四年「甲寅雜志」的一位受歡迎的作者；更奇怪的是他的思想已接近社會主義，但他所寫的古文卻隨時拿去向清末還健在的葵園先生（王先謙益吾）請教。

我覺得，我們湖南講理學的，自濂溪以次，實有其一線相承的傳統，但同時似乎另有一種活潑致用的色彩，加以篤實履踐的精神，可能不在顏李一派所譏評的範圍以內，他們似乎覺得：與其天天教人如何做人，遠不如自己能先做到一兩分的示範更為有效。即以咸同一期的理學者而論，如唐鑑（鏡海）、羅澤南（羅山）、曾國藩等等，似乎都可被列為湖南理學的典型人物。可惜我對這方面知道得太少，不能說出真有把握的話，不勝抱歉之至。

周子以後第二個出生於湖南當地的學人，且在思想上對近代湖南人物具有絕大影響的，我推明末的王夫之（1619-1692，船山先生）。和他同時代的顧炎武（1613-1682，亭林先生）、李顒（1627-1702，二曲先生）、黃宗羲（1610-1695，南雷先生），雖大抵都是堅貞卓絕，各有著作以貽後人，且各有其不同的方面與功用，但其人在清初的出處，仍不免引起或多或少的麻煩；說到深閟固藏，「遯世無悶」，而且真能做到「確乎其不可拔」的，要以船山首屈一指。他的遺書共有五十餘種，最早印行的僅百五十卷，板藏湘潭，太平天國初期毀於兵火；後來曾國藩、國荃兄弟，重刻於安慶與金陵，增加了百七十二卷，都凡三百二十二卷。其中《禮記章句》四十九卷，《張子正蒙注》九卷，《讀通鑑論》三十卷，《宋論》十五卷，四書、易、詩、春秋諸經稗疏考異十四卷，都是經過國藩親自校訂的（參看曾國藩〈王船山遺書序〉）。自經過此一度大力提倡，船山之學乃得大顯於世，尤其以湖南人所受的感染最深。即以譚嗣同來說，他的老師中有兩位，其一為歐陽中鵠（瓣薑），其一為劉人熙（字艮生，號蔚廬），都是極端服膺船山的，因之嗣同在二十五歲的時候即開始讀船山遺書，而他的哲學思想和民族觀念，也得自船山者為多。我在下文寫嗣同評傳的本文還要提到，這裡便不多說了。

概括言之，湖南近代的人物，我們可以分作三期來看：第一期咸同。這一期自以曾、胡、江、羅等率湘軍以與太平天國長期決鬥，表現得最為顯著。這一役的是是非非，至今還沒有定論，姑置不談。第二期從清末迄民初。這一期以譚嗣同等（包括光緒二十六年在武漢犧牲的唐才常）參加康梁的維新運動，表現得最為壯烈；稍後則以黃興、宋教仁等所領導的華興會與中山所領導的興中會合作，乃能有辛亥革命的實現；而以民二宋暗殺，民五蔡鍔崛起討袁，卒以身殉告一段落，也最足以表現湖南人苦幹的精神。這正是我要為譚、黃、宋、蔡四先生評傳的主要動機。第三期自「五四」，「容共」，「北伐」，「剿共」及「第二度容共」，「抗日」，「反共」以迄今日。這一大變化還在繼續發展中，以不在本文範圍以內，暫存而不論。

上面拉拉雜雜寫了近五千字，讀者或認為是一篇廢話；實際不如此，則對譚、黃、宋、蔡四先生為人，便不容易明白，所以我把它作為本文的一個導言，下面便是這篇「合傳」的正文了。以我目前所有的資料來為這四位先生寫傳，十分感到不能勝任，但我平日主張：凡同一題目的一篇歷史記載，總是要經過多數人不斷的寫，然後才能逐漸歸於詳密與正確，我現在只是姑試為之，其目的僅在表現他們的一種特殊精神，及其對國家民族的貢獻，或者能有多少可供參考的價值。巧得很，我這篇四先生的合傳，按年代的次序，應從譚嗣同寫起，而本年的三月十日，正好是譚先生誕生的百年祭，我就以本文作為我這位鄉先輩的紀念吧！（這篇導言，本來是為譚、黃、宋、蔡四先生的合傳而寫的，現在在這本小冊子上先發表譚傳，這篇導言也就不加改動了。）

一、譚嗣同的家庭和師友

譚字復生，晚號壯飛，別署華相眾生或東海褰冥氏，湖南瀏陽人。以清同治四年乙丑二月十三日（陽曆三月十日），生於北京宣武城南嬾眠胡同邸第，迄光緒二十四年戊戌八月殉國，得年僅三十有四（1865-1898）。瀏陽生產一種菊花石，其質溫而縝，野而文，嗣同以為像他自己的影子，因名其所居曰「石菊影廬」；以陶詩有「遠我遺世情」之句，因名其堂曰「遠遺堂」。父名繼洵，字敬甫，咸豐九年己未科進士，官至湖北巡撫（其在任期間為光緒十六年迄二十四年）。其人碌碌無所表現，實際在張之洞那樣一個好事好名的總督下面做一名巡撫，也不容易有所表現。母徐五緣，瀏陽國子監生韶春之女。嗣同所述〈先妣徐夫人逸事狀〉云：「……先夫人性惠而肅，訓不肖等諸諄然，自一步一趨至植身接物，無不委曲詳盡。又喜道往時貧苦事，使知衣食之不易。居平正襟危坐，略不傾倚，或終日不一言笑；不肖等過失，折蔆操笞不少假貸；故嗣同誦書，竊疑師說，以為父慈而母嚴也。御下整齊有法度，雖當時偶煩苦，積嚴憚之致，實陰納之無過之地，以全所事，一旦失庇蔭，未嘗不或流涕思之。光祿公起家寒畯，先夫入佐以勤慎作苦，雞鳴興爨，汜掃擗滌，紉績至夜分不得息；恆面擁一兒，背負一襁，提罌自行汲，筋力強固，十餘年不以厭倦。迨光祿公官京朝，祿入日豐，本無俟先夫人之操勞，而先夫人不欲忘棄舊所能力之可及，則勉沒如故。食僅具蔬筍，亦不得踰三四肴，每食以布自衛，云恐涴衽。衣裳儉陋，補綻重複，有一絲蘊衣，縷縷直裂，依稀出蘊，自嗣同知事即見之，卒未一易。家塾去內室一垣，塾師雲南楊先生，聞紡車軋軋，夜徹於外，嗣同晨入塾，因問汝家婢媼乃爾劬耶？謹以母對，則大驚歎，且曰：「汝父官郎曹十餘年，位四品，汝母猶不自暇逸，汝曹嬉遊惰學，獨無不安於心乎？」是以嗣同兄弟所遇即益華腆，終不敢弛於慆淫非辟，賴先夫人之身教夙焉。方嗣同七歲時，先夫人挈伯兄南歸就婚，置嗣同京師，戒令毋思念。嗣同堅守是言，拜送車前，目淚盈眶，強抑不令出，人問終不言，然實內念致疾，日羸瘠。踰年，先夫人返，垂察情狀，又堅不自承。先夫人顧左右笑曰：『此子倔強能自立，吾死無慮矣！』嗣同初不辨語之輕重，烏知其後之果然耶？哀哉！……」

讀此，可見嗣同之成為中國近代史上一重要人物，其得自母教者實至為深遠。

嗣同上有同母兄二——嗣貽，嗣襄，及同母姊二，嗣同對之友愛甚篤（參看他寫的〈先仲兄行述〉及〈遠遺堂集外文初編續編自敘〉），均先嗣同而卒。

光緒二年，北京發生大瘟疫，時嗣同年十二，死三日復甦，因而他的父親字他曰「復生」。其時他的母親和伯兄嗣貽及仲姊嗣淑，都在五天內先後死去。這是嗣同童年期最受刺激的一事，大致也是他自己對生命不甚戀戀的原因之一。嗣同自母死以後，「為父妾所虐，備極孤孽苦，故操心危，慮患深，而德慧術智日增長焉（見梁啟超〈譚嗣同傳〉）。嗣同在〈遠遺堂集外文初編自敘〉一文，表達他的心情是那樣凄苦，蓋其家庭間實有難言的隱痛。後來他在《仁學》一書，對中國倫常觀念有不少過激的想法，和他在童年時所遭遇的，實不無關係。不曾細讀過嗣同的全集，及明白他的身世，而對《仁學》隨意批評，似乎不太妥當。

嗣同自幼聰穎，五歲開始從蒙師畢　齋讀書，「即審四聲，能屬對」（「嗣同三十自紀」），八歲後的塾師為韓蓀農。十歲，奉父命與其仲兄嗣襄（泗生）從其同鄉歐陽中鵠讀書。歐陽字節吾，號瓣薑，同治十二年癸酉科舉人，與戊戌前參加湖南維新運動的善化皮錫瑞（字鹿門，1850-1908）同年。中鵠官至廣西按察使，於學服膺王夫之（字而農，號薑齋）、黃宗羲（號梨洲，浙江餘姚）、劉繼莊（字獻廷，河北大興），尤傾倒於王，因號瓣薑，即取瓣香蘊齋之意。其著作有《瓣蘊文集》、《瓣蘊詩存》等，尤精研數學。（戊戌前，以嗣同之倡議與贊助，在瀏陽創辦有「算藝學堂」、「算學館」，即以中鵠為主體。此事經過如何，我知道得太少，存此待考。）嗣同從中鵠讀書之年，繼洵已由戶部員外郎升任郎中，其時中鵠官內閣中書，故嗣同得有從此一名師讀書的機會。嗣同在思想及學問基礎上受了他這位老師不少的影響，殆無疑問。嗣同篤於師生風義，從這一年開始，以迄戊戌殉國，凡歷二十三年，他們師生間常有書信往還，現存於蔡尚思所編《譚嗣同全集》中者，即有「上歐陽瓣蘊師書」二十八通，並附錄有歐陽予倩一篇〈上歐陽瓣蘊師書序〉。予倩中鵠孫，他在小孩時代，曾在他家裡見過嗣同，所以他這篇序文也寫得狠親切。我在下文，還要就嗣同寫給師友的信札以及予倩這類的文字，有所徵引，以求得對嗣同多方面的認識，在這裡便不多說了。

嗣同於光緒二年病後，即開始泛覽群書，鄙視八股文，從王正誼（字子彬，綽號大刀王五）、胡致廷（綽號通臂猿胡七）學技擊劍術，嗣同喜言任俠自此始。次年八月，繼洵補受甘肅鞏秦階道（後升布政使），即於是年冬攜嗣同回原籍修墓，歐陽中鵠以代譚家經理喪葬事也回了瀏陽。

是時嗣同年甫十三，留鄉數月，有一最可注目之事，即為與唐才常（1867-1900）訂交。才常字伯平，號佛塵，一號黻丞，小於嗣同兩歲，其卒年同為三十四。譚唐友誼之篤，互信之深，近百年來殆無與倫比。兩人共學共事的經過，散見於下文，關於「自立軍」一幕，則附見嗣同傳末。自是年始，才常也開始從中鵠讀書。

二、嗣同的漫遊生活

光緒四年，嗣同年十四，隨父赴甘肅任所，從此以後，當繼洵服官在甘肅的時候，他便隨時往來於西北各地與湖南。到光緒十六年繼洵做了湖北巡撫以後，他便有機會漫遊長江各省。梁啟超為嗣同寫的傳，計算他生平所到過的地方，有直隸（今河北）、新疆、陝西、河南、湖南、湖北、江蘇、安徽、浙江、臺灣各省。嗣同自述他的遊踪所及：「經大山若朱圉、鳥鼠、崆峒、六盤、太華、終南、霍山、匡廬無算；小水若涇、渭、漆、沮、滻、灞、洮、潼、澧、藍、伊、洛、澗、瀍、恒、衛、汾、沁、滹沱、無定、沅、澧、蒸、湅無算；形勢勝蹟益無算。」（見〈三十自紀〉）在今天交通工具有了大變化以後，我們便可能失去這些機會。例如嗣同所見過的這些小水，在中國的經書，和其他舊籍，以及古人的詩歌裡是常常提到的，我們既難得有這些經歷，在讀書的時候，無形中更缺少一些親切之感。好比說：「詩思在灞橋驢子背上」；唐人韋應物一首有名五古的頭兩句：「客從東方來，衣上灞陵雨；」儘管我們知道灞水灞橋在什麼地方，也知道「灞陵」就是漢文帝「霸陵」的另一寫法，可是因為沒有機會親履其地，究竟不免隔膜。尤其說：「詩思在灞橋驢子背上」，假如一個學生問您：「先生，為什麼古人騎一匹驢子在灞橋上走走，便會引起他的『詩思』呢？」我想，您頂多只能回答：

「灞橋是建築在灞水上的一道橋，其地在長安縣東二十五里，唐都長安，唐人送別者多於此，因而這道橋又名『銷魂橋』。唐人既歡喜做詩，尤其送別非有詩不可，前人關於灞橋的詩既然太多，於是乎灞橋乃成了一處名勝，而與中國的詩史不可分。如果您能把前人有關灞橋的詩熟讀幾首，不僅您騎在驢子背上行經其地要引起『詩思』，甚至您就坐牛車，獨輪車，乃至猴在駱駝背上的兩峯之間，在那裡走過一趟，也非發動您的『詩思』不可哩！」像這樣一種回答，自然已經算不錯，但依然不能使我們滿足。清人袁枚有這樣的一首小詩：「尋常並坐猶嫌遠，今日分飛已半年，知否蕭郎如斷雁，凄風苦雨灞橋邊？」這是一個生長在中國南方的詩人，繾念他那留在江南的愛人，知道她已經在享受著鶯飛草長的季節，但他自己卻正在灞橋上獨行踽踽，感到不勝其凄苦，這不更可想像在咱們這個大國裡的同一時令，而氣候乃大不一樣嗎？嗣同自己也有一首關於「灞橋」的詩（〈論藝絕句六篇〉之一），他在這首詩的附註裡說：「……往見灞橋旅壁，塵封隱然，若有墨跡，拂拭諦辨，其辭曰：『柳色黃於陌上塵，秋來長是翠眉顰，一彎月更黃於柳，愁殺橋南繫馬人！』嗣同讀之狂喜，而深以作者未署名為可惜。」大家試閉目想想：以灞橋的柳，灞橋的塵土，灞橋的新月，鎔合而成為一種景色，這還不夠勾起詩人的「詩思」嗎？

我們在小孩時代，便唸過：「涇以渭濁，湜湜其沚」（《詩．谷風》），照朱老夫子的《詩集傳》解釋：「涇濁渭清」。他還繼續的囉嗦說：「然涇未屬渭之時，雖濁而未甚見，由二水既合，而清濁益分。……」據嗣同說：他「隨任甘肅，往來度隴者八，其他小觀近遊，尤不勝紀，結靷方舟，亂於涇渭，不下數十，留心覘之，夏秋二水皆濁，冬春二水皆清，合流處亦隨時清濁，烏睹《毛傳》所謂涇渭相入而清濁異耶？……當涇漲渭涸，則『涇濁渭清』，涇涸渭漲，則『涇清渭濁』……」他以這種實地觀察的結果駁正朱子，我想朱老先生當亦首肯。本來，朱子解詩，武斷、附會的地方實在太多，例如清人姚際恒的《詩經通論》，便給他提出不少的駁正，譚說不過是更有力的一個例子而已（見嗣同《石菊影廬筆識》的「學篇」第二十六）。還有：嗣同所提到的「澧」、「灃」這兩條水，灃水在陝西，源出秦嶺；澧水在湖南，流入洞庭；清朝最後的一個攝政王，溥儀的爸爸，原名載灃而不名載澧，近五十年來有關清史的書籍或短篇記載，大率把灃字排成澧字，連《清史稿》也排錯不少，因而學校講近代史的先生們，也多半滿口載澧載澧，一直到蕭一山的《清代通史》，才算全面加以矯正。儘管載灃比較清代開國時那位攝政王多爾袞，只是一個愚而好自用的飯桶，但我們講清史的人卻又不能不提到他，因此我借機會再在這裡提醒大家一次。

又，嗣同具體描寫他自己的漫遊生活，有兩段文字也使我非常感動：

其一：「……嗣同弱嫺技擊，身手尚便，長弄弧矢，尤樂馳騁。往客河西，嘗於隆冬朔雪，挾一騎兵，閒道疾馳，凡七晝夜，行千六百里，巖谷深阻，都無人跡，載饑載渴，斧冰作糜。比達，髀肉狼藉，濡染褌襠。此同輩所目駭神戰，而嗣同殊不覺！……」（與沈小沂書）

其二：「……（嗣同）獨喜強雲田並轡走山谷中，時私出近塞，遇西北風大作，沙石擊人，如中強弩。明駝咿嗄，與鳴雁嗥狼互答。臂鷹，腰弓矢，從百十健兒，與凹目凸鼻黃鬚雕題諸胡，大呼疾馳，爭先逐猛獸。夜則支幕沙上，椎髻箕踞，匊黃羊血，雜雪而咽，撥琵琶，引吭作秦聲，或據服匿，群相飲博，讙呼達旦！……」（〈劉雲田傳〉）

據此，可見嗣同少年時期所表現的，決非我輩終日枯坐書房，被幾部線裝書壓得毫無生氣的文弱書生可比。他其所以能殺身成仁，幹出轟轟烈烈的一幕以震動全國，夫豈偶然？

三、嗣同的詩、文、仁學、及其對詩文的見解

可是話雖如此，嗣同卻又不是一個能動而不能靜的人。他曾於十年之間，六赴南北省試，儘管始終不曾考得一名舉人，但他對於詩、古文辭卻造詣甚深。弱冠曾一度入新疆劉錦棠幕，劉一見即目為奇才。等到甲午中日戰後，列強對中國大肆侵略，他起而追求新知，比較任何人熱烈；他尤其歡喜數學，一面努力自學，一面用以教人，可說他對治科學應如何入手，已經有了一種基本認識。他對同時的學人接觸者甚多，包括當時在中國從事翻譯工作的英國人傅蘭雅在內。在他三十二歲的這一年，奉父命捐了一個知府在南京候補，但這不是他的本願，對官場的周旋酬應，尤其感到厭倦。當時，南京有一位對佛學有高深研究的居士楊仁山（文會，1837-1911，安徽石埭），他便從楊學佛，因得涉獵三藏，而於唯識宗與華嚴宗頗有心得。他

的著作曾在南京刻出過一部分，包括《寥天一閣文》二卷，《莽蒼蒼齋詩》二卷，《遠遺堂集外文初編》一卷，《續篇》一卷，《石菊影廬筆識》二卷。總題曰：「東海褰冥氏三十以前舊學」，蓋表示他此後不再寫這一類的東西了。至於他的所謂「新學」，自當以他居南京時所著的《仁學》一書為代表。《仁學》凡五十篇，分上下兩卷，共約五萬餘言。以書中有許多譏切清廷的話，因題曰「臺灣人所著書」，蓋以清廷不得人民同意，而擅以臺灣割與日本，因假借臺人以抒其憤慨也。「書成（嗣同）自藏其稿，而寫一副本畀其友梁啟超，啟超在日本印布之，始傳於世。」（見梁著《清代學術概論》）戊戌以後的守舊派，如張之洞、王先謙等所代表者，他們還只看見康有為所著的《孔子改制考》、《新學偽經考》，以及梁啟超的《變法通議》這類東西，假定譚的《仁學》，乃至康的《大同書》，他們也早有機會看到，則在當時所引起的思想鬥爭，還不知道要激烈到何等程度啊！

嗣同學詩甚早，他的詩存入兩卷《莽蒼蒼齋詩》裡面的，乃從十五歲時所作的開始。嗣同自述他學詩的經過說：「……初亦從長吉（李賀）、飛卿（溫庭筠）入手，旋轉而太白（李白），又轉而昌黎（韓愈），又轉而六朝。近又欲從事玉谿（李商隱），特苦不豐腴。類皆抗而不能墜，闢而不能翕，拔起千仞，高唱入雲，瑕隙尚不易見。迨至轉調旋宮，陡然入破，便弸弦欲絕，吹竹欲裂，猝迫卞隘，不能自舉其聲，不得已而強之，則血涌筋粗，百脈騰沸，岌岌無以為繼。此中得失，惟自知最審，道之最切。今時暫輟不為，別求所以養之者，必且有異，不然，匪惟寡德之徵，抑亦薄福之象。……」（〈報劉淞芙書〉二）這可看出他對於此道，確曾下過長期的苦功，決非率爾操觚者可比。我多年以來歡喜讀陶，嗣同有批評陶詩的一段文字，茲就近年北大及北師大師生所輯《陶淵明研究資料彙編》所節錄者，略予增減，轉載如下：「足下論陶，與嗣同所見若重規疊矩。真西山稱陶公學本經術，最為特識。如足下所舉之外，它若『道喪向千載』云云，『汲汲魯中叟』云云，『遙遙沮溺心』云云，皆足為證。然嗣同尤有妄解，以為陶公慷慨悲歌之士也，非無意於世，世以冲澹目之，失遠矣！朱子據〈箕子〉、〈荊軻〉諸篇，識其非冲澹人，今挺其詩，不僅此也：「本不植高原，今日復何悔，」明可以無死之故也；「若不委窮達，素抱深可惜」懷寶而無其時也；傷己感時，衷情如訴，真可以泣鬼神，裂金石，興亡之際，蓋難言之，使不幸而居高位，必錚錚以烈鳴矣。今其詩又覺中正和平，斯其涵養深純，經術之效也。張南軒譏其委心之言，不知皆其不得已而託焉者也。且南軒能知其所委為何心乎？後此若王（維）、孟（浩然）、韋（應物）、柳（宗元）、儲（光羲）、蘇（軾），特各各成家，於陶無涉，淺者輒曰原出於陶，真皮相之言也。嘗謂學詩宜窮經，方不為浮辭所囿，聞者或不信之，今於陶公，既驗其然矣。」（原文較長，同見〈報劉淞芙書〉二）據此，更可看出嗣同讀古人的作品，自具識解，且多深到之見，也決非俯仰隨人，人云亦云者可比。

我寫這篇〈譚、黃、宋、蔡四先生評傳〉，剛好這四位先生都能做詩，我在全篇的結構上，擬就他們每人的作品各選錄一二首或三五首。我選錄的標準，不全在詩的好壞，乃是擇其足以代表作者個性，使讀者能想像其為人；同時又有以激發青年的志氣，庶幾使之感奮能步四先生之後，起而效忠於國族（繼此尚有黃、宋、蔡評傳發表）。嗣同有〈秦嶺〉及〈怪石歌〉七古兩篇，具體表現他學昌黎的心得，陳石遺（衍）已選入《近代詩鈔》，辭長不錄，茲錄其五律、七律、五絕各一首，七絕兩首。

〈楓橤橋曉發五律〉

橋上一回首，曉風侵骨寒，
送人意無盡，惟有故鄉山。
野水晴雲薄，荒村缺月彎，
役車休未得，歲暮意闌珊。

〈崆峒〉

斗星高被眾峯呑，莽蕩山河劍氣昏。
隔斷塵寰雲似海，劃開天路嶺為門。
松拏霄漢來龍鬥，石負苔衣挾獸奔。

四望桃花紅滿谷，不應仍問武陵源。

〈**淮陰侯墓**〉

得葬漢家土，於君已厚恩；
黥彭俱化醢，暴露莽秋原。

〈**潼關**〉

終古雲高簇此城，秋風吹散馬蹄聲。
河流大野猶嫌束，山入潼關不解平。

〈**甘肅布政使署　園秋日七絕**〉

小樓人影倚高空，目盡疏林夕照中，
為問西風竟何著，輕輕吹上雁來紅。

嗣同學為古文殆自其二十前後開始，據其自述：「嗣同少頗為桐城所震，刻意規之數年，久自以為似矣。出示人，亦以為似。誦書偶多，廣識當世淹通磚一之士，稍稍自慙，即又無以自達。或授以魏晉間文，乃大喜，時時籀繹，益篤耆之，由是上溯秦漢，下循六朝，始悟心好沈博絕麗之文，舊所為，遺棄殆盡……」因此，嗣同論文，主駢散合一。其說見他《論藝絕句六篇》的第二篇附注：「文至唐已少替，宋後幾絕。國朝衡陽王子（夫之）膺五百之運，發斯道之光，出其緒餘，猶當空絕千古；下此若魏默深（源）、龔定庵（自珍）、王壬秋（闓運），皆能獨往獨來，不因人熱，其餘則章摹句效，終身役於古人而已。至於汪容甫（中），世所稱駢文家，然高者直逼魏晉，又烏得僅目曰駢文哉？自歐陽（修）、曾（鞏）、歸（有光）、方（苞）以來，凡為八家者，始得謂之古文，雖漢魏亦鄙為駢儷，狹為範以束迫天下之人才，千夫秉筆，若出一手，使無方者有方，而無體者有體，其歸，卒與時文律賦之雕鐫聲律，墨守章句，局促轅下，而不敢放轡馳騁者無異，於是……駢散分途，而文乃益衰……」嗣同又說：「……所謂駢文，非四六排偶之謂，體例氣息之謂也。……」（三十自紀）凡此，均可看出嗣同對文體見解的一斑。他自己所寫的文章，上文所引已多，不復再舉。他的《仁學》，重在針對現實說理談政，意不在文，要亦暢達鋒厲，能使俗學陋儒，目眩心駭，足以震動一世的人心，直接影響後來的革命，則無疑義。

近年大陸的學人，也偶有就《仁學》一書加以分析批判者。他們的方法，重在找出它的論點，見何者近於惟物，則目為進步；何者近於惟心，則認為落後；以今天的眼光，批評六十年前的一本著作，其無當於理，自不待言。其實，我們可以承認馬恩之說，不失為治史論政的有用觀點之一，但他們以為天下真理，盡在馬恩，而其他任何一種思想，舉不足道。挾著這種「定於一尊」的見解以衡量一切，於是不得不捧毛為大師，而仰周劉輩如龍象，打穿後壁，則不外為地位與飯碗講話，求取容悅，其庸俗實古今一轍！

嗣同自敘其著《仁學》的目的，在衝決網羅，他說：「網羅重重，與虛空而無極；初當衝決利祿之網羅，次衝決俗學若考據若詞章之網羅，次衝決全球群學之網羅，次衝決君主之網羅，次衝決倫常之網羅，次衝決天之網羅，終將衝決佛法之網羅。……」

梁啟超批評《仁學》說：「『仁學』之作，欲將科學、哲學、宗教冶為一爐，而更使適於人生之用，真可謂極大膽極遼遠之一種計劃。此計劃，吾不敢謂終無成立之望，然以現在世界學術進步之大勢觀之，則似為期尚早；況在嗣同當時之中國耶？嗣同幼治算學，頗深造；亦嘗盡讀所謂『格致』類之譯書；將當時可能有之科學智識，盡量應用。又治佛教之『唯識宗』『華嚴宗』，用以為思想之基礎，而通之以科學。又用今文學家『太平』『大同』之義，以為世法之極軌，而通之於佛教。嗣同之書，蓋取資於此三部分，而組織之以立己之意見；其駁雜幼稚之論甚多，固無庸諱；其盡脫舊思想之束縛，戛戛獨造，則前清一代，未有其比也。」

四、嗣同對倫常的實踐

梁這一說法，可謂相當平實。蓋就遼遠的世界說，可能有此理；就當前的現實說，則決不會有此事；這在嗣同豈不知之甚明？可是矯枉者必過其正，嗣同當時目睹清廷是那樣腐敗，社會是那樣黑暗，而他在家庭所遭遇的「綱常之厄」，又幾「非生人所能任受」（《仁學》自敘），於是他乃發憤著書，而提出種種過激的想法，其作用好比驚雷啟蟄，閃電發光，目的不外希望天地昭蘇，卿雲冉冉。我細細體會，以嗣同的本質來說，他實際是一個天性篤厚，而感情真摯的人。我們看前面所引他追述他母親如何教育兒女克盡婦德的那篇文字，是何等的悱惻動人；當他在戊戌八月被捕的前夕，邏卒在門，他自己已經視死如歸，但仍能從容不迫，為他父親造出幾封告誡兒子的家書，以免他的老父橫被牽累；您難道可以不承認他是十足的孝子嗎？

光緒十五年（其時嗣同二十五歲），他的哥哥嗣襄死在臺灣，他接到這一噩耗，乃「創巨痛深，瞢不省事，哭踊略定，則志隳形索，清刻至骨，自顧宛如五六歲孺子也。」（〈遠遺堂集外文初編自敘〉）到十七年，他檢出他哥哥的遺文，手書，行述，墓銘，及哀誄等等，輯為《遠遺堂集外文初編》。十九年，他再把哀輓他哥哥的詩文，輯為《續編》。他這種久而彌篤的手足之情，也是我所不曾見過的。

嗣同是十九歲結婚的，他的夫人李閏，長沙李篁仙（壽蓉）之女，為「中國女學會」倡辦董事。據歐陽予倩說：嗣同對「婚姻也不滿意」。不錯，嗣同對一切現實都不滿意，何祇對他自己的婚姻？可是當戊戌四月初三，他將動身北上的時候，寫了一首「留別內子」的小詩，他在序文裡說他與李結婚正是光緒九年癸未的四月初三，恰好一十五年。並表示願「生生世世，同住蓮花。」詩曰：「婆娑世界善賢劫，淨土生生此締緣，十五年來同學道，養親撫姪賴君賢。」詩後還題了下面的幾句：「視榮華如夢幻，視死辱為常事，無喜無悲，聽其自然。惟必須節儉，免得人說嫌話耳。」這簡直就是一篇遺囑，也表示他早有為國事而死的決心了。婚姻要怎樣才算滿意，這是很難說的，但我們能說嗣同在夫妻之間，便沒有深厚的情感嗎？

光緒帝載湉，只是一個懦弱的青年皇帝，但心地卻很明白，改革中國的決心也是有的。嗣同覺得只要這位皇帝有改革的決心，即不難把國家推進一步，他便有以全力去幫助他的義務；至於個人的知遇之感，還在其次。因此，當戊戌八月初三，他看到載湉那封手書的密詔，說他的帝位幾不能保，他便想盡方法要去救他，不濟則繼之以死。自然，他這只是死事，而不是普通所謂盡節或盡忠，可是即律以古代的所謂君臣之義，他還不是做到最大的可能了嗎？

光緒二十一年，嗣同在北京見了梁啟超，啟超問他：「誰是他最好的朋友？」嗣同回答：「二十年刎頸交，佛塵一人而已。」（見《飲冰室詩話》）果然，當唐才常聽到嗣同在北京被殺，便慟哭辭家，準備北上迎回嗣同的靈櫬，且下決心要為他的好友報仇，這不是彼此長期積有堅如金石的友誼，如何能做到這樣生死不渝呢？

嗣同在《仁學》裡說，五倫只有朋友一倫可用。其他四倫均應在廢止之列，一個六十年前的中國人說出這種話，而且筆之於書，豈不大可駭怪？可是在他實踐倫常的時候，卻又自自然然的做得十分圓滿，就他自己的理想說，豈不是一大矛盾？實際這種地方矛盾是完全沒有的：大凡一個天性篤厚而情感真摯的人，他是無往而不表現其篤厚與真摯的。如果懂得孝之為孝才去盡孝道，懂得弟之為弟才去盡弟道，這已經落入第二義，而全不自然，更談不到與天地同流了。「天性」兩字最為要緊，只有具有這種性格的人，才可說廢倫常，因為他的篤厚與真摯已經超越倫常而行乎其所不得不行，而決不是不及倫常而必須出之以勉強哩！也只有具有這種性格的人，才真能殺身救國，才能捨身救世，以我細細體會，嗣同可當之無愧也。

以上我已就嗣同的做人，治學，漫遊，應事各方面說了一個大概，即作為譚傳的上篇。下篇我當繼續說明嗣同與戊戌維新運動一幕的關係，及其何以卒演成一大悲劇的經過。

五、嗣同所處的時代

中國的知識分子（僅僅限於知識分子）逐漸從沉沉酣睡中驚醒過來，就大體說，是從去今一百二十年前的鴉片戰爭以後開始的。

從第一次的鴉片戰爭（以一八四二年的《江寧條約》告一段落）演變而為第二次的英法聯軍（以一八六〇年的《北京條約》告一結束），中間更經過一次幾乎遍及中國本部的大亂（太平天國），而在這一役的後期，曾、李、左諸人，在江浙一帶用兵，且曾借助於外人。

因為道、咸、同以來，滿清政府一部分上層的當事者（除曾、李、左諸人外，包括前期的林則徐，後期的奕訢、張之洞等），以內憂外患的交迫，不斷與外國的人力物力有所接觸，乃不得不承認這是「中國數千年以來所未有的一大變局」，同時感到「師夷之長以制夷」，在事實上也確有其必要。於是在咸豐十年《北京條約》訂立以後，以迄光緒二十一年乙未，凡歷三十餘年，中國乃有所謂「洋務運動」的產生。

洋務運動的目標在富國強兵，實際則以強兵為主。真要創建且維持一枝足以與當時列強中任何一國相抗衡的海陸軍，決非其時清廷的經濟財政情形所許，於是他們想到自強與致富的工作必須雙管齊下才能有效。因此，像購船購械，造船造械，築路開鑛，輪船招商，鍊鐵鍊鋼，紡紗織布，製呢製麻，郵電造幣，這類的舉措乃先後實現。建立新的軍隊，必須訓練新的軍事人才，於是船政學堂、水師學堂、自強學堂……這類的軍事教育機構，也就自然感到需要。為了要把這類的新興事業辦好，到底非招致外國的專材與技術人員不可；同時外交的應付，也一天天趨於複雜；因而他們又覺得翻譯人才不可少，於是同文館、方言館一類的機構，也就應運而生。像這類的新事業既已遂漸出現，他們更覺得單靠在國內訓練人才到底不夠，在時間上也過於遲緩，於是派遣學生出洋留學，也就繼同治末年派遣幼童出洋之後，而成為一時的風氣。

我們不可把咸同諸老對這類新事業的提倡，新人才的造就一筆抹煞，說他們毫無成就，實際中國初期的外交人才、工程人才，以及無數中下級的技術人員，從這一風氣中磨鍊出來的，畢竟還是不少。甚至因為出洋學生的加多，對西洋政治、文、教、科、技的認識，也就漸漸趨於正確，而影響了後來的許多方面。平心而論，近年毛澤東輩在大陸大吹大擂的所謂「大躍進」，實際也就不過是變像的洋務運動之一種，而咸同老輩以及後期張之洞盛宣懷等所不曾犯過的錯誤，如土法鍊鋼之類，毛澤東等乃公然犯之，這可以說明中國人的知識是何等的難於長進。由此類推，毛等抄襲外國一種後起而未經過長期實驗的政治方式——共產，拾取一種百多年以來而又抹煞經過多數人從理論上與事實上曾加以多方修正的思想——馬列，而奉為天經地義，不惜屠殺中國兩千萬人民，甚至再準備犧牲中國一兩億人民以供他們從事世界革命的嘗試，這實在是太無人性。而這種無人性的根源，實際是由於無知。三十四年，我在延安住過五天，見聞所及，我不否認他們確想奮發有為，但奮發有為而以無知出之，卻是危險萬分。當時我回到重慶，有人問我對延安的觀感怎樣？我回答：就好的方面說，我對他們有三個字的恭維，有朝氣；就壞的方面說，我對他們只有一個字的批評：「陋」！他們總算僥倖，居然以多種原因的輻輳，取得大陸的政權有了一十六年，照理說，他們犯過無數的錯誤，經過了多次的失敗，總也應該有點覺悟；同時他們近年有不少的人在外面東跑西跑，總也應該得到一些新的啟發；可是不幸得很：他們狃於一度僥倖的成功，取得大陸的政權如拾芥，他們總以為繼此的所作所為，都是「盡善盡美」（這是利用慈禧太后在戊戌八月第三度垂簾一句自我陶醉的話），一定可以「無災無難」一直達到他們那一虛空而遙遠的目標。即令已經錯到不可思議的，例如「人民公社」，他們也還要遮遮掩掩，多方為自己迴護。赫魯曉夫畢竟是一個感覺相當銳敏的傢伙，一經與美國接觸，便感到要與別人硬拼，為時尚早，甚至不惜公開聲明；蘇聯在若干方面，還應該向美國學習，目前所能試辦的，最多也只能唱唱「和平共存」。周恩來、陳毅、鄧小平等等近年所到過或比較知道的地方，不外蘇聯、東歐、非洲、北韓、北越、印尼這類落後地區，乃居然得意忘形，把自己看成矮子中的長子，大顯其黔驢、井蛙的醜態，有時且不惜以人民血汗換得的一點外匯，去捐得一個「國際大好老」的頭銜；以爆炸一兩枚核彈的代價，又自封為世界五大核子國家之一；外強中乾，以國家人民當兒戲，安心以七億人民充砲灰，其喪心病狂，真可謂登峯造極。

我想，讀者可能要對我提出質問：您不是在這裡為你們湖南的四位前輩先生譚、黃、宋、蔡寫評傳嗎？為什麼要扯上共產黨來發揮一通呢？實際這是讀者有所不知。原來今天共產黨兩位尖兒頂兒的寶貝——毛澤東與劉少奇，也正是咱們湖南的土貨，我在本篇的導言上面所提到湖南近代第三期的人物，時無英雄，也只好拿他們來充數。湖南人的性格本來就有最良好與最惡劣的兩個方面：良好的是沉著而深思，惡劣的是顢頇而蠻幹。我記得，楊度（晳子，湖南湘潭，1875-1931）在去世不久以前，一次，他和他的兒子公恕、章太炎先生（名炳麟，浙江餘杭，1868-1936）和我，一同在趙炎午先生上海的家裡吃飯，楊度在酒酣耳熱之餘，仍在大發揮他的「君憲論」，他並且明目張膽的聲說：「可惜得很，蔣介石就是不肯做皇帝，以蔣介石的武功，雖漢高明太何以過之，因為他不做皇帝，所以終於沒有成大功的希望！」民國三十四年七月四日午後兩點以前，毛澤東站在「延園」的一棵棗樹下面，對我和章伯鈞說：「蔣介石，他總以為天無二日，民無二王，我『不信邪』，偏要出兩個太陽把他看看！」其時同在一塊聽到這個話的，除我和章以外，還有周恩來和朱德。讀者試把楊度和毛的話比照著看一看，他們在談到國家問題的時候，只顧發揮個人的意氣，一切逞口而出，其顢頇蠻幹的姿態，還不足以代表湖南人個性的一面嗎？毛澤東在這十六年來的言論和行事，大抵都是以顢頇蠻幹的方式出之，最缺少的是沉著與思考，中國六七億的人民，好像只夠作他個人在國際賭場上的籌碼，我實在為中國馴善樸素的人民，感到慄慄危懼。

我在這裡寫譚嗣同這篇評傳的下半篇，不能不談到譚在戊戌維新這一幕中所表現的個性；以後對黃、宋、蔡三位，也不能不對他們每人的性格，多少加以分析。因此，我不能不拿楊度、毛、劉等湖南人作個例子，使大家得到一個比較研究的機會。反過來說，像彭德懷和毛的關係之深，他居然與毛發生意見上的衝突，而卒被毛所清算。其情況我們雖還不完全清楚，但以我在延安對彭所得的印象，可能假定他正發揮了湖南人性格好的一面也未可知。近年，我略略知道若干外國朋友對中國近代人物研究的成績，他們的態度誠然非常客觀，對於有關資料的搜集，確也下過工夫不少，可是他們忘記了一點：中國人的出生地點，以及某一地域的歷史因素，最足以影響當地人物的性格，他們似乎沒有十分注意。其實，如果我們承認英國人、德國人、法國人、……在性格上確有若干差別，那末，湖南人、廣東人、江蘇人、山東人、山西人確有其特點，豈不也是一種很自然的現象？

在今天，我們要批評咸同以後從事洋務運動人們的錯誤，只能是這樣說：

一、他們對別人效法西洋從事改革的過程（例如日本的明治維新），事前沒有經過一番的調查與研究。

二、首先提倡洋務的人們，彼此之間並無何等密切的聯繫，近於人自為政，因而建立不起規模，也不成體系。而且過於以主辦的人為本位，而不是以地域或事業為本位，又不注意組織，這也是從事建設所最忌的。

三、他們所規定「官辦」、「官督商辦」、「官商合辦」一類的辦法，無法杜絕腐化官僚的滲透，因而使得若干的公營機構，往往變成徒有形式而無內容的衙門，乃至坐見資金的濫費與侵蝕而無法補救。這種情形，就在今天也依然不免，何況在六十、七十、八九十年以前？

四、其時真正懂得辦洋務的人也實在太少；聘用外國的專家與技術人員，因為自己不能鑑別，便只能假手外國駐華外交人員，或中國駐外的使館，因而不免濫竽充數，往往毛病百出，把事業敗壞到不可收拾。

五、舊日官僚固然是貪汙成性，即號稱懂點洋務的新人物，也往往把參加洋務機構而視同肥缺。向外國購買船械機器或其他器材，既必須由他們經手，他們乃與外國的廠商勾結，大事侵蝕。據說李鳳苞（時駐德公使）經手定購兩隻鐵甲兵艦鎮海、定海，價格三百萬兩，他所拿去的回扣，即為六十萬兩！至於後來盛宣懷的富甲全國，當然更不在話下。情況如此，而希望以辦洋務而富國強兵，豈不是緣木求魚？

至於集股的習慣未成而資金短少，財政不能公開而信用不立，官與官相剋，官與商暗鬪，一個貪汙腐化，達於極點的中央政府高高在上，還要隨時責這類洋務機關以報效，甚至把大家辦理洋務的經費隨意取去供個人的揮霍……自然都不失為洋務失敗的基本原因。

所謂洋務的實際情況如此，所以經過甲申（光緒十到十一年）一役對法戰爭的考驗，再經過甲午（光緒二十到二十一年）一役對日戰爭的考驗，洋務運動乃正式宣告破產。再加上《馬關條約》的訂立，須輸出二萬萬三千萬兩的賠款，其勢非大舉借債無法償還；外人可利用中國的土地、勞力、原料，即在中國設廠製造，更制了中國實業發展的死命。更繼以光緒二十二、三、四年之間，列強對中國的瘋狂侵略，沿海港灣盡失，路鑛攘奪殆盡，海關及其他稅收也抵押無餘，此外還有所謂「勢力範圍」的指定，瓜分之說更甚囂塵上，這便是康有為、譚嗣同、梁啟超等維新運動的真實背景，也便是激起孫中山革命運動開始行動的發端，其最新最直接的刺激，都由於甲午一戰。

譚嗣同不是維新運動的主動者，也猶之乎康有為不是中國政治文教改革的首倡者一樣。但康具有中國舊學的廣泛基礎，又集了他以前一切提倡改革者形形色色多方說法的大成，再加上他那一枝富有煽動性的健筆，以及他口若懸河而又居之不疑的辯才，自光緒十四年（1888）第一次上書以後，他更以講學方式著手訓練與他協同活動的幹部，凡此舉措，確足以激動全國一部分知識分子的心弦，而嗣同也就對他極端傾倒，而自稱「私淑弟子」。

嗣同在甲午以前，原已開始留心洋務，可是甲午一戰卻給了他更深的刺激。當戰爭正在進行之際，張之洞由湖廣總督調署兩江，但嗣同的父親繼洵仍留在湖北巡撫任內。其時民間對於戰爭的經過，往往是得自捕風捉影的傳聞，與事實相去甚遠，嗣同從湖北官場所得的消息，究竟比較的真切。當和約訂立以後，他有一封萬言長信，報告他的老師歐陽先生，曾把戰爭期間所表現的腐敗事實，和盤托出（這也是研究甲午戰爭必須注意的一種文件）。因為這類事實給他的刺激太大，因此他在這封信的結論上說：「……然事已糜爛至此，豈補苴所能了？平日於中外事雖稍稍究心，終不能得其要領。經此創鉅痛深，乃始屏棄一切，專精致思。當饋而忘食，既寢而累興，繞屋徬徨，未知所出。既憂性分中之民物，復念災患來於切膚。雖躁心久定，而幽懷轉結。詳考數十年之世變，而切究其事理，遠驗之故藉，近咨之深識之士，不敢專己而非人，不敢諱短而疾長，不敢徇一孔之見而封於舊說，不敢不舍己從人，取於人以為善。設身處境，機牙百出，因有見於大化之所趨，風氣之所溺，非守文因舊所能挽回者。不恤首發大難，畫此盡變西法之策……。」

同在這一封信的附注裡面，他更批評《馬關條約》說：「……和約通商各條，將兵權、利權、商務、稅務一網打盡；隨地可造機器，可製土貨；又將火輪、舟車、開鑛、製造等利一網打盡；將來佔盡小民生計，並小民之一衣一食皆當仰之以給，自古取人之國，無此酷毒者！況又令出二萬萬兩之巨款，中國幾曾有此財力？……即括盡小民脂膏，下至婦女之簪環首飾，猶難取辦此數。聞京城特設一借貸衙門，以恭邸主其事，佐之者宰相尚書也，俄國允借一萬萬兩，餘向各國分借，皆由俄國作保，將以滿洲借令修築鐵路酬其勞績。其取息之重自不待言，且恐不能無抵押之事。總之，中國之生死命脈，惟恐不盡授之於人。非惟國也，將含生之類無一家一人之不亡！竇融、錢鏐之事，已萬萬無望，即求如南宋之稍緩須臾亦何可得？……。」

從這兩段文字，我們可以看出嗣同因國家所遭遇空前的危險，其一種憂國如焚的心境為何如？以他當時所處的地位而論，也不過是一個無官守無言責的讀書人，可是他不惜冒天下之大不韙，決心發動全面性的改革，已認為刻不容緩；而不濟則繼之以死的堅決意志，他是早具備了的。因此，他在光緒二十一二這兩年間，兩度前往北京，其目的之一在物色同志，一在使改革的方案以他多方面接觸而得到具體確定。同時他在湖南謀求地方的局部改革，也開始趨於積極。

光緒二十一年秋冬之交，嗣同前往北京，是他個人去的。這一年康有為梁啟超曾發動「公車上書」，同時和文廷式等又發起了「強學會」，北京改革的空氣，已相當熱烈。嗣同去北京的主要目標，即在與康見面。可是當嗣同到達北京的時候，康有為因「強學會」遭受壓迫，接受陳熾和沈曾植的勸告，已於八月（十月）南下，到了上海和南京，嗣同所首先見到的，只是仍留在北京維持強學會的梁啟超。他和梁多度晤談的結果，不僅對康的思想和主張有了進一步的了解和共鳴，又因梁的介紹，他也和夏曾佑（穗卿，杭州）做了朋友。夏是一位史家（《中國古代史》的著者），於佛學也有研究，這對啟超和嗣同於佛學的愛好，曾給以不小的影響。

其時留在北京同情改革的人士頗多，嗣同此行，也認識了文廷式（字芸閣，號道希，江西萍鄉，1856-1904）、沈曾植（子培，浙江嘉興，1850-1922）、陳熾（次亮，江西人，《庸書》」的著者，生卒年不詳）、王鵬運（字幼遐，號半塘老人，廣西臨桂，1849-1904）、袁世凱（慰亭，河南項城，1859-1916）、張元濟（菊生，浙江海鹽，生1866，卒年不詳）、江標（建霞，江蘇元和，1860-1899）、熊希齡（秉三，湖南鳳凰，生1866，卒年不詳）、黃遵憲、岑春煊（雲階，廣西西林，1861-1933）、張謇（季直，江蘇南通，1853-1926）、嚴復（又陵，福建侯官，1853-1921）、徐仁鑄（研甫，直隸宛平，1863-1900）、林旭（暾谷，福建侯官，1875-1898）、陳虬（志三，浙江樂清，《治平通議》的著者，1851-1903）……諸人。這群人大抵加入過「強學會」，多數與戊戌一役有關，在中國近代史上各有其一定的地位。

這一年的十二月，北京的「強學會」以御史楊崇伊參劾被封，康在上海發起的「強學會」也陷於同一運命而被解散。但嗣同仍想收合餘燼，利用漢口英領事賈禮士出名，成立湖南「強學分會」，卒未實現。不過二十四年正月，嗣同與唐才常，熊希齡等在長沙所組成的「南學會」，也就是與「強學會」一種類似的組織。

二十二年，嗣同再到天津、北京，這次是和他的父親一陣去的。在這一年的七月，他有一封寫給歐陽先生的信，報告他在天津參觀了李鴻章所手創的許多事業，信上說：「到天津，見機廠、輪船、船塢、鐵路、火車、鐵橋、電線、砲臺等。他如唐山之煤鑛，漠河之金鑛，無一不規模宏遠，至精至當。此在他人，能舉其一功即不細；合肥兼綜其長，夫亦人傑，惜晚節不終，彌增悼歎！」

同年，嗣同奉父命，捐了一個知府，到江蘇候補，他覺得他可以藉此機會在長江下遊一帶活動，故於本年六月，即動身前往南京。在他離開北京以前，曾見翁同龢，大談洋務，翁在本年四月廿三的日記說：「譚嗣同號復生，江蘇府班，敬甫同年繼洵子。通洋務。高視闊步，世家子弟中桀傲者也。」

次年三月二十七日翁日記另一條說：「譚敬甫中丞來，此人拘謹，蓋禮法之士，從前不知，而有此子何也？」（此兩條見《翁文恭公日記》）

翁本人充其量也不過是一個寫寫字做做詩每天寫幾行日記的「禮法之士」，他對一個生龍活虎一般的譚嗣同無法了解，自屬當然。

做官不是嗣同所樂意的，以當時官場的黑暗，嗣同自然格格不入。於是他在南京乃閉戶讀書，從楊仁山學佛，開始寫他的《仁學》。

梁啟超是光緒二十二年三月由北京到達上海的。他到上海的任務便是主編《時務報》（旬刊）。報為黃遵憲、汪康年（穰卿，浙江錢塘，1860-1911）等利用「強學會」餘款並集資所創刊，延啟超任總編輯，嗣同為他們拉人寫稿，多方贊助，自是啟超留居上海凡歷一年半以上，至次年十月始赴長沙「時務學堂」講學。嗣同在南京既相當苦悶，乃隨時跑到上海和啟超見面。他們兩人的私交以及思想上的交流，也以這一時期為最密。據啟超後來追述：「余之識烈士雖僅三年，然此三年之中，學問言論行事無所不共。其於學也，無所不言，無所不契。每共居，則促膝對坐一榻中，往復上下，窮天人之奧。或徹數日夜，廢寢食，論不休。每十日不相見，則論事論學之書盈一篋。」（見啟超所撰《仁學序》）

又述光緒廿二三年間他們的關係說：「時譚復生官隱金陵，間月至上海相過從，連輿接席，復生著『仁學』，每成一篇，迭相商榷。」（見啟超〈三十自述〉）

其時嗣同既經常往來於南京、上海，所認識的朋友乃更多：在南京，認識了鄭蘇戡（孝胥）等；在《時務報》館認識了麥孟華（孺博，廣東順德）、蒯光典（禮卿）等；還和啟超、宋恕（燕生）、孫寶瑄、吳嘉瑞（雁舟）、夏曾佑、汪康年、胡惟志（仲巽）等在上海一塊照過像（這些人多數是研究佛學的）。同時，他還和廣學會的教會人士有所往還，且曾一度受盛宣懷委托，擬在湖南辦礦（後未實行）。二十三年四月，他與啟超、康年、張通典（伯純，長沙）、吳樵（鐵樵，四川達縣）、鄒凌瀚（殿書，江西高安）、龍澤厚（積之，廣西臨桂）、康廣仁（幼博，南海）、麥孟華等，並在上海發起戒纏足會。凡此，均可說明嗣同在名義上是在南京候補做官，但實際還是做他自己所願做的事，他天生是一個能動能靜，不讀書、著書，做這樣、做那樣，即出遊、訪友，卻不能終日無所事事。

先是二十一年七月（一八九五年八月），清廷以陳寶箴（右銘，江西義寧，1831-1900）代德壽任湖南巡撫，其時寶箴的年齡已六十有六，因感於對日失敗，求改革之心甚切。他覺得：「國勢不振極矣，非掃除弊政，興起人才，與天下更始，無以圖存。陰念湖南據東南上游，是天下勝兵處。其士人率果敢負氣可用，又土地奧衍，煤鐵五金之產畢具，營一隅為天下倡，立富強基礎，足備非常之變，亦使國家他日有所憑恃，故聞得湖南，竊喜自慰。……」（見陳三立〈先君行狀〉）乃慨然以開發湖南為己任。再得其子三立（伯嚴）輔之，地方人士如熊希齡、皮錫瑞、歐陽中鵠、唐才常等，也竭誠與之合作；加上江標、徐仁鑄正在這一時期，先後任湖南學政，更以新學課士；於是不僅湖南的守舊風氣漸漸轉移，在二十二年以後，所倡辦的新事業如內河小輪、商辦鑛務、湘粵鐵路、武備學堂、湘學報、保衛局、遷善所、官錢局、鑄錢局、鑄洋圓局等，均次第出現。二十三年六月，黃遵憲到了湖南，以長寶鹽法道署理按察使（原任按察使為李經義，以赴京由黃署理）；十月，嗣同應寶箴邀約，回湘贊畫新政；同月，梁啟超也應聘到時務學堂任總教習，同時還把康有為的其他學生如韓文舉（樹生，廣東番禺）、歐陽榘甲（雪樵，廣東歸善）、葉覺邁（仲遠，廣東東莞）等一同請去在時務學堂教書。第二年正月，他們又創辦了一個「南學會」，於二月初一正式開講，由嗣同任學長，講題共分四門：一、學術，二、政教，三、天文，四、輿地。皮錫瑞主講學術，黃遵憲主講政教，鄒代鈞（甄伯，湖南新化，1854-1908）主講輿地，嗣同主講天文。同月，他們還創刊了一種日報，名《湘報》，以討論時局為主，與《湘學報》側重談學術者性質不同。時務學堂僅有學生四十人，大率都是當時湖南青年的優秀，如李炳寰（虎生，湖南慈利）、林圭（述唐，湖南湘陰，與虎生同死唐才常漢口一役）、蔡鍔、范源濂（靜生，長沙，入民國後曾任教育總長）等，更為高材生。課程只有四種：經學、子學、史學、西學；而經學以講《公羊》、《孟子》為主，實際則在提倡民權、自由，對滿清政府的政治，更抨擊不遺餘力；而嗣同等且把《明夷待訪錄》、《揚州十日記》、《鐵函心史》這類的書印出，加以案語，祕密分佈，以激起大家的民族意識，實際則在提倡革命排滿。

這群新人物，在極短的時間，把湖南的空氣弄得這樣熱烈，於是湖南的守舊派乃認為忍無可忍，群起反對，而王先謙（益吾、長沙，1842-1917）、葉德輝（奐彬，原籍江蘇；寄籍湖南，民國十六年，為湖南農民協會的共產黨所殺）等實為渠魁。先謙同治四年乙丑進士，曾任江蘇學政，國子監祭酒，對舊學有深造，實際也留心洋務，著述甚富，有貢獻，時任嶽麓書院院長，學生甚多；德輝以學人而兼營商業，與先謙關係甚密，其人剽悍，文字尤鋒銳，群眾也不少。他們對康梁等維新派的攻擊，儘管多少帶有一點學術思想之爭，如民權、自由、革命等說法，為他們所不能接受，且確能投合當時全國守舊派的心理；但康等主張廢八股，停科舉，改全國書院為學堂，乃尤其與他們的地位和利害大相衝突。因此，他們乃發為一種有組織的行動：一面勾結當地的守舊文人，一面聯絡湖南的京官，對湖南的新事業，新潮流，醜詆備至，且與寶箴江標等正面衝突，其詳細情形，見蘇輿所輯《翼教叢編》（實際為德輝所編）及先謙的《虛受堂書札》（《葵園四種》之一），不盡述。這一幕算是梁啟超初出茅廬所碰到最硬的一次釘子（時啟超不過一二十五六歲的青年），也增加了他對湖南人性格的認識。

啟超於廿四年正月因病離湘，二月，即扶病從上海由康廣仁護送（廣仁略懂醫學，對啟超愛護備至）到北京去參加維新一幕。嗣同應詔前往北京，則係同年七月的事（他離開湖南在同年的四月）。

嗣同是戊戌維新的關鍵人物，同時是這一幕悲劇的導演兼主角，而他所提倡的敢死之風，影響後來的革命運動也最深。

現在和當時批評戊戌一幕的人，計有下舉幾個不同的觀點：

一、他們覺得維新派的態度過於操切，他們所著手改革的事項，太沒有輕重緩急之分，因而引起反對方面太多，而又無法抵抗。例如光緒帝二十四年五月下詔廢八股文後，康廣仁即勸乃兄回廣東講學，俟人才稍多再徐議改革其他，有為不聽。

二、他們覺得維新派太不了解慈禧的心理：他們以為慈禧所要的只是權位，她並不根本反對改革，假如不動搖她的地位，或即擁護她從事改革，也未嘗沒有可能。這一說以王照（小航）倡之最力，他曾勸康有為說：「太后本是好名之人，若皇上極力尊奉，善則歸親，家庭間雖有小小嫌隙，何至不可感化？」（見《小航文存》卷一）康不以為然。

三、他們覺得袁世凱雖曾加入強學會，但與新派人物並無深交，有為與嗣同貿然相信袁可與他們共生死患難，實對袁太無認識；且對袁所處環境難於有為，也過於忽視。例如維新派決定用袁對付榮祿以前，林旭便寫過一首小詩勸告嗣同，所謂「欲為君歌千里草，本初健者莫輕言。」實即表示袁不可信賴，且有勸嗣同離開北京之意。戊戌八月初二光緒帝催促康有為「迅速」離開北京這道密詔，係由林旭帶出，我推測此詔可能即由林旭所促成，實與勸譚離開北京同一用意。張元濟所編《戊戌六君子遺集》，對林這首小詩標題為〈獄中示復生〉，這大致是事後隨意加上的，與當時的事實不合：因為八月初九，六君子已全體被捕，已同在獄中等死，如何還談得上勸嗣同出走，更如何談得上袁之可用不可用？早年見某君筆記，解釋「欲為君歌千里草，本初健者莫輕言」這兩句，說林旭主張用董福祥，不贊成用袁世凱（按千里草隱「董」字，本初袁紹字，指袁世凱），更屬離奇，王照且知道聶士成不可用，林旭更如何會相信一個強盜出身的董福祥呢？蓋作這一解釋的某君，根本不知道古樂府有所謂「董逃行」也。

像上舉這一類的看法，雖說各有相當理由，但大率只知其一，不知其二；尤其說慈禧這個女人還可感化，更是去事實太遠：慈禧以載垣、端華、肅順取得政權，可見她一出手便是異常毒辣；其後如逼死嘉順（同治帝后），毒死慈安，戊戌不經審訊殺嗣同等六君子，庚子又不經審訊殺許景澄、袁昶、徐用儀、立山、聯元五大臣，並追殺罪止遣戍的張蔭桓於新疆；當庚子八國聯軍已經進入北京，她在倉皇出走的時候，居然還叫太監崔玉貴把光緒帝一個寵愛的珍妃推墮井中；辛丑回京不到一年，又活活打死一個沈藎，甚至在她臨死以前，還餘毒未盡，依然非先一天把光緒帝置之死地不可！像這樣一個行同梟獍，只顧自身利害，絕對不能為國家計遠大的無知婦人，希望假以虛名從感情上稍予緩和，她即能接受維新派的改革意見而助其克底於成，這實在是一種夢想。

就大體說來，維新派這群人，十之八九都對現實缺少認識，且書生氣特別濃厚，心心念念，只感到國家的危險，不能不力圖挽救，至於事之成敗利鈍，則不在他們的考慮之列。毫無疑問，譚嗣同便是這群人的代表，而且還加上他的一種橫衝直撞，不顧一切的湖南人特有性格；嗣同之可敬愛者在此，其終於造成一大悲劇的原因也在此。

戊戌維新一稱「百日維新」，其所以有這樣一個名稱，則因自戊戌四月二十三光緒帝下詔定國是以後，迄八月初六政變，為時不過一百零三天而已。慈禧對光緒帝的壓迫，本來是一步也不肯放鬆的，何以在一百天左右的期間，她乃能放任光緒帝頒發幾十道的革新上諭，表面上好像是完全不理不睬的樣子呢？原來在甲午戰敗以後，光緒帝確有了一個發憤圖強的傾向；再加上列強在二十一年以後，更群起向中國加強侵略，不是某一國今天向中國要求這樣，就是另一國明天向中國要求那樣，光緒帝也確已感到岌岌不可終日。康有為已幾次上書，又向光緒帝獻上許多他自己或別人著的書籍，其內容大抵與他的維新主張相互發明，光緒帝讀了，對世界大勢自然增加不少常識，因而他對改革的決心也逐漸增加。光緒帝改革的決心越加強，其與太后正面衝突的可能，也就越趨於尖銳。可是當奕訢（恭親王，光緒帝的嫡親叔父）未死以前，在皇帝與太后之間究竟也還有一種緩衝的作用，換言之，奕訢一面不許皇帝跑得太快，一面也拉住太后，不許她對皇帝作過分的壓迫，因而太后與皇帝之間的衝突，畢竟也還沒有表面化。不幸在二十四年四月初十，奕訢死了，於是光緒帝乃決心與慈禧攤牌。在奕訢死後的某一天，光緒帝對慶親王奕劻說：「假定太后仍不願給我以事權，我便寧願不做皇帝，決不甘心作亡國之君。」奕劻把這個話轉達了慈禧，慈禧乃大發雷霆，大有把光緒帝立即廢掉的意思。可是奕劻老奸巨猾，力勸慈禧不必動氣，不如讓皇帝去做一做，等到弄得不成樣子的時候然後再由太后加以收拾。慈禧對奕劻這一「欲擒故縱」的詭計，欣然予以採納，於是奕劻乃以「太后並不禁止皇帝辦事」向光緒帝復命。這便是光緒帝在表面上取得三個月自由的由來，也就是守舊派必對他加以徹底打擊的張本。從這一點觀察，說奕劻是「政變」一幕最早的決策者，並不為過。

慈禧決定採用奕劻這一計劃以後，她即以老練敏捷的姿態，作出再起接收政權的準備。例如光緒在四月二十三下過定國是的詔書以後，即於二十五命康有為預備於二十八日召見，但慈禧卻於光緒見康有為的前一天（二十七），即強迫光緒帝下一道上諭，將翁同龢驅逐回籍。同日，她更強迫光緒帝宣佈：嗣後補授二品以上大臣，均應向皇太后前具摺謝恩、陛見。

慈禧充分懂得軍權與政權不可分，要握政權，便必須把軍權拿穩。因此，同在四月二十七這一天，她又命光緒帝將直隸總督王文韶調京，而派榮祿暫時署理督篆，到五月初五，即實授榮祿督直，而以王文韶為軍機大臣戶部尚書。時直隸境內共有三支主要的軍隊：即董福祥的甘軍，聶士成的武毅軍，袁世凱的新建陸軍。榮祿既然督直，這三支軍隊當然便歸他指揮節制。而且當時還有另一陰謀，即要光緒帝在本年的九月初五，奉太后前往天津閱兵，即於此時脅光緒帝讓位。但後來「政變」提早一月爆發，這一著便無必要而未實行就是了。

慈禧認為單單掌握了直隸境內的三軍仍嫌不夠，更於四月二十八日，任命刑部尚書崇理署理步軍統領（其職權略等於首都衛戍司令）；五月初六，又任命禮部尚書懷塔布管理圓明園八旗、包衣、三旗官兵及鳥鎗營事務，軍機大臣剛毅管理健銳營事務。

從這個時候開始，內廷中已佈滿了太后的親信太監，稽查各宮門出入，雖王公貝勒，也須經過檢查始得放行；紫禁城內，則有步軍統領所派的八旗官兵把守，嚴厲盤問行人，稍涉行跡可疑，立即向太后稟報。這還只是公開的，實際光緒帝的左右，以及其他為太后所疑忌的大臣，也已早就有人暗中監視。例如二十一年五月，有為初見翁同龢，翁即告他太后極猜忌，皇上有點心賜近支王公大臣，太后也要剖看裡面是否夾有密詔；皇上固不許召見小臣，即他自己見客，門前也有人窺探。這還是二十一年的情形，二十四年四月二十八，光緒帝在頤和園見康，告康變法有人掣肘，必先看看簾子外面有不有人竊聽（以上均見康《自編年譜》）。

上面所舉這些周密的佈置，除慈禧本人主持以外，至少榮祿、奕劻等人是參加這一設計的。以這樣的天羅地網，對付幾個白面書生，當然是恢恢有餘了。

嗣同與光緒帝第一次見面，在七月二十日（九月五日）。他是以一個候補知府的資格，超擢四品卿銜軍機章京，與楊銳、林旭、劉光第同參新政，時稱軍機四卿。凡有奏摺，皆經他們閱覽，上諭也由他們起草，以職權論，等於唐宋時代的「參知政事」，實即宰相的地位。但從七月二十到初六日「政變」，僅僅十七天，可見嗣同所直接參加的維新活動，只是最後的一階段而已。

嗣同其所以在一見之後，即被光緒帝這樣重用，固然是由於維新派事前在北京為他所造成的空氣使然，但徐致靖保薦人才一摺，也有關係。致靖這次所保薦的，為康有為、黃遵憲、梁啟超、張元濟，及嗣同五人，其對嗣同所加的考語說：「江蘇候補知府譚嗣同，天才卓犖，學識絕倫，忠於愛國，勇於任事，不避艱險，不畏謗疑，內可以為論思之寄，外可以備折衝之選。」（《中國近代史資料叢刊》「戊戌變法」第二冊336）

以嗣同之為人，致靖恭維他的這些話並非過分。

以四卿主持新政，還只是促成「政變」提早爆發的原因之一，此外如將李鴻章及敬信逐出總理衙門；責兩廣總督譚鍾麟「昏老悖謬」，「阻抑新政」，交陳寶箴查辦；裁去詹事府、通政司、光祿寺、鴻臚寺、太常寺、太僕寺、大理寺等衙門，使京官賦閒者多至千人以上，致無以為生；又頒布了廢八股，廢淫祠，停書院等詔書，更使得無數恃八股為進身之階的士子，各省的和尚道士，以及舊日由科舉出身靠書院這類機構以維持其社會地位的讀書人，大感恐慌，乃群起詆毀新政不遺餘力。因而京師謠言蠭起，至不堪聽聞，甚至如湖南舉人曾廉，且上書請殺康梁以謝天下！在這樣一種由守舊分子對維新派實行總攻的情況之下，好像維新派已經到了一種召致天怒人怨的程度，於是慈禧乃認為她再度起而重握政權的機會已屆成熟。當慈禧仍在隱忍持重未敢輕於一發的時候，乃不幸更有三件事實促成慈禧大下決心，同時也使得一般守舊分子認為迫不及待，不能不對維新派立即加以反噬，於是這一幕「政變」悲劇乃突告登場！

這三件成為「政變」導火線的事實是什麼呢？

第一件，為七月十九日禮部主事王照上書，請皇上奉太后出國遊歷，要求禮部堂官為他代遞，為尚書懷塔布，許應騤所拒，致引起許王互鬨，光緒帝以該各部堂官阻塞言路，大為震怒，傳旨將懷塔布，許應騤及侍郎堃岫、徐會澧、溥頲、曾廣漢全體革職。以王照「不畏強禦，勇猛可嘉」特賞給三品頂戴，以四品京堂候補。而且，即以維新派的李端棻任禮部尚書，徐致靖任禮部右侍郎。這是光緒帝從來不敢做的一次非常之舉，不能不使得一般舊官僚痛感切膚；於是懷塔布的太太乃跑到頤和園去向慈禧哭訴；懷塔布本人及李鴻章的親家御史楊崇伊，便到天津與榮祿有所密酌；不用說，慈禧更是憤慨萬端。

第二件，光緒帝在維新派的策動之下，七月二十七日決定開懋勤殿，設顧問官，與皇帝平起平坐，共同商討國政，因命嗣同擬旨，並命某太監持歷朝聖訓授嗣同，叫他將康熙、乾隆、咸豐三朝開懋勤殿的故事引入上諭，準備於二十八日由帝親往頤和園向太后請示，意在利用祖宗成法，令太后不能反對。這在維新派的意思，原想藉幾個有力的顧問，夾輔光緒帝，使得維新事業更能做得有效。而他們對顧問官的人選，自以康有為居首，甚至還打算聘用客卿，如日本的前首相伊藤博文，曾助李鴻章訂立馬關條約的美人福世德，乃至英教士李提摩太等，都在他們的擬議之列。這類顧問官所處的地位與權限，殆與日本明治維新初年的參議如西鄉隆盛，副島種臣，板垣退助，大保久利通，木戶孝允，大隈重信等所有者大同小異，所難者，他們無法找到像三條實美，岩倉具視這類的人作為他們的領袖，而光緒帝也究竟不是日本的明治帝可比就是了。維新派這個時候的外交方針，側重與英日接近，這與太后李鴻章等決意親俄者也顯有不同，因而也牽動國際的暗鬥。

第三件，禮部六堂官的黜陟，與顧問官的決意設置，慈禧已不能再事容忍。於是光緒帝與太后乃在頤和園完全鬧翻，其情況的嚴重，在七月二十九及八月初二由帝交與楊銳林旭的三道手書密詔，便可顯然看出。在二道密詔中有云：「……朕屢次幾諫，太后更怒，今朕位幾不保，汝康有為、楊銳、林旭、譚嗣同、劉光第等；可妥速密籌，設法相救，朕十分焦灼。……」第三詔則促有為「迅速出京，不可延遲！」（密詔原文見拙著《左舜生中國近代史四講》）康譚等於八月初三在痛哭流涕中讀了這三件詔書以後，經過一度密商，乃決定採取非常手段，由嗣同親往說服袁世凱，要他回天津殺榮祿，以一部兵力軟禁太后，於是這幕悲劇乃發展到了最高頂點。在維新派首領集議間，有一突出的事實，即上月二十九隨同袁世凱來京的徐世昌乃在有意無意中撞入，他們決定當晚命嗣同前往說袁，徐未退出，當已預先知道，這與袁應付嗣同的一番說法有關，雖與袁之斷然告密沒有如何了不起的關係，但可說康等之粗疏，也可見袁徐之狡猾，決非康譚輩書生所能運用也。

先是康等見天津閱兵之期已迫，知非利用榮祿部下一有力軍人倒戈，即無以擊破此一陰謀。初擬命王照往說聶士成，以王不贊成作罷，乃決定用袁，曾遣徐仁錄（義甫，致靖之姪）到小站遊說，但未與袁見面，僅由徐世昌代見。仁錄表示維新派對袁的好意，並挑撥袁對榮祿的惡感，實際未得如何具體的結論，但仁錄回京向康報告，則謂袁可用。於是康交嗣同代遞一密摺，請光緒「撫袁以備不測」，此即袁於七月二十六奉命到京陛見的由來。袁於七月二十九由天津到達北京，寓法華寺，從七月二十九到八月初五，他留在北京的時間共七天，袁回津的第二天——八月初六，「政變」即已爆發，於是袁世凱賣友求榮乃為舉世所指目，而自來談戊戌一役者，也莫不認袁為破壞維新的禍首罪魁。其實「紂之不善，不如是之甚也，是以君子惡居下流，天下之惡皆歸焉。」（《論語・子張》第十九）

關於嗣同八月初三晚上與袁見面深談的經過，袁的《戊戌日記》記載甚詳。但這篇文字一直延到民國十五年二月始由張一麐（仲仁）在上海《申報》發表，其時去嗣同之死已二十八年，去袁之死也已十年，一切死無對證，既屬一面之辭，其真實性自然不能不打一折扣。可是袁並沒有諱言告密，僅僅強調他維護光緒帝的苦心，過分渲染嗣同的莽撞，其目的在加重維新派的過失，為自己作部分的洗刷。但譚要他回津殺榮祿，並以一部兵力移京協助維新派軟禁慈禧，當係事實。（《戊戌日記》原文，見我在民國二十三年所輯的《中國近百年史資料初編》，臺北的中華書局近年仍有印行。）

我詳細考慮當時的事實，體會光緒帝、維新派、袁世凱所處的環境，以及榮祿與慈禧在「政變」前的佈置，就戊戌一幕作一持平之論，暫時我只能作出如下的幾點結論：

一、袁本來是一個精靈機警的官僚，確也有較新的頭腦，榮祿的老辣凶狠，不僅在當時的滿人中首屈一指，即袁也跳不出他的掌心。

二、榮祿知道袁不敢叛他，但為防備萬一，他在袁去京以後，已將董福祥的軍隊調到北京，聶士成軍隊的一部，調到小站以西北京以東的陳家溝，袁果異動，不僅要遭遇董聶兩軍的夾擊，袁也有被捉去殺頭的危險。

三、袁留京七天，曾作多方面接觸，徐世昌更是他的有力副手，他們知道維新派已成守舊分子的眾矢之的；光緒帝處境孤危；太后緊握政權三十年以上，潛力猶在；他如袒帝，必將自身不保；袒太后，他的政治地位，即不難代李鴻章榮祿而起。我們責袁巧於趨利避害則誠有之，說他賣友求榮，乃與事實不合。何況他與維新派接近，只是他的投機方式之一，他何嘗把維新派看成他的朋友呢？

這些都是維新一幕失敗的基本原因。

「政變」中康梁出走而嗣同死；康梁出走是嗣同所贊成的，他自己可走而不走，便是任俠精神的發揮，也是湖南人性格的表現！他覺得：如果維新派的首領一人也不死，只讓一個孤苦伶仃的光緒帝獨當其衝，這不是與人共患難的一種態度；同時維新一幕在歷史上的地位也將大大的貶值，對後人更將不能發生一種有力的感召作用；於是乎嗣同死矣！

嗣同與楊銳、林旭、劉光第、楊深秀、康廣仁是八月十三日未經審訊而同時被殺的，僅此一舉，滿清必亡的命運已經確定。嗣同未死以前有〈獄中題壁〉一絕：「望門投止思張儉，忍死須臾待杜根，我自橫刀向天笑，去留肝膽兩崑崙。」（解釋見拙著《萬竹樓隨筆》193-194）。慷慨赴死與從容就義，實兼而有之，不獨中國人深為感動，乃至日本人也譜為樂歌，傳誦一時（見梁啟超《飲冰室詩話》）。

康有為有一首哭嗣同的五古（六哀詩之一），最能道出嗣同的生平，詩云：

復生奇男子，神劍吐光瑩；長虹亘白日，紫瀾捲蒼溟。
足蹟遍西域，抵掌好談兵；橫厲志無前，虛公心能平。
才明挺峻特，涉獵得其榮；于學無不窺，海涵而淵渟。
文詞發瑰怪，火齊雜水晶；孤孽既備嘗，德慧更耀靈。
偏探異氏奧，遽徙筐頻傾；歸心服大雄，悲智能長惺。
聞吾談春秋，三世志太平；其道終于仁，乃服孔教精。
貫串中外學，開通治教程；奇闢破宦奧，華妙啟化誠。
大哉仁學書，勃窣天為驚；金翅未大鵬，溟海掣長鯨；
巨力擎獨龍，雷霆吼大聲；吾道有譚生，大地放光明。
師師陳義寧，撫楚救黎蒸；變法與民權，新政百務興；
湘楚多奇材，君實主其盟。大開南學會，千萬萃才英；
新法丕矯變，舊俗滌以清。聖主發維新，賢哲應求徵；
奉詔來京師，翔鳳集紫庭。宣室前席問，帝心特簡膺；

有命參新政，超階列群卿。向以天下任，益為救國楨。
旅吾南海館，緯繣夜不寧；首商尊君權，次商救民萌；
條理皆闔合，次第擬推行。煌煌十七日，新政煥庚庚；
大猷未及告，奇變怒已形。衣帶忽飛傳，痛哭發精誠。
大牀方臥疾，揮涕起結纓；自任救聖主，揮吾出神京；
橫刀說袁紹，慷慨氣填膺；奇計仗義俠，惜哉皆不成。
神堯遂幽囚，王母宴飛瓊；緹騎捕黨人，黑雲散冥冥。
吾時將蹈海，欲救無可營。東國哀良臣，援拯與東征，
上言念聖主，下言念先生，兩者皆已矣，誓死延待刑。
慷慨厲氣猛，從容就義輕；竟無三字獄，遂以誅董承；
毅魄請於天，神旗化長星。

皮錫瑞長於嗣同十五歲，但與譚私交甚篤。據皮名振所撰《皮鹿門年譜》云：「八月十四日，陰風怒號，天地愁慘，公徬徨繞室（時錫瑞主南昌經訓書院講席）。是夜五鼓，夢見譚復生來，公問彼實情，訝其何以得出，且云何人誤事。譚云：有人作祟。十五日十六日大風，屋瓦皆飛。十七日，聞楊銳等六人同罹難，公痛哭，就枕上作〈哭譚復生〉詩五首：

其一：

竟灑萇宏血，難完孟博軀，南冠已共惜，西市定何辜？
濁世才為累，高堂淚定枯，榮華前日事，緩步入中樞。

其二：

同歸首未白，相見眼誰青？訪我來南學，看君上大廷。
楓林忽魂夢，天道有神靈，一自沈冤後，朝朝風雨冥。

其三：

稽康養生戮，何事說延年？杳矣匡時略，凄其懷舊篇。
孝忠難喻俗，成敗總由天，自古如絃直，紛紛死道邊！

其四：

九關屯虎豹，一夜變龍魚；李杜死何憾，伾文謗是虛。
焙茶嗟未試，芳草痛先除；尚有湘人士，來披鄴架書。

其五：

君非求富貴，富貴逼人來，詎意山公啟，翻成黨禍胎？
曾無紈袴習，竟枉棟梁材；滄海橫流酷，人間大可哀。

又，唐才常聞嗣同死，即痛哭辭家，準備到北京收葬，到達上海，嗣同的靈櫬已由京南下，乃不果往。唐有輓嗣同一聯云：

與我公別幾許時，忽警電飛來，忍不攜二十年刎頸交同赴泉臺，漫嬴將去楚孤臣，簫聲嗚咽。
近至尊剛十餘日，被群陰構死，甘永拋四百兆為奴種長埋地獄，只留得扶桑三傑，劍氣摩空。

字字表現才常個性，非譚唐兩人交誼之深，決不能有此血淚交流，沁人心脾的文字。兩年後，才常在漢口發動「自立軍」一役，就公言，乃維新派欲以武力改造政局惟一的一幕；就私言，實由才常及時務學堂一群學生欲為嗣同報仇的心情燃燒的結果。我在《中國近代史四講》中，對此役的經過，有四千字以上的記載，恕我不在這裡多述。要之，在此一役中，兩湖知識分子，牽連被湖廣總督張之洞及湖南巡撫俞廉三所屠殺者近三百人；辛亥革命起義地點為武昌，響應以湖南為最早，受此一役的影響最大。

文人兼經師的王闓運（一八三二－一九一六）

湖南為近代人才之淵藪，自咸同以降，以迄民五之擁袁倒袁，包括戊戌維新，辛亥革命，吾湘人殆無不居於領導地位。其間以文人而兼經師，著作甚富，享年最高，其影響直接及於湖南四川，間接且及於全國者，殆莫如王湘綺先生。

湘綺先生名闓運，字壬秋，湖南湘潭人，生道光十二年壬辰（1832），卒民國五年丙辰（1916），得年八十有五。身歷道、咸、同、光、宣五朝，以迄民國，所經事變之繁，與所接觸人物之多，近世殆罕其匹。

商務所印行之《湘綺樓日記》，始同治八年己巳（1869），迄民五丙辰，凡歷四十八年，共訂三十二冊。其內容或記家居讀書，或記出遊講學，凡交遊之樂，遊覽之跡，或偶抒懷抱，或偶發奇想，無不纖悉畢載，間亦錄存未入專集之書札，詩詞，尤足珍貴。涉獵一過，於此半世紀間學風之遞嬗，人物之消長，社會之變遷，均可窺見其梗概。其敘述湖南當時各方情況，余讀之倍覺親切有味，而老輩用力之勤，尤足使吾人感奮興起也。

予讀陳壽《三國志》，雖亦敬諸葛亮之為人，然終感不足，壽譏亮「應變將略，非其所長。」但予之觀點則不在此。亮在建興五年所上疏（即所謂〈出師表〉），其對後主所推薦之人物，不過郭攸之費禕、董允、向寵四人，郭無傳，向亦無專傳，行事不詳；費董雖有可稱述，亦平平不足道。而亮所必欲鋤而去之或竟置之死地者，則為劉封、彭羕、廖立、李嚴、馬謖之流。亮之於封，則慮其「剛猛難制」；於羕則認為「心大志廣，難可保安」；而廖立之罪名，更不過「坐自貴大，臧否群士」。至於李嚴馬謖，則本為亮所推重之人，亮之譽嚴，則曰「部分如流，趣捨罔滯」；亮之於謖，則以「謖才器過人，好論軍計」，「每引見談論，自晝達夜」。此數人者，俱各具有過人之秉賦，亮苟有以誘掖之，不難蔚為人才，為國楨幹，然卒無一能盡其用。予初求其故而不得，閱《湘綺樓日記》有說法家一段，其言曰：「管仲、鄭僑、諸葛亮，皆法家也，法家自用而不用賢，所用者皆不如己者也。彼必以供驅策讚歎悅服者為可委任，賢者又安肯履其廷干其忌乎？且法家唯自用乃能成功名，若知有賢於己者及與己等者，已非法家之法。……後世功名之士，大抵皆名法家。」

凡余平日所不滿於亮者，讀湘綺此說，蓋得一印證焉。

湘綺曾兩度入川，主講於尊經書院。抗戰中予三至成都，每至必於書肆中訪求湘綺在川所刊行之遺著，所得頗多，而最為予所寶重者，為《獨行謠》與《王志》兩小冊。《獨行謠》為絕句六十首，所詠乃太平天國一時期之故事，始金田舉事，迄大亂弭平，凡《湘軍志》所不能詳者，均於詩之附註中委細述之。近年有關太平天國之史料，經多人熱心搜集，已蔚為大觀，予涉獵所及，似少有提及湘綺之《獨行謠》者，可怪也。

《王志》兩卷，湘綺弟子桂陽陳兆魁編輯，大抵為湘綺先生筆答及門問難之作，亦偶存筆記或其他短論。其〈論咸同以來事〉凡十則，所記當時故事與他家頗多出入，特舉數例如下，以資參證：

一、記曾李關係云：「李少荃（鴻章）平生服事翁二銘（心存），於曾蔑如也。後為翁叔平（同龢，心存三子）所排，至興大役，欲致之死。……余嘗誚之：『君推崇翁二銘過曾滌生，顛倒是非，故其子以此報。』李但笑不答也。」

二、記駱秉章與曾左關係云：「……湖南空虛，萬事莫辦，曾侍郎（國藩）獨立治軍，（駱）不惟不助之，反多方以扼之，官士承旨，視曾軍如土寇。其用左郎中（宗棠），由張石卿（亮基）移交，待之同胥吏，白事不為起，見必垂手侍。……」（按此條記左入駱幕情形，與薛福成所記完全相反，或此特初期事實，後乃有所改變耳。）

三、記左李出處云：「世皆言左由曾薦，當密寄問曾時，曾覆奏左禾能當一面，恭王違眾用之。李在軍中不見知，常發憤怏望，後以沅浦俊臣俱辭避，李乃自請行（指鴻章赴上海治軍事），非曾意也。」

四、其論曾胡云：「曾起農家，胡稱貴胄，諸所措置，曾不及胡。而同時名人，希與胡接，由其少無邊幅，又荒於學涉故也。使曾有胡材略，胡有曾胡望，則豪俊效用，規模宏遠。中興之業，實成自胡，而外議不知所由，或謗或諛，皆非事實。……」

《湘綺府君年譜》六卷，為湘綺長子代功所述，敘事謹嚴，文字簡潔，不愧為名父之子。譜中有三處述及湘綺與梁任公（啟超）、宋遯初（教仁）、蔡松坡（鍔）之關係，頗可注意。

一、光緒二十六年庚子正月，湘綺留杭州（時年六十九）。譜云：「十二日，梁卓如來訪，論公法及時事，有出位之言，語以不忘名利者必非豪傑，尚未教以思不出位也。……」予前者知任公曾於庚子歸國有所策動，然不知其曾至杭州，且曾於杭州與湘綺討論時事也。

二、民國元年十一月，湘綺至長沙（時年八十一）。譜云：「桃源宋遯初教仁，自上海歸湘來謁，國民黨領袖也。初致敬愛之誠，繼言民國設史館必須府君受職之意。大要言清室三百年事，今人已不知之，且清為金後，盛京石刻，證據分明，而《東華錄》及言滿洲掌故諸書，皆未言及。今值絕續之交，幸遇三長之才，及時不圖，後悔無及矣。」

三、民國三年，湘綺在北京（時年八十三）。譜云：「七月朔日，蔡松坡鍔來，論徙民實邊，議尚可行，令其條陳各事，以備採覽。」

此二三兩節，可見宋蔡兩先生對國事能從大處著眼，與當時一輩以官為業者，固自不同也。

湘綺以民國三年應袁世凱召至北京，任清史館館長。袁於其未至前，則連電促行，詞旨謙抑，及其既至，則亦泛泛視之，此於是年十一月湘綺至漢口所作別袁一書可見，書云：「前上啟事，未承鈞諭，緣設立史館，本意收集館員，以備咨訪，乃承賜以月俸，遂成利途，按時支領，又不時得，紛紛問索，遂至以印紙抵借券，不勝其辱，是以陳情辭職，非畏寒避事也。到館後，日食加於家食，身體日健，方頌鴻施，故欲停止兩月經費，得萬餘金，買廣廈一區，率諸員共聽教令，方為廉雅。若此市道，開自綳生，曾叔孫通之不如，豈不為天下笑乎？前擬將頒印暫存夏內史處，又嫌以外干內，因暫送敝門人楊度家，恭候詢問，必能代陳委曲。闓運於小寒前由漢口還，待終牖下，奉啟申謝，無任悚愧。」

袁決意稱帝，湘綺實不贊成，其列名勸進，係他人所盜竊，非湘綺意也。先是籌安議起，袁氏以湘綺國老，懼持異議，乃囑楊度致書，微示以意，湘綺答晳子函，有「總統為人民公僕，不可使僕為帝」之語，其不贊成可知。又湘綺為此事有上袁氏一書，措辭更婉面萬，書曰：「前上一牋，知荷鑒督，籌安參議，禮宜躬與，天氣尚寒，當候春暖。三殿掃飾，事已通知，外間傳言，四國忠告，想鴻謨專斷，不為沈惑也。但有其實，不必有其名，四海樂推，曾何加於毫末，廣詢民意，轉生異論也。若必欲籌安，自在措施之宜，不在國體，且國亦無體，征禪同揆，唐宋篡弒，未嘗不治，群言淆亂，何足問乎？闓運在遠，未知近議所由發生，及明意之所左右，然聞群疑，當攄一得，輒因湘使，齎函上聞。」

惜袁氏終不能悟，自誤亦以誤國也。

湘綺一代才人，其細行頗不謹飭：流傳之故事甚多，即在其日記中，亦毫不掩飾，近予友雷嘯岑君告予：當樊樊山任陝藩司時，湘綺有西安之遊，眷一妓日秋雲，情好彌篤，翌年再往，則雲已物故，湘綺於郊外覓得其葬地，題一聯於其墓門，聯曰：

竟夕起相思，秋草獨尋人去後。
他鄉復行役，雲山況是客中過。

集句而渾成如此，信非湘綺莫辦。

又《湘綺樓日記》一則云：「一日偶談司馬長卿卓文君事，念司馬（遷）良史而載奔女，何可以垂教，此乃史公欲為古今女子開一奇局，使皆能自拔耳，即傳遊俠之意」云云。湘綺並有一詩詠此事云：

厮養娶才人，天孫嫁河鼓，
一配忽忽終百年，淚粉蔫花不能語，

君不見卓女未尚長卿時，容華傾國不自知，
簪玉鳴金厭羅綺，平生分作商人妻。
良史賤商因重俠，筆底琴心春疊疊，
一朝比翼上青霄，闕下爭傳雙美合。
使節歸迎駟馬高，始知才貌勝錢刀，
古來志士亦如此，膠鬲遷殷援去囂。
卓鄭從今識文理，有女爭求當代士，
錦水鴛鴦不獨飛，春來江上霞如綺。
得意才名難久居，五年倦仕謝高車，
華陽士女論先達，唯有臨卭一酒爐。

可見湘綺對男女關係，絕不受傳統思想之拘束也。

附錄一　關於楊度

鄉人楊晳子先生（度），為湘潭王壬老之高第弟子，以擁項城稱帝，乃大不見諒於國人。顧其人辯才無礙，文采斐然，要為一代之才士。光緒三十一年，中山先生至日本，時晳子亦正留學東京，以與某博士辯論一教育問題，文譽大噪。中山愛才如命，雅欲羅致之以張其軍。晳子以不願革命辭，中山問其理由，則答以中國革命成功，滿蒙必不能保。中山強之再四，晳子乃介黃克強先生與中山晤談，孫黃之攜手，實以晳子為之媒介也。此事余親聞之晳子，時在坐同聞此一段故實者，為章太炎先生，趙夷午先生，晳子先生之哲嗣公恕及余也。

梁任公之喪，上海一部分任公之友人，為位公祭於靜安寺，余以私淑任公之故，亦往與祭，主祭者為孫慕韓寶琦，讀祭文者為張菊生元濟。輓聯可百餘幅，殊少佳構，楊晳子一聯最後至，文曰：「世事亦何常，成固欣然，敗亦可喜。文章久零落，人皆欲殺，我獨憐才。」此聯以晳子之地位輓任公固佳，他人以此輓晳子，殆亦可以適用也。

附錄二 記齊白石

余少時即耳齊白石之名，且知其為湘綺弟子，後乃於若干畫展及友人家中，時見其作品。偶與徐悲鴻談及當代畫人，悲鴻於老人必揄揚備至。去年劉大悲君（厚）自北平以兩畫貽余，其一為悲鴻之馬，其一即為老人之蒲桃，余笑謂友人曰：「天馬蒲桃入漢家」，實為余簡陋之客室增光彩不少也。

余此次隻身避難來臺，滬寓所藏書萬餘冊，無力攜帶。余生平無他好，平日偶有餘錢，即以購書，歷年所藏，一度毀於抗戰時期之轉徙，再度被竊於重慶之冷水場，此次殆又不能免矣，思之可為浩嘆。頃旅居臺北已十日，無事可做，無書可讀，精神上乃痛苦不堪，日昨偶至商務印書館，購得《齊白石年譜》一冊，係胡適之、黎劭西、鄧恭三三君所合編，述老人生平頗詳盡，因撮其概要，以實吾隨筆。

老人湖南湘潭人，名璜，白石山人其別署也。幼貧，無力讀書，隨家人耕種，牧牛；十五六以後，學為木匠，繼乃能雕花，因選花樣，得見《芥子園畫譜》，酷好之，遂一一摹繪。年二十七，始從師習畫，且學為詩文，三十七，乃以詩文為贄，師事湘綺，湘綺謂其「文尚成章，詩則似薛蟠體」。其實老人不獨以畫與刻印名，偶作詩文，亦天才橫溢。其〈記民八避難北遊時之心緒〉云：「臨行時之愁苦，家人外，為予垂淚者，尚有春雨梨花。過黃河橋時乃幻想曰：安得手有嬴氏趕山鞭，將一家草木同過此橋耶？」七十四遊川，有〈過巫峽詩〉云：「怒濤相擊作春雷，江霧連天掃不開，欲乞赤烏收拾盡，老夫原為看山來。」又有〈客成都留別余生〉詩云：「不生羽翼與身仇，相見時難別更愁，蜀道九千年八十，知君不勸再來遊。」均足表見其獨有之風格。

老人在抗戰八年中均居北平，雖不得已仍為人作畫，然避不與敵偽兩方接觸。今年老人已八十七，乃又見此文化藝術之故都，陷入共黨之手，且毛澤東亦湘潭人，與老人同縣，不知其遭遇與心境又何如也。

老人有《借山吟館詩》一冊，《白石詩草》八卷，余均未見。

附錄三 《白石老人自述》

《齊白石詩文篆刻集》，為香港「上海書局」所印行，我去年九月初到紐約時，哥倫比亞大學圖書館已購到一冊，在其未編入目錄前，我即已借得一閱。全書內容為：《白石文抄》、《白石詩抄》、《白石印譜》、《白石老人自述》，及《附錄》。卷首印有白石肖像一幀，及其所作畫若干幅，類多晚年精品。但為我所最愛讀而認為極具有史料價值者，則為〈白石老人自述〉一文。文長約六萬字，為白石口述，其門人張次溪筆記，歷敘其家世及其一生所以成為一有名藝術家的經過，均親切有味。而張君的白話文，也確能模擬老人的口吻，曲曲折折把老人一副倔強不屈的神態完全表達了出來。就我近年所看過的傳記文字，只有許姬傳君筆記的兩本《梅蘭芳舞臺生活四十年》，差可與這一篇相提並論。所可惜的，只敘述到老人八十八歲為止，他最後幾年在毛政權下生活的經過，則尚付缺如，最好仍由張次溪君為他補足，使大家能知道老人一生的全貌。

民國三十八年，黎錦熙、胡適、鄧廣銘三位，寫過一本《齊白石年譜》，也只寫到八十七歲為止，而且內容非常簡略，老人讀書學畫所經歷的艱苦，以及老人那種落落難合的性格，都不能給我們一個較深刻的印象，現在有他這篇詳細的〈自述〉，為他寫一篇新的傳記或年譜，或者可以著手了。

在他這篇〈自述〉中，有兩段涉及蔡松坡與黃克強者，為我以前所不知，茲特節錄於後，可供研究蔡黃兩先生生平的一種參考。

「（光緒三十一年，乙巳，一九〇五）我在桂林，賣畫刻印為生。樊樊山在西安給我定的潤格，我借重他的大名，把潤格掛了出去，生意居然很好。那時，寶慶人蔡鍔，新從日本回國，在桂林創辦巡警學堂。看我賦閒無事，託人來說：巡警學堂的學生，每逢星期日放假，常到外邊去鬧事，想請我在星期那天，去教學生們作畫，每月薪資三十兩銀子。我說：『學生在外邊會鬧事，在裡頭也會鬧事，萬一鬧出轟教員的事，把我轟了出來，顏面何存，還是不去的好。』三十兩銀子請個教員，在那時是很豐厚的薪資，何況一個月只教四天的課，這是再優惠沒有的了。我堅辭不就，人都以為我是悃怪人。松坡又有意自己跟我學畫，我也婉辭謝絕。」

在同一年，另有一段說：「有一天在朋友那裡，遇到一位和尚，自稱姓張，名中正，人都稱他為張和尚。我看他行動不甚正常，說話也多可疑，問他從哪裡來，往何處去，他都閃爍其辭，沒曾說出一個準地方，只是吞吞吐吐的『唔』了幾聲，我也不便多問了。他還託我畫過四條屏，送了我二十塊銀元。我打算回家的時候，他知道了，特地跑來對我說：『你哪天走？我預備騎著馬，送你出城去！』這位和尚待友，倒是很殷勤的。到了民國初年，報紙上常有黃克強的名字，是人人知道的。朋友問我：『你認識黃克強先生嗎？』我說：『不認識。』又問我：『你總見過他？』我說：『素昧平生。』朋友笑著說：『你在桂林遇到的張和尚，既不姓張，又不是和尚，就是黃先生。』我纔恍然大悟。但我和黃先生始終沒曾再見過。」

按《蔡松坡先生年譜》，松坡應廣西巡撫李經羲之聘入桂，在光緒三十一年七月。時松坡年二十四。入桂後所任職為新軍總參謀官兼總教練官，並奉委為隨營學堂總理官，旋又創辦測繪學堂，兼任堂長。白石老人所述巡警學堂，可能即為測繪學堂之誤記。又按蔡譜同年另一條云：「十月，黃興以公在桂有權位，乃變姓名為張愚誠，偕趙聲潛赴桂，與公密計，後起事鎮南關。」可見齊所述「張和尚」者，即當時克強先生所化名之張愚誠，與事實完全相合。松坡在百忙中欲從白石學畫，克強有重要使命在身，亦於齊備致殷勤，且欲騎馬相送，其愛重藝術如此，可窺見兩先生風度與興趣之一斑也。

亢直敢言的王先謙（一八四二－一九一七）

當清季同光之際，吾湘人殆無不知有二王先生者。余前年所印行《中國現代名人軼事》一小冊，於湘綺先生之生平，已略存梗概，茲請再一述葵園先生。

葵園先生名先謙，字益吾，湖南長沙人。生道光二十二年壬寅（1842），後湘綺十年；卒民國六年丁巳（1917），後湘綺一年；故湘綺得年八十有五，葵園得年七十有六。葵園家世業儒，早歲家境清貧，其父錫光（字載之），課徒自給，時虞日食不繼。四歲，從其大兄先和（字會庭）學；至十歲，文已完篇。載之能詩，著有《詩義標準》六十卷，其自序略云：「……人無論何時何地，皆當思有以自盡；一命之士，心存君國；韋布之儒，躬踐仁義；無鄙俗之念，無願外之思。發而為言，自有安雅恬愉之致，故未有志不正而能為詩人者。今取自漢迄明諸家詩，採其精粹，得若干首，凡繫倫紀切己身者，列為內編；詠古詠物為外編，區分子目，附綴評論，總六十卷，命曰《詩義標準》，聊示兒輩，俾知詩之為道，與立身相表裡，為之者皆有扶世翼教之責，毋徒以風雲月露模山範水為觀美也。」

葵園有兩兄，除大兄先和外，次兄先惠字敬吾，下有一弟名先恭字禮吾，三人皆秀才，均早卒。惟葵園以大師名世，享年亦最高。年十六入縣學，二十三鄉試中式第四十名，次年連捷成進士，官翰林院庶吉士。自二十八迄三十八，十年之間，歷任國史館協修，雲南鄉試副考官，國史館纂修，功臣館纂修，會試同考官，右中允，實錄館協修，江西恩科鄉試正考官，國史館總纂，文淵閣校理，浙江鄉試副考官，實錄館纂修兼總校，左中允，纂修穆宗毅皇帝聖訓，司經局洗馬，翰林院侍講，日講起居注官，翰林院侍讀，右春坊右庶子。三十九轉補左春坊左庶子，升補國子監祭酒。四十一，丁母鮑太夫人憂回籍。光緒十年甲申，年四十三，是年六月服闋，九月挈家由海道北上，十月抵都，據葵園自述云：「寓爛麵胡同原任刑部尚書齊公（承彥）寓宅，前棟出租，凡三院，中院大槐樹一，左院海棠樹二，右院寬闊，頗蒔雜樹。余邀家蓮生再從叔（文彬），族慧英弟（先慎）偕至都中，余住眷屬於中右兩院，三人讀書左院，商榷文藝，興趣不孤，海棠盛開時，置酒其下，尤足樂也！」

十一年，仍任國子監祭酒，同年八月，出任江蘇學政，撰《勸學瑣言》，就江陰南菁書院開設南菁書局，彙刊先哲箋注經史遺書，捐千金為倡，有名之《皇清經解續編》，即成於是時。首尾耗時三載，刊書二百九部，都一千四百三十卷，合之阮元所刊《皇清經解》一書，殆有清一代經解之總匯也。

十四年冬，自蘇請假回籍。次年二月，乃請湖南巡撫代奏開缺。此後即卜居於長沙之古荷花池，不復再出。蓋自二十八歲至四十八歲之二十年間，為先生登第後服官之年；自四十八歲迄其逝世之二十八年間，則純為先生在籍講學著書，詩酒文會，悠悠卒歲之年也。

綜葵園之一生，在光緒十四年回湘以後，雖為一純粹篤舊之學者，然其前此服官之一段，固極留心時事，亢直敢言。光緒五六年之間，葵園有論俄事三疏，其時正值崇厚辦理伊犁交涉失敗回京，而曾紀澤尚未前往，中俄關係，不絕如縷，葵園所論種種，於堅持強硬之中，仍保留迴旋餘地，即在今日視之，亦不為無見。至光緒十四年在江蘇學政任內劾李蓮英一疏，則尤為言人之所不敢言。先是咸豐帝以十一年崩於熱河，同治嗣位，即由慈安慈禧兩太后垂簾聽政。同治八年，內監安得海在山東伏誅，原出慈安之命，慈禧實敢怒而不敢言，迄光緒七年慈安死去，李蓮英乃更為慈禧所寵信。十三年，蓮英奉命隨醇親王奕譞巡閱海口，自北洋海軍將領視之，其聲勢殆高出奕譞之上，御史朱一新以各直省水災奏請修省，辭及李蓮英，即因此被黜，則蓮英之炙手可熱可知。顧葵園能不畏強禦，仍於十四年三月，嚴辭劾之，其原摺云：「為太監招搖請旨懲戒事，臣維宦寺之患，自古為昭，本朝法制森嚴，從無太監攬權害政之事。皇太后簾聽以來，辦理一稟前謨，毫不寬假，此天下臣民所共知共見者。為太監者，宜如何小心謹慎，痛戒非為？乃有總管太監李蓮英，稟性奸回，肆無忌憚，其平日穢聲劣跡，臣不敢形諸奏牘。惟思太監等給使宮禁，得以日近天顏，或以奔走微長，偶邀宸顧，度亦事理所有。何獨該太監誇張恩遇，大事招搖，致太監皮硝李之名，傾動中外，驚駭物聽？此即不安本分之明證。易曰：『履霜堅冰』，漸也，皇太后皇上於制治保邦之道，靡不勤求夙夜，遇事防維。今宵小橫行，已有端兆，若不嚴加懲辦，無以振綱紀而肅群情。臣雖職守攸羈，何敢稍存瞻顧之私，緘默姑待以負聖朝？謹專摺糾參，伏乞皇太后皇上聖鑒，謹奏！」一則曰「肆無忌憚」，再則曰「大事招搖」，三則曰「不安本分」，四則曰「宵小橫行」，其措辭之強硬，不惟有古大臣風，確亦不失湖南人本色。自此疏上後不報。葵園知天下事已不足有為，設再戀棧不去，或更召致小人之傾陷亦未可知，此殆即葵園托辭請假回籍，於翌年二月，即自動請求開缺，不復再出之由來也。

《清史稿》葵園有傳，列在儒林，居俞樾王闓運之後，孫詒讓之前，所舉葵園著作，僅（一）《尚書孔傳參正》三十六卷，（二）《三家詩集義疏》二十八卷，（三）《漢書補注》一百卷，（四）《荀子集解》二十卷，（五）《日本源流考》二十二卷，（六）《外國通鑑》三十卷，（七）《虛受堂詩文集》三十六卷等七種，其實不止此數，且所舉亦不甚得要領也。葵園有《自定年譜》，分上中下三卷，為《葵園四種》之一（其他三種為《虛受堂文集》、《詩存》、《書札》）。

葉德輝有跋〈葵園四種〉一文，於葵園回籍後之著作生涯，及其晚年所遭遇種種，敘述頗詳，茲錄於下：

「長沙王閣學葵園太夫子，一代儒宗，年未五十，自江蘇學政解組歸，閉戶著書，矻矻窮年，無間寒暑，時余同居會城，辱公紆尊，每撰一書，必持稿相商榷而始定著。二十餘年，無日不從事文字之役，而遊讌之樂，亦盛極一時。宣統庚戌，米荒獄起，同為當事羅織，罣吏議。回憶戊戌政變，與公同持正義，觸忤異己，雖幸免於禍，至是十三年，卒罹黨錮。朝綱陵替，群小鴟飛，逾年而有辛亥之奇變，此固公所不及料，而亦非所忍見者也。自是公遁跡山林，罕與人世相接，余則還居吳門故籍，不相見者五六年。丁巳公歸道山，曾為詩輓公，略抒知己之痛，書諭兒輩往奠。詢公遺著，知《後漢書集解》，已脫稿付梓，而《新舊唐書合注》在上海繆藝風先生處見經籍藝文兩志底本，託先生校補；不久先生亦物故，後遂無從問訊矣。辛酉余客都門，友人詢公詩文集，僉謂此海內爭睹為快者。又聞公有《自定年譜》，亦無從購取。公昔在湘，與湘綺先生有二王之目，身後之名，乃遠出湘綺上。世之慕公者，咸以不得讀公遺書為恨，知公學問文章，其感人之深，過於湘綺，固自有其本末也。去年余由蘇還湘，見兒輩案頭有公《年譜》及《詩文集》各一部，因轉告嗣君湘閣等，屬其彙印，以答同人景仰之意。嗣君曰諾，乃並書札合為四種，而以序引相屬。余侍公久，辱知深，於公學行未窺萬一，何敢妄下己意，更贊一辭？惟余生得見公著述風行，楹書有託，是固衰年一快事也。故不辭譾陋，輒述其始末，以為附驥之幸云。時癸亥穀雨，門下晚生葉德輝謹識。」

葉文中所謂：「戊戌政變，與公同持正義，觸忤異己」云云，係指當時王葉等排斥康梁思想，及與時務學堂衝突一段公案而言。所謂「宣統庚戌，米荒獄起，同為當事羅織，罣吏議」云云，係指宣統二年，長沙飢民譁變，焚燬撫署、學堂、教堂，而結果則湖廣總督瑞澂，歸咎王葉及其他若干長沙紳士而言。此兩者均清末湖南之大事，前者以蘇輿所輯《翼教叢編》一書紀述最詳，後者則為余所目擊，而《虛受堂書札》及《葵園年譜》均可參證，茲特略記其梗概如下。

梁啟超應聘至長沙時務學堂講學，為光緒二十三年十月事，其留湘之時間不過四月。時陳寶箴（字右銘）任湖南巡撫，江標（字建霞）、徐仁鑄（字研甫）先後任學政，黃遵憲（字公度）以長寶鹽法道署臬司，咸主維新；而譚嗣同、熊希齡、皮錫瑞、唐才常等，則以地方人士資格，贊助甚力。啟超任時務學堂總教習，唐才常、韓文舉、葉覺邁諸人任分教。據梁自述云：「……啟超至，以《公羊》、《孟子》教，課以劄記；學生僅四十人，而李炳寰林圭蔡鍔稱高材生焉。啟超每日在講堂四小時，夜則批答劄記，每條或至千言，往往徹夜不寐；所言皆當時一派之民權論，又多言清代故實，臚舉失政，盛倡革命；其論學術，則自荀卿以下漢唐宋明清學者，掊擊無完膚。時學生皆住舍，不與外通，堂內空氣，日日激變，外間莫或知之。及年假，諸生歸省，出劄記示親友，全湘大譁。先是嗣同才常等，設南學會聚講，又設《湘報》（日刊）、《湘學報》（旬報），所言雖不如學堂中激烈，實陰相策應；又竊印《明夷待訪

錄》、《揚州十日記》等書，加以案語，祕密分佈，傳播革命思想，信奉者日眾；於是湖南新舊派大鬨。」（見《清代學術概論》）

啟超所指舊派，實以葵園為首領，而葉德輝尤剽悍。凡康有為所著書，啟超所批學生札記，及《時務報》（上海出版）《湘報》，《湘學報》諸論文，德輝無不一一予以痛斥，其文字均見《翼教叢編》。葵園則以嶽麓書院院長資格，爭之於寶箴、仁鑄，其往還文字，均存於《虛受堂書札》。而嶽麓書院諸生賓鳳陽等，更對時務學生醜詆不遺餘力。此一鬥爭，蓋至戊戌八月政變後始告一段落焉。

宣統二年三月，長沙發生米荒，飢民聚眾鬨圍撫署，實為三月初五：巡警道賴承裕（？字子佩），於初四日即已被毆，飢民並將該道之髮辮，繫於南門外鰲山廟一柳樹上，事後長邑學校國文教員王某有竹枝詞詠此事，所謂「鰲山廟內垂楊柳，不繫青驄繫賴公」者是也，初六日撫署衛兵開槍，擊斃多人，致激眾憤，痞棍乘機，放火焚署，並有焚燬學校及搶劫教堂等事，以致全城罷市。時任湘撫者為西林岑春蓂，事前措置失當，臨事更過度張皇，當事急時，乃以印交藩司莊賡良，由莊率同紳士數人，步行勸諭開市，並格殺數人，事乃平息。先是初五日飢民包圍撫署時，湘省在籍紳士七人，曾電鄂督瑞澂，請代奏撤換岑撫，另易妥員，該電係由若輩假借葵園名義，領銜發出。事後清廷命瑞澂查奏，瑞乃歸罪諸紳，葉德輝、孔憲教、楊鞏等均因此得罪，葵園亦不免焉。葵園曾嚴劾李蓮英，又因招商局事嚴劾盛宣懷，而已則為瑞所劾，瑞字莘儒，即辛亥武昌起義，聞砲先逃之湖廣總督也。李、盛、瑞三人，與清室之速亡，均不無關係，乃先後均牽及葵園，亦人事上之巧合也。

戊戌得罪的皮錫瑞（一八五〇－一九〇八）

三十年前，余讀太炎〈衡經師〉一文，始知有「善化皮錫瑞」。稍後，讀皮先生自著之《經學通論》與《經學歷史》，僅為治史之一助，未遍讀其《師伏堂叢書》也。近閱皮名振氏所著《皮鹿門年譜》，則先生一生志節，及其講學著書之經歷，乃更得略知梗概。先生為清季經學大師，以參與維新羅黨禍，尤為治近代史者所不可不知之一事實。茲特依《年譜》略述其生平如次。

先生名錫瑞，字鹿門，一字麓雲，姓皮氏，湖南善化人，以崇拜伏生之故，顏所居曰「師伏堂」，學者因稱師伏先生，生清道光三十年庚戌（1850），卒光緒三十四年戊申（1908），得年五十有九。年三十三，中光緒壬午科順天鄉試，如文廷式（道希），端方（午橋），陳三立（伯嚴）諸人，皆與同科。三試禮部，均報罷，乃潛心講學著書。光緒十六年，曾一度主湖南桂陽州龍潭書院講席；十八年，移主江西南昌經訓書院，先後凡七年，以治經當守家法，詞章必宗家數詔學者，一時高才雋秀，咸集其門，江右學風，因之丕變。庚子以後，國內以興學育材為救國急務，光緒二十八年夏，先生被聘創辦善化小學堂，錄學生六十餘人，如周鯁生（原名覽），楊端六（原名冕），即此次錄取之高材生也。翌年，湖南設高等學堂及師範館，先生主講倫理經學；後更歷主中路師範，長沙府中學堂講席，學務公所圖書課長，及長沙定王臺圖書館纂修，蓋自創辦善化小學迄先生逝世之歲，其盡瘁於桑梓教育事業者，先後凡歷五年；清季長沙教育之發達足與江蘇比美，其學風尤敦厚樸實，論者謂先生與有力焉。當京師大學堂初成，以經史文三科講座需人，曾三電請先生北上，先生以培育地方後進為念，謝未往也。

先生著作之印行者，有《師伏堂叢書》十八種；後更就叢書中之經考，重印為《皮氏八種》一集。近年商務所排印之《經學通論》與《經學歷史》二書，尤為初學治經者所必讀。先生工駢文，有《師伏堂駢文二種》，凡六卷；詩詞則有《師伏堂詠史》一卷，《師伏堂詞》一卷，《詩草》六卷，均合刊於《師伏堂叢書》。

萍鄉文廷式，曾為光緒帝珍瑾二妃之師，光緒二十二年二月，文以被議歸南昌，先生作〈摸魚兒〉一闋贈之，詞云：

悵春殘蕭條風雨，幾翻愁見花落；鳳城桃李凋零盡，一點又飄紅。天漠漠，空夜奏綠草，無奈芳枝弱。封姨太虐，任巧囀鶯簧，苦啼鵑淚，有酒更斟酌。

銷魂處，回首五雲樓閣，衣香猶染京洛。蛾眉見嫉尋常事，泉水漫分清濁。情不薄，雖潛處太陰，尚望微波託。承恩似昨，待買賦長門，回心舊院，莫遽怨謠諑。

此詞佳處，非略明當時宮庭鬥爭內幕者，殆不能知，讀此，可見先生文學之名，實為經學所掩也。

中國自甲午戰敗，外患日急，變法維新之議，雖自康有為倡之，但朝野有識之士，和者實不乏其人。光緒二十三年十月，湘撫陳右銘（寶箴）設時務學堂於長沙，聘梁啟超任總教習，李維格講西學（李字繹琴，江蘇吳縣人）。唐才常，楊自超，韓文舉（樹生），歐榘甲（雪樵），葉覺邁（仲遠）諸人任分教。同年十一月，更創《湘學報》，以熊希齡，譚嗣同，唐才常，蔣德鈞，鄒代鈞，王銘忠，及梁啟超，李維格諸人董其事，湖南守舊之風，一時為之丕變。皮先生雖與王先謙、葉德輝諸篤舊者相友善，但心善維新之議，知講求新學之決不容緩，於梁李等有所往還，與譚嗣同過從尤密。二十四年正月，長沙復創設南學會，時嘉應黃遵憲（公度）任長寶道兼署臬司，元和江標（建霞），宛平徐仁鑄（研甫）相繼為學政，咸主維新，因與陳寶箴及其子三立，熊希齡，譚嗣同諸人，有此學會之創設。學會講習計分四門：曰學術，曰政教，曰天文，曰輿地。因留先生居湘，任學長，主講學術，其餘講政教者為黃遵憲，講天文者為譚嗣同，講輿地者為鄒代鈞。二月初一日，學會開講，首先由先生講學會宗旨，先生憫亂憂時，暢論講學之必要，持論侃侃，官紳士民聽者三百餘人莫不為之感動。計自二月迄四月（是年閏三月），共講十二次，莫不貫穿漢宋，融匯中西，持改制變法甚力，雖葉德輝三次移書相訾議，先生僅以時事方亟，不宜互爭意氣答之，仍力行不顧也。至四月二十日，仍赴江西主經訓書院講席。

是年八月初六，慈禧太后復垂簾聽政，新政全部推翻，楊銳、劉光第、林旭、譚嗣同、楊深秀、康廣仁逮交刑部，光緒帝亦被幽於瀛臺。十四日，陰風怒號，天地愁慘，先生徬徨繞室，是夜五鼓，忽夢譚嗣同來，先生訝其何以得出，並問何人誤事。譚僅答有人作祟。十七日聞楊等六人同遇難，先生痛哭失聲，於枕上作哭譚復生（嗣同字）詩五首。

其一：

竟洒萇宏血，難完孟博軀，南冠已共惜，西市更何辜？
濁世才為累，高堂淚定枯，榮華前日事，緩步入中樞。

其二：

同歸首未白，相見眼誰青？訪我來南學，看君上大廷。
楓林忽魂夢，天道有神靈，一自沈冤後，朝朝風雨冥。

其三：

嵇康養生戮，何事說延年，渺矣匡時略，淒其懷舊篇，
孝忠難喻俗，成敗總由天，自古如絃直，紛紛死道邊。

其四：

九關屯虎豹，一夜變龍魚，李杜死何恨，伭文謗是虛。
焙茶嗟未試，芳草痛先除，尚有湘人士，來披鄴架書。

其五：

君非求富貴，富貴逼人來，詎意山公啟，翻成黨禍胎，

曾無紈袴習，竟枉棟梁材，滄海橫流酷，人間大可哀。

次年春，先生亦以被議革舉人，交地方官管束。自是杜門著書，三年，始得開復。

遊戲召禍的葉德輝（一八六四－一九二七）

民國十年冬，予始於上海余堯衢（肇康）姑丈席間得一見葉德輝。葉字煥彬，以面麻，湖南人大率以「葉麻子」呼之而不名。其人郁郁多文，辯才無碍，精版本學，藏書甚富，而於清代人物之著作，蒐集尤為完備。平日將所有藏書之善本，閉置一樓，不輕以示人，亦不肯出借，嘗書一字條貼於書櫥：「老婆不借，書不借」，可想見其詭僻之一斑也。有著作多種，統名曰「葉氏叢書」，而以談版本源流之《書林清話》一書尤有名。喜干預政治，民五袁稱帝，葉曾以地方紳耆之資格，領銜勸進；又兼營商業，有自設之商店，且任長沙總商會會長有年。性保守，於維新革命兩派人物，均詆之不遺餘力。其反對康梁之文字，見葉《郋園書札》，及蘇輿所輯《翼教叢編》。民國元年十月，黃克強回湘，湘人為紀念此革命元勳，易長沙一繁盛市街之名「坡子街」者為「黃興街」，小吳門為「黃興門」，葉為文反對甚力，謂長沙街名只有「雞公坡」，「鴨婆橋」，不聞以人名名街也。又性喜漁色，其晚年在上海，猶偕其弟子曹某同往宿娼，曹且因此染有惡疾，此其人親舉以告余者。其長沙居室中懸有仇十洲畫一幅，羅帳低垂，榻前置男女鞋各一雙，一小貓躑躅帳外，圓目凝注，舉爪攫帳，使人會心於意外，足徵其好尚之所在也。

辛亥湖南獨立，唐才常之子唐蟒，在都督府軍政部任職，以葉平日反對革命，且聞與其父之被害有關，首拘捕之，擬置之死地，章太炎去電力保，且目葉為讀書種子，始得省釋。民三，太炎為袁世凱幽禁於北京之龍泉寺，葉曾往慰問，葉盛譽章之《國故論衡》，章亦頗讚煥彬之《葉氏叢書》，其交情殆即原於辛亥救護之一電也。

余見葉時，葉年已在六十左右，貌清癯，似未留鬚，仍意氣甚豪，談鋒甚健，批評時政，臧否人物，終席娓娓不倦。余所記憶者，葉謂：「清末有四人同講公羊，王壬老（闓運）講公羊，廖季平（平）講公羊，康有為講公羊，我也講公羊，但我們各有各的公羊，內容絕不一樣！」又云：「戊戌後，我在湖北任存古學堂總教習，一日張香帥（之洞）在『抱冰堂』宴客，我在座。香帥於康梁初不甚拒，且於康所發起之強學會略有資助，維新失敗後，張乃多方洗刷，力證其與康梁無關。時梁啟超亡命日本，於《清議報》發表與張之萬言長書，於大阿哥一案對張攻擊無所不至。我一切裝作不知，乃故意向張大開頑笑：『香帥，你這個「抱冰堂」與「飲冰室」有多少關係吧？張乃連聲答曰：『我的在前，我的在前。』其富於幽默如此。」

民十六年，葉卒為長沙農民協會之共產黨員所殺，時余不在國內，其死狀至今不詳，傳聞係以罵農民協會一聯賈禍，聯云：

農運宏開，稻梁菽，麥黍稷，盡皆雜種，
會場廣闊，馬牛羊，雞犬豕，都是畜生。

「雜種」、「畜生」長沙最流行之罵人口語也。吳瞿安（梅）《霜崖詩錄》，有哀葉五律兩首，頗能狀葉之生平，詩曰：

目空天下士，為我偶垂青，
豈意一朝別，南天見落星。
恢諧得奇禍，刑辟失常經，
安得中郎筆，重書有道銘。

大名垂四海，小隱寄三吳，
曾造通儒第，如披博古圖。
奇文蒐紫簡，餘按事丹鑪，
竟殺讀書種，天高何處呼。

此葉死後余所僅見有關葉氏之文字也。「葉氏叢書」已不易購得，茲錄《郇園書札》兩通於後，以見其文字與思想之一斑。

〈與劉先端黃郁文書〉云：「超回邁賜之名，遍於吳楚；公羊孟子之教，橫於湖湘；蒙馬以虎皮，沐猴而冠帶，中無所有，徒竊其聲音笑貌以鼓煽三尺之童子，而乃夸大其辭曰，異日出任時艱，皆學堂十六齡之童子，顏之厚矣，得非喪心之尤乎？且夫西人之勝我者輪船也，槍砲也，製造也，非回也，賜也，公羊也，孟子也，所學非所用，夫子自道也。」

又〈與戴校官書〉云：「康有為何足言學，一二徒黨攀援朝貴，簧鼓無學之人。其門徒之寓上海者，恆稱其師為孔墨合為一人，有人言孔者孔方兄，墨者墨西哥，聞者無不笑之。跡其生平，無一日一時不奔走呼號於天下，既不容於鄉里，又不齒於京師，其流毒獨吾湘受之，此則鄙人所必爭，而不僅在於學術矣。」此兩書均寫於戊戌以前，即為排斥康梁而發也。

五四運動與蔡元培（一八六八－一九四〇）

民國八年的「五四」，隔現在已經是三十二年了，當日曾直接間接參加過這一幕的青年人，除一部分已經死亡以外，其存在者，大率也都是五十六十的老頭，經過三十年以上時代的煎迫，有的是壯志銷磨，有的是銷聲匿跡，還有不少的是腐化惡化，墮落不堪，其能不背初衷，堅守著自己學術或事業的崗位，仍在繼續奮鬥，苦苦掙扎者，大概已如鳳毛麟角。

所謂「五四運動」，有兩個顯然的含義：其一是政治的，其一是思想文化的。中國人受著外來的影響，起而謀政治的革新，與思想文化的改造，在「五四」以前，已經過悠長的歲月，出現過無數承先啟後的鬥士，然而關係之大，入人之深，甚至如戊戌維新，辛亥革命那樣的波瀾壯闊，從某一意義上看來，也不能與「五四」相提並論。此何以故？

因為戊戌一幕，僅僅是中國少數的士大夫，多少受了一點西洋和日本政治制度的啟示，感於當時那一套陳腐的，因襲的治理國家的方式，已經完全不能適用，因而倡率徒眾，投袂奮起，提出了中國歷史上那種書生式的改革要求，以當時的環境，其失敗是必然的，也正因為是失敗了，所以才能在中國革新運動的過程上，留下一份頗高的歷史價值。假定他們不遭遇殘酷的打擊，而有局部的成功，則以當時各方配合的困難，想求得如日本明治維新那樣的成績，也斷不可得。

辛亥革命是合政治與種族的兩個因素而形成的，其成功只限於種族的一面，政治則四十年來並沒有表現什麼顯著的成績。我們細檢革命前後的史實，沒有發見怎樣了不起的政治家，即令就有，他們也從來沒有得著一個從事政治建設的機會。他們似乎是並沒有準備一套具體的政治方案才開始革命，是革了命才去找政治方案。革命成功可能發生的後果，立憲派的想像還較為正確，革命派則過度的偏於樂觀。截至今天為止，由辛亥革命所留給我們這輩孤臣孽子的，似乎已經只剩下一塊「中華民國」的招牌，此外大概也就沒有什麼了。

「五四」不然，當時的爭外交與打賣國賊，這僅僅是引起這個運動的導因，如果只此一點，也就不過是一種爭取國家民族獨立的愛國運動而已，雖然在意義上也相當嚴肅，但內容究竟簡單，其影響決不會如此的深刻。惟其把這個運動的範圍，擴展到了一般的思想文化，然後才把它的色彩，渲染得異常的強烈。後來有人把這一運動的目標，歸納於「民主」、「科學」，雖然已算扼要，但仍嫌狹隘：「五四運動」充沛了一股活力，洋溢著一種熱情，它的傾向不只是求善求真，而且在求美，對文學藝術要求的熱烈，是在以往任何一種運動中所沒有的。單調的民主可流於形式，單調的科學可陷於枯澀，賴文藝有以潤色之，然後才做到篤實光輝，使人不倦。戊戌辛亥的外表，自然也側重在趨新，但戊戌的手段為「託古」，辛亥的號召為「光復」，其本質卻是保守的。一直到了「五四」，然後才是一個現代中國的奠基，才是把中國推進現代文化雰圍中的第一步。「五四」決不反對歷史文化的回顧，但著眼在舊文化價值的重估，其精神是進取的，決不是保守的；其目的在提煉舊的在新的中間去找位置，決不在歪曲或貶損新的在舊的中間去求附會。不只「中體西用」之說，與「五四精神」不能相容，即「中國本位」之說，也與「五四精神」格格不入。

領導戊戌一幕的是康有為，領導辛亥一幕的是孫中山，領導「五四」的卻是蔡元培。我們要就這三幕研究其在中國現代史上的意義與價值，必於這位領導者的性格，修養與活動求得充分的理解。因為我們知道：規範一種運動的形態及其進展，依於其領袖人物的性格，修養與活動方式者是非常密切的。研究康孫不在這篇文字的範圍以內，為追懷「五四」，我只在這裡談談蔡元培。

嚴格的講起來，我不是一個適於談蔡元培的人，可是在我同時代而年輩較早於我二三十年的若干人物中，蔡先生卻是我很歡喜的一個。他生平的言論，行事，以及若干種已印行的著作，我大致沒有多少遺漏都曾加以注意。尤其他所實踐的一種生活態度，也似乎給了我一個有力的啟示。記得有一次，我大概是搭最早一班的火車由上海去杭州，當我走進車站的時候，正看見蔡先生坐在月臺上一張給旅客休息的長櫈上，穿了一件褪了色的夾長衣，一手捏著個小紙包，一手抓著紙包裡的東西往嘴裡送。其時車站上的人還沒有幾個，我著實看了他幾眼，因為我在注意他，也引起他望著我，這是蔡先生給我第一回的印象。看樣子他最多不過六十，究竟是在什麼時候，我已不能確指了。另一次，我剛剛跳下上海靜安寺最後一站的電車，向百樂門的一方走去，遠遠看見蔡先生攙著他的周夫人緩步而來，走進了百樂門隔壁商務印書館的分館，其時我並不要買書，但也跟著進去，看見他東望望、西望望，選購了好幾本新出版的哲學書，內中有兩本，我知道譯者的本領並不高明，但他還是買去了，當下我頗懷疑，他為什麼要買這種東西？近年我有一位朋友，能暢讀英德文的名著，他自己譯的書也不少，因為他平日不歡喜翻閱別人的中文著作，乃至累得自己的幾句中文，也愈來愈不圓熟；在他的譯著中許多極尋常的人名地名，往往也要自出心裁，運用一些面生可疑的字眼，因此我才感到蔡先生把別人那種譯得不大好的書也買去翻翻，並不是完全沒有益處。這次我看蔡先生的容色很好，衣履也很整齊，其時大概是民國二十年以後他已遷居在靜安別墅的時候，他的年齡已在六十六七，態度多少有點龍鍾了。還有一次，這是一個比較更早的時候，我偶然在上海《時事新報》的副刊上發表了一篇短文，內容大概是鼓吹「戀愛至上」一類的東西，淺薄而頗有力。第二天，在同一報上便有一篇文字駁我，措辭很溫婉，態度很嚴肅，還引了柏拉圖的一番說法，頗引起我的注意。同一天的下午，該報的副刊編者老友崔萬秋走來問我：「你知道今天駁你的那篇文字的作者是誰？」「我不知道。」「蔡孑民！」「哦！」在我是那樣輕率，蔡先生卻是這樣的不肯馬虎，這實在使我非常感動從何處可找著一個這樣青年人的領導者呢？

蔡元培也只是一個書生，但是一個很像樣子的書生；他也是中國新舊過渡時代的一個人物，但別人過渡或者永遠在過渡中，或者永遠渡不過去，而他卻是一個真正渡過去了的人物！以翰林而參加革命，他是中國革命史上的第一人。以一個革命者而把他畢生的精力貢獻於教育與文化事業，而自身又能夠不斷的向新知方面求開拓，他也是最徹底的一個。

看蔡先生的樣子似乎也很平凡，但他實際有過人的智慧。他十七歲補諸生，二十三二十四便以聯捷成了舉人和進士，二十六得了翰林院庶吉士。自從他二十八歲在李慈銘家裡當塾師算起，中間經過擔任紹興中西學堂的監督，南洋公學的教員，愛國學社的總理，愛國女學的校長，商務印書館編譯所的所長，上海《警鐘日報》的編輯，自民國六年開始任北大校長，實際上名義上繼續到民國十五年才正式擺脫，一直到二十九年三月五日他在香港去世以前，他還是遙領了一個中央研究院的院長。他曾以很短的時問做過官，但他不是為做官而做官，是為他的教育與文化事業而做官；他曾不斷的到德國到法國去留學，也不是為成就他自己一個純粹學者的地位而留學，還是為他的文化與教育事業而留學；別人有他這樣的恒心，不必有他這樣的學問；有他這樣的學問，也不必有他這樣的眼光和魄力！「學而不厭，誨人不倦」、「發憤忘食，樂以忘憂」、「臨大節而不可奪」、「鞠躬盡瘁，死而後已！」我細細檢討這五十年來的人物，惟蔡先生庶幾近之。

他在四十一歲才開始到德國去讀書，他是從中國傳統的博學風氣裡面陶鎔出來的一個人，對學問的興趣非常廣泛，凡哲學，文學，文明史，人類學，實驗心理學，美學……他都去聽講，去作實驗。從這一次起，他前後曾三次去德，兩次去法，所花在國外讀書的時間，凡十三年。他在留學的時候，沒有忘記國內的事業；做事的時候，也決不肯拋開學問。他的著作和譯述雖在十種以上，但他沒有集中精力，寫出一種較大的東西，環境限之，事務擾之，從他的性格上說，這要算是他個人的損失，可是也正因為他是一面學，一面教，一面做事，一面讀書，其所留給一般後輩的影響，乃決不在梁啟超、嚴復、王國維諸人之下。

他在民元教育總長任內所公布的教育宗旨，即提倡美感教育，後來他自己也在北大講美學。民國六年，他在《新青年》雜誌上發表了〈以美育代宗教〉的論文，到十一年「非宗教大同盟」起來了，他更主張教育應該離開宗教而獨立，持美育代宗教之說更堅。他這一說能否站得住姑且不談，但這個強調美育的新風氣卻是由他所倡導，而教會在中國所辦的教育，因此受了絕大的影響，不能不改弦更張，卻是事實。

蔡先生處理北大的行政，是最能表現一種民主作風的。他實行了教授治校的辦法，教務分任，事務合議。聘教員只問學力，不講資歷，也不問思想的派別，保持了講學的絕對自由。在他所聘的教授中，有劉師培、黃侃、辜鴻銘、章士釗這類的舊人，也有陳獨秀、胡適、錢玄同、周樹人、周作人、李大釗這類的新人。只問是非，不問新舊，合文理一爐而冶，一以研究的旨趣出之，假如我們說，一直到了蔡先生，中國才開始有了像樣子的大學出現，這決不是過譽。

蔡先生之為人，有他狂的一面，也有他狷的一面；他的學風，有他高明的一面，也有他沉潛的一面。狂與高明的一方面，受中國文學和法國啟蒙時期以來思想的影響最深；狷與沉潛的一面，受中國儒家、理學，乃至德國學風的影響也不小。我究竟沒有親炙過蔡先生，也許我這個話多少有些近於模糊影響，很希望蔡先生的朋友們，學生們，能給我以更親切的指教。

「五四運動」的爆發，是蔡先生長北大兩年半以後的事，蔡先生是一個革命者，愛國者，從這方面他給了青年們一種打破當時政治現狀的感召；他又是一個強烈的知識追求者，從這方面他做了青年們向思想文化方面努力的一個引路人。中國是應該固持著「五四精神」向民主，科學，文藝方面去求發展的，但不幸過去二十年的政治環境，沒有使這種精神得著適當的保育和發揮，現在更不幸遇著這一群淺薄的，狹隘的，殘酷的共產魔術家，更使得這種精神遭遇著空前的威脅。但我相信蔡先生的精神不死，「五四精神」也決不會夭折的。

有人說，蔡先生曾講演過「科學的社會主義概論」（二十二年在上海青年會）；他也說過不該因反共也反對研究馬克斯；同時他在軍閥的高壓下更曾高呼過「勞工神聖」；假定蔡先生在今天還沒有死，他不過是八十五歲的高齡，他是不是也會如張元濟之流的向共產黨去靠攏呢？我的回答是：不會，決不會！蔡先生酷愛自由，尤其酷愛學術思想的自由，他也講社會主義和不反對研究馬克斯，但完全是從學術自由的觀點出發。他是十六年提議國民黨實行清黨的一人，可見他對研究共產主義與實行共產是絕對不會混為一談的。他在民國二十年前後特務橫行的時候，曾依據民主主義與人道主義發起過「民權保障同盟」，他在提倡革命的時候，即曾在《蘇報》發表過〈釋仇滿〉一文，以駁正鄒容在《革命軍》上那種「殺盡胡人」的說法，你說他眼看見今天共產黨在大陸上這種無法無天的集體大屠殺，他還能夠容忍嗎？他對國民黨專政時代那種侵犯人民權利的「危害民國緊急治罪法」尚且主張加以廢止，他對中共今天這種變本加厲的所謂「懲治反革命條例」，還能夠加以附和嗎？總之，蔡先生是一個崇尚民主自由而正誼感極強的人，他只能服從理性，決不會屈於威武，在他的全部思想中，儘有多少是偏左的，但決不是今天的中共和靠攏分子所得而假借。

我所見晚年的章炳麟（一八六八－一九三六）

余於中國近代發起改革運動之名賢長德，嘗以未得一見康南海與孫中山，引為生平憾事。二次大戰巴黎和會結束後，梁任公歸自歐洲，余曾偕友人王光祈君得一度晉謁梁先生於上海中國公學，並承先生期許甚至，勉勵有加，至今感念不忘。民國二十年「九一八」事變爆發，余以友人之介，始得識章太炎先生，自是每週必一次或兩次，造先生同孚路同福里寓廬，就國事向先生有所請益，歷時凡兩年有餘，迄先生移家蘇州講學，始告中斷。此實余生平親受前輩教益最多之一時期。先生以二十五年病逝蘇州，得年六十有九，其遺著《章氏叢書》，及晚年之《太炎文錄》、《續錄》，已非今日青年所能句讀。茲記其逸事數則於後，以寄個人思慕之忱，亦或可資崇拜先生者之談助也。

余對章先生之第一印象，覺其為一慈祥和藹之老人，且仍步履康強，精神飽滿，吾人平日想像中之「老師宿儒」，先生正其典型人物也。先生籍浙江餘杭，談話多雜土音，初聽時，每苦不盡明晰，既久，則亦了無不懂之處。先生雖為一純粹之學者，然喜談政治，其於當代諸賢之身世及其與革命之關係，往往能詳其始末，其褒貶亦頗異時流，惜余當時未存筆記，否則可供治現代史者之參考資料當不少也。

先生所居為一雙開間之衖堂樓房，書房兼會客室，為樓上右手之一統廂房，開間頗大，但光線不佳，室內陳設，亦了無現代色彩，不失學者與初期革命家之本色也。

余每至先生處，恆在午後四五時左右，以其時余正在中華書局編輯所供職，每日必在午後四時始得下班也。時先生雖已屆六十五歲之高齡，然能縱談二三小時不倦。章夫人湯國梨女士，偶出點心餉客，為一種糯米所製之小餅，蒸食，黏性頗大，失之太甜，余見先生食之津津，亦不能不食之津津也。先生述一故事，往往枝葉扶疏，能使聽者如親接故事中之人物，躬履當時之境地，不願聽其中斷，章夫人恐先生過勞，每一再催用晚膳，但先生不顧，余不待其辭畢，亦決不敢興辭也。

先生嗜紙煙，往往一支尚餘寸許，又燃一支，曾見其歷三四小時不斷。所吸以當時上海流行之美麗牌為常，偶得白金龍，即為珍品，蓋先生為人書字初無潤格，有欲得其翰墨者，大率即以紙煙若干聽為酬，故能取之不盡，用之不竭。余初不嗜此，後在上海編日報半年，往往社論，短評及第一版新聞，均出余一人之手，且非看過大樣以後，不敢離去編輯所，不吸煙實無以振刷精神，於是乃嗜之成癖。及為先生座上客，為時近三年，每至，先生必縱談不斷，吸煙不斷；余則靜聽，亦吸之不斷；余至今仍非每日四十支至五十支不能盡興，蓋與先生之一段因緣，不無關係也。

先生為人書字，以鐘鼎為常，喜以一人牽紙，振筆疾書，一日，章夫人立先生後，指點某字不佳，先生回頭笑謂夫人曰：「你不懂得寫字囉！」其實夫人雅擅詩文，字亦端秀，先生之為此語，足證其伉儷間雅興不淺也。

民元，先生與夫人結婚上海，群弟子請先生與夫人即席賦詩，先生口占兩絕，其一云：「我身雖稊米，亦知天地寬，攝衣登高岡，招君雲之端。」夫人以無此捷才辭，僅錄舊作七律一首，亦娓娓可誦。此事載當時上海《民立報》，一時佳話也。

民二二次革命後，先生被袁世凱幽於北京之龍泉寺，憂憤欲死，曾有致其夫人家書兩通，區處後事，中有涉及其身世及所學之處，辭旨嚴正而淒惋，令人不堪卒讀。夫人亦有一書致袁，為先生請命，措辭不亢不卑，深得立言之體，其涉及與先生結合一層，有「結褵一年，誓共百歲」之語，殊足激動讀者之同情，宜乎項城卒不敢冒天下之大不韙也。

余見先生有一七八齡之少子，為湯夫人所出，韶秀活潑，不類常兒。見先生常為人寫字，亦自訂一潤格，張於樓下之壁間，有七言聯一幅，皮球一個；單條一幅，火車頭一個云云。一日，余在先生處晚餐，此聰慧之稚子，忽問先生曰：「商務印書館的《百衲本二十四史》還沒有出齊嗎？」先生笑頷之，余則殊訝其早熟。今此君殆三十許人矣，惜余不能舉其名字，亦不知其近作何狀也。

張敬堯在北京東交民巷為人所暗殺，先生作小詩一首以詠其事，詩曰：「金丸一夜起交民，射殺湘東舊領軍，為問長陵雙石馬，可知傳法有沙門？」一日，余至先生處，先生作此詩正屬稿甫就，並將第三句「試問」之「試」字塗去，改一「為」字。余問先生「沙門」何指，先生笑謂余曰：「古人作詩亦往往有在可解不可解之間者，何必深問？」余亦一笑而罷。

「一二八」之役，翁照垣以守吳淞得大名，當戰事正酣之際，余往謁先生，請書數字贈翁以資鼓勵，先生頷之。次日余往索，先生則出文一首，長約千餘言，且親筆以宣紙楷書，譽照垣甚至。余大喜過望，即持至中華印刷所，託余友袁聚英君製成珂羅版，印三百份，分寄全國各報館。時天津大公報，即據余所贈，複製鋅版，刊諸報端，於是照垣之名更大噪於南北。余友常燕生兄，讀先生此文，乃繼黃公度〈聶將軍歌〉後作〈翁將軍歌〉一首，長達數十韻，亦為時人所傳誦。時余與照垣，初無一面之雅，後晤於上海，乃覺其人為一質實之軍人，愛國殆其天性。近年聞其鬱居港澳間，飽歷世變，其修養當更有進境也。

宋哲元以大刀隊在長城抗日，殺敵過當，國人頗壯其所為。一日薄暮，余走謁先生，先生正憑窗檢閱地圖。見余入，乃謂余曰：「長城竟有這許多的口子？」余笑應之。私心自忖，先生於學所涉甚廣，且生平崇拜著有《天下郡國利病書》之顧炎武，又曾一度任籌邊，何獨於長城諸關隘不甚了了耶？

先生曾以「江左夷吾」許宋遯初（教仁），及宋被狙擊，梁任公亦於當時在上海出版之

《大中華》雜誌為文弔之，謂宋有政治家風度。蓋粱宋間在民國元年固曾有互相維繫之要約，支持袁世凱以求得和平統一者也。惜宋能容袁，而袁不容宋，卒至造成民國二年之悲劇，而袁氏之敗，亦以此一役發其端，趙秉鈞輩妬賢害能之小人，誠不足齒也。

中山先生以十四年三月十二日在北平逝世，先生曾以一聯輓之，風調實為當時輓孫諸聯之冠，聯曰：「孫郎使天下三分，當魏德初萌，江表豈曾忘襲許？南國是吾家舊物，怨靈修浩蕩，武關無故入盟秦！」聯意僅在反對當時之孫段張三角聯盟，於中山初無貶辭，聞孫先生治喪處諸人，得此聯未敢懸掛，不解何意。

文人相輕，自古已然，雖碩學通人，亦往往不免。先生一代大師，文宗漢魏，持論能言人所不能言，其精到處每發前人所未發。嚴又陵（復）林琴南（紓）與先生同時，均雅擅古文，並各以譯述自顯於當世，顧先生於嚴林之文，乃深致不滿，其言曰：「……下流所仰，乃在嚴復林紓之徒，復辭雖飭，氣體比於制舉，若將所謂曳行作姿者也。紓視復又彌下，……浸潤唐人小說之風，……與蒲松齡相次，……若然者，既不能雅，又不能俗，則復不得比於吳蜀六士矣。……」

嚴先生持論矜慎，不聞於先生有所詆諆，林則反唇相稽，於先生之文亦抨擊不遺餘力，其言曰：「……庸妄鉅子，剽襲漢人餘唾，以挦撦為能，以餖飣為富，補綴以古子之斷句，塗堊以說文之奇字，意境義法，概置不講，侈言於眾，吾漢代之文也！傖人入城，購搢紳舊敝之冠服，襲之以耀其鄉里，人即以搢紳目之，吾不敢信也。……」

自吾人視之，章先生既非庸妄鉅子；畏廬譯西洋小說百餘種，使國人略知異國情調，實亦未可下儕於談狐說鬼之蒲松齡；嚴又陵功在介紹一時期之西洋思想於中國，初非以文字與人爭短長，凡章林之所云云，以批評之旨趣衡之，均非持平之論也。

余平日在先生處所聞，以明末遺民故事及清末革命故事為多，蓋前者為先生革命思想之所自出，後者則先生曾躬與其役者也。一日，先生問余近讀何書，余告以正看陳壽《三國志》。先生曰：「此書簡練謹嚴，如能同時細看裴注，則可悟古人運用史料之法。」余於此書曾翻閱三四遍，得先生指示之力為多也。

先生原名絳，後改炳麟，字太炎，生於清同治七年戊辰（1868），卒於民國二十五年丙子（1936），得年六十九。

附錄一　關於劉師培

近世文人，學富而命嗇，名高而運蹇者，殆莫如劉師培。師培字申叔，又名光漢，別號左盦，江蘇儀徵人。生民前二十八年甲申（1884），卒民國八年己未（1919），得年僅三十有六。其學術塗徑與太炎同，其早歲排滿，旨亦與太炎符合，故章劉交甚篤，雖中更齟齬，劉絕章，章未絕劉也。黃季剛年輩與劉相若，但季剛既師太炎，亦師申叔。申叔以其妻何震之劫持入端方幕，復以楊度孫毓筠之勾引，為帝制張目；但蔡孑民長北大時，仍聘申叔任教授，蓋重其學也。其遺著凡七十四種，論群經及小學者二十二，論學術及文辭者十三，群書校釋二十四，詩文集四，讀書記五，學校教本六。至民國二十五年，始得其摯友南桂馨氏為之印行，錢玄同氏實負整理之責。申叔身長玉立，癯瘠秀削，睹其遺像，即知其為絕頂聰明人也。其叔富曾，謂其「得名太早，厥性無恆，好異矜奇，悁急近利」，或近似之。當世亦不乏聰明特達之士，其性近學術與文藝，惟於現實政治，則不甚了了。乃亦為人所牽引，投入亂流，悵想劉氏生平，亦不禁為此輩惜也。（1951）

附錄二 《章太炎先生家書》

此冊影印太炎手寫家書八十四封，其時間起民國二年（1913）八月，迄民國五年（1916）六月袁世凱死。除兩封係寫給他的第三個女兒者外，其餘八十二封，均係致其夫人湯國梨女士者。據湯夫人〈敘言〉，她之所以要把這十幾封家書影印出來，一方面是為了紀念中華民國創建五十週年，一方面則以供研究袁氏叛國這一段史實者的參考。蓋其時二次革命已為袁所擊敗，孫中山、黃克強等先生亡命日本，袁氏帝制野心，則已日益暴露；因而壓迫黨人，無所不用其極，以致人心惶恐，舉國沸然。太炎應共和黨人之電邀，於是年八月北上，距其新婚時期甫及月餘；從他的這些家書中，幾乎沒有一封不對湯夫人表示情致纏綿，此在太炎其他學術及應酬文字中，誠為別調；蓋古今中外一切對學問事功大有成就之人，固往往為多情種子也。

太炎自入民國以後，在形式上已與孫黃分道揚鑣，於國民黨外，另組共和黨，可是在袁氏眼中，則太炎與孫黃同為創建民國之人，其忌章之心理，固與忌孫黃無二致也。其時太炎對政治確尚未能忘情，因而他在寫給夫人的第五封信上便說：「老驥伏櫪，志在千里，況吾猶未老耶？如必無成，則老萊偕隱。孟光賃舂，亦從君之雅志也。」其時的報紙，對太炎於此時此際突然北上，誠不免種種揣測。因而太炎對他的夫人也有所解釋：「報章蜚語，不必深辯，從前報分數黨，尚有價值，今則悉是政府機關，又何足校？此等但以天師符觀之可也。」持此以與今天的情況相較，此五十年來所謂言論自由，新聞自由，究竟有無進步，不難知也。在太炎被袁氏軟禁於北京的三年時間，雖然是威迫利誘，軟硬兼施，但對他的家人則仍讓他有通信的自由；甚至還讓他集合百餘學生講學。太炎曾有一度絕食自殺，但袁氏則終於未敢加害，從這點觀察，可見袁氏仍不失為小人之有忌憚者！太炎在二年十月二十五日一封信上，曾目袁為「袁棍」。又在十一月四日一信上批評袁氏說：「觀其所為，實非奸雄氣象，乃腐敗官僚之魁首耳。嗚呼，苟遇曹孟德，雖為禰衡亦何不願，奈其人無孟德之能力何！奈其人無孟德之價值何！夫復何言。」像這類的話，當時經過檢查，居然尚能放行，這也可看出今天比袁世凱的時代進步多了！

總而言之，章這幾十封家書，牽涉的人物甚廣，確為研究民初政象的寶貴資料。「生王之頭，曾不若死士之壟」，袁在進行籌備帝制中，乃與太炎有此一段糾葛，由今日視之，曾何損於太炎毫末，袁氏亦枉作小人而已。（1962）

厭世自沉的王國維（一八七七－一九二七）

臺北國民出版社，把王靜安先生早年所寫的《紅樓夢評論》、《人間詞話》和《苕華詞》合印成一小冊，題曰「王國維先生三種」，該社社長要我寫幾句關於王先生的生平和著作的話，作為重印這本小書的導言。以我來談王先生的著作，確實是不甚相宜的；但重違該社的雅意，好在這三種東西我卻是在三十年前便已讀過的，只好就手邊所有的資料，拉雜的寫成了這個短篇，聊供讀者參考而已。

民國十六年六月二日（陰曆丁卯年五月初三日）的一個午前，一位學者形態的老者，身著中國服裝，鼻樑上架著深度的近視眼鏡，僱好洋車，從清華學校出發，一直到達頤和園。購好門票入園，步行到排雲殿西的魚藻軒前，面對著昆明湖水，若有所思；但態度異常鎮定，還從懷裡掏出煙盒，取紙煙一支，吸之至盡，然後向湖內聳身一躍！園丁聽見有人落水，便連忙跑去，把他救了起來，但不到兩分鐘，已氣絕身死。

這便是一代學人王靜安先生的一個最後歸宿。

入殮時，在他的裡衣中，發見他寫給第三個兒子貞明的遺書一紙，紙已濕透，但字跡完好。這遺書的全文是這樣的：「五十之年，只欠一死，經此世變，義無再辱。我死後，當草草棺殮，即行藁葬於清華塋地。汝等不能南歸，亦可暫於城內居住。汝兄亦不必奔喪，因道路不通，渠又不曾出門故也。書籍可託陳吳二先生處理。家人自有人料理，必不至不能南歸。我雖無財產分文遺汝等，然苟謹慎勤儉，亦必不至餓死也。五月初二日，父字。」

王先生字靜安，號觀堂，浙江海寧人，他的家庭並不怎樣富有，只是勉強可以過活，因此他一生的學問，由苦學得來，除掉日文、英文和幾種理科方面的科學曾從師補習以外，幾乎全是由於自學。在同時的學人中，他和羅叔言（振玉）先生的關係最深；三十九歲以後，和沈子培（曾植）先生定交，受著他的啟示也不少。早年他在梁任公主編的《時務報》做過事，晚年則與任公及陳寅恪同任清華研究院的講座教授。胡適之研究〈詞的起原〉，曾向他有所請益，他對胡先生有懇切的答復。

王先生生於前清光緒三年丁丑（1877）十月二十九日，到他死的這一年（1927），纔得五十一歲。他一生結過兩次婚：第一次，二十歲，娶的是莫夫人，生了三個兒子；第二次，三十二歲，潘夫人，生了七個子女。為了教養子女的負擔很重，使得王先生不能不於治學以外，隨時擔任一些有收入的工作，不過他所任的工作，也大率於他的學問修養有多少關係就是了。

關於王先生的家世、生平、治學的次第和變化，以及他全部著述的列舉，有他的高足趙萬里先生所寫的《王靜安先生年譜》、《王靜安先生著述目錄》，以及吳其昌先生寫的〈王觀堂先生學述〉等篇言之最詳，我不想在這裡複述。但為閱讀這本小冊子所重印的這三種東西——《紅樓夢評論》、《人間詞話》、《苕華詞》的讀者參考起見，卻有一點必須指出：即王先生在三十五六歲以前，其治學的重點在哲學、文學；三十五六歲以後，則重點全在史學是也。

《紅樓夢評論》寫成於光緒三十年甲辰（1904），時王先生年二十八歲，其立腳點全在叔本華的哲學。以現代哲學、美學、心理學、倫理學的觀點，就我國這部傑作加以深刻的批判者，以王先生為第一人。同時，對《紅樓夢》作者姓名及作書年月應加以考證，也以王先生提倡最早。

《人間詞話》寫成於宣統二年庚戌（1910），時王先生年三十四歲。這篇東西是他讀諸家詞集的一種心得，醞釀的時間頗長，在這篇東西以前，他曾寫過《文學小言》十七則，與詞話是有密切關係的。

《苕華詞》原名《人間詞甲乙稿》，大部寫成於光緒三十一年迄宣統二年（1905-1910）之間，王先生對他所填的詞自視甚高，在他的〈自序〉中曾說：「近年嗜好之移於文學，亦有由焉，則填詞之成功是也。余之於詞，雖所作尚不及百闋，然自南宋以後，除一二人外，尚未有能及余者，則平日之所自信也。雖比之五代北宋之大詞人，余媿有所不如，然此等詞人，亦未始無不及余之處。」

統括王先生前後期的學術思想而給以一個總評價的話，我覺，得以梁任公和陳寅恪兩先生說得最好。

梁先生說：「先生貢獻於學界之偉績，其章章在人耳目者，若以今文創讀殷墟書契，而因以是正商周間史蹟及發見當時社會制度之特點，使古史春然改觀。若創治《宋元戲曲史》，蒐述《曲錄》，使樂劇成為專門之學。斯二者實空前絕業，後人雖有補苴附益，度終無以度越其範圍。若精校《水經注》，於趙、全、戴外別有發明；若校注蒙古史料，於漠北西域史實多所懸解；此則續前賢之緒，而卓然自成一家言。其他單篇著錄於《觀堂集林》及本專號與夫羅氏哈同氏諸叢刻者，其所討論之問題雖洪纖繁簡不一，然每對於一問題，蒐集資料，殆無少遺失，其結論未或不饜心切理；驟視若新異，反覆推較而卒莫之能易。學者徒歆其成績之優異，而不知其所以能致此者，固別有大本大原在也。先生之學，從弘大處立腳，而從精微處著力；具有科學的天才，而以極嚴正之學者的道德貫注而運用之。其少年喜譚哲學，尤酷嗜德意志人康德、叔本華、尼采之書，晚雖棄置不甚治，然於學術之整個不可分的理想，印刻甚深，故雖好從事於個別問題，為窄而深的研究，而常能從一問題與問題之關係上，見出最適當之理解，絕無支離破碎專己守殘之蔽。先生古貌古飾，望者輒疑為竺舊自封畛，顧其頭腦乃純為現代的，對於現代文化原動力之科學精神，全部默契，無所抵拒。而每治一業，恆以極忠實極敬慎之態度行之，有絲毫不自信，則不以著諸竹帛；有一語為前人所嘗道者，輒棄去，懼蹈勦說之嫌以自點汙。蓋其治學之道術所蘊蓄者如是，故以治任何顓門之業，無施不可，而每有所致力，未嘗不深造而致其極也。」（節錄清華學校研究院《國學論叢》第三號〈王靜安先生紀念號序文〉）

陳先生說：「先生之學博矣精矣，幾若無涯岸之可望，轍跡之可尋，然詳繹遺書，其學術內容及治學方法，殆可舉三目以概括之者：一曰取地下之實物與紙上之遺文互相釋證，凡屬於考古學及上古史之作，如『殷卜辭中所見先公先王考』及『鬼方昆吾玁狁考』等是也。二曰取異族之故書，與吾國之舊籍互相補正，凡屬於遼金元史事及邊疆地理之作如〈萌古考〉及〈元朝秘史之主因亦兒堅考〉等是也。三曰取外來之觀念與固有之材料互相參證，凡屬文藝批評及小說戲曲之作，如《紅樓夢評論》及《宋元戲曲考》等是也。此三類之著作，其學術性質固有異同，所用方法亦不盡符會要，皆足以轉移一時之風氣，而示來者以軌則，吾國他日文史考據之學，範圍縱廣，途徑縱多，恐亦無以遠出三類之外，此先生之遺書所以為吾國近代學術界最重要之產物也。」（節錄〈海寧王靜安先生遺書序〉）

我想，凡是一個對王先生遺著有過一番接觸的人，決不會感到梁陳兩先生這兩段推許的話，有什麼溢美之處。

王先生的憤世自沉，是一件可痛惜而又不平凡的事，在當時不免引起種種的議論或看法，我覺得從根本上探索王先生的死因的，也以陳寅恪先生的說法最為允當。陳先生有一篇〈王觀堂先生輓詞〉，詩是近代詩壇一篇傑作，羅叔言先生說它「足與觀堂集中〈頤和園詞〉、〈蜀道難〉諸篇比美」，決非過譽。詩前有一篇序，即說明王先生死因的，我覺得尤其重要，可惜文長不能全錄，只能把它的要點摘出在下面，即作為我這篇文字的結論。

陳先生說：「凡一種文化值衰落之時，為此文化所化之人，必感苦痛；其表現此文化之程量愈宏，則其所受之苦痛亦愈甚；迨既達極深之度，殆非出於自殺無以求一己之心安而義盡也。吾中國文化之定義，具於「白虎通」三綱六紀之說，……夫綱紀本理想抽象之物，……其所依託以表現者，實為有形之社會制度，而經濟制度尤其最要者。……所依託者不變易，則依託者亦得因以保存。……今日之赤縣神州，值數千年未有之鉅劫奇變；劫竟變窮，則此文化精神所凝聚之人，安得不與之共命而同盡，此觀堂先生所以不得不死，遂為天下後世所極哀而深惜者也！……」

我們試想：王先生遺囑中所謂「經此世變」云云，不正是陳先生所指的這一「鉅劫奇變」還是什麼呢？

附錄一 王國維與沈曾植（一八五〇－一九二二）

沈曾植字子培，號乙盦，晚號寐叟，浙江嘉興人，生清道光三十年（1850），卒民國十一年（1922），得年七十有三。清末官安徽布政使，民六，曾與張勳復辟之役，詔授學部尚書。其人雖為一徹底之復辟派，然實有清三百年學術史上之殿軍。

民國四年春，王國維歸自日本，曾謁子培於上海麥根路寓廬，質古音韻之學；民五以後，更與子培時相過從；國維所為〈爾雅草木蟲魚鳥獸名釋例〉一文（見《觀堂集林》卷五），實自子培啟之。民八，國維有〈沈乙庵先生七十壽序〉之作，暢論清代三百年學術變遷之跡，於子培推崇甚至，未可以尋常酬應文字視之也。

國維謂清代學術凡三變：國初一變，創之者顧亭林（炎武），以經世為體，以經史為用；乾嘉一變，創之者戴東原（震）與錢竹汀（大昕），以經史為體，其所得往往裨於經世；道咸以降又一變，「言經者及今文，考史者兼遼金元，治地理者逮四裔，務為前人所不為，雖承乾嘉專門之學，然亦逆睹世變，有國初諸老經世之志。故國初之學大，乾嘉之學精，道咸以降之學新。」

國維讚美子培之言曰：「今者時勢又劇變矣，學術之必變，蓋不待言。世之言學者，輒悵悵無歸，顧莫不推嘉興沈先生，以為亭林東原竹汀儔也。先生少年，固已盡通國初及乾嘉諸家之說，中年治遼金元三史，治四裔地理，又為道咸以降之學，然一秉先正成法，無或逾越。其於人心世道之隆汙，政事之利病，必窮其原委，似國初諸老；其視經史為獨立之學而益探其奧窔，拓其區宇，不讓乾嘉諸先生；至於綜覽百家，旁及二氏，一以治經史之法治之，則又為自來學者所未及。若夫緬想在昔，達觀時變，有先知之哲，有不可解之情，知天而不任天，遺世而不忘世，如古聖哲之所感者，則僅以其一二見於歌詩，發為口說，言之不能以詳，世所得而窺見者，其為學之方法而已。夫學問之品類不同，而其方法則一，國初諸老，因此以治經世之學；乾嘉諸老，用之以治經史之學；先生復廣之以治一切諸學；趣博而旨約，識高而議平，其憂世之深，有過於龔（自珍）、魏（源），而擇術之慎，不後於戴錢，學者得其片言，具其一體，猶足以名一家，立一說，其所以繼承前哲者以此；其所開創來學者亦以此；使後之學術變而不失其正鵠者，其必由先生之道矣。」

子培著述多未出，即偶印行者，今亦不易得，然讀王先生此文，及王蘧常君所為《沈寐叟年譜》，亦可窺見其梗概也。

附錄二　王國維評《紅樓夢》

近五十年來，中國談《紅樓夢》的有三位有名的學者：最早的王國維，他寫了一篇《紅樓夢評論》；其次蔡元培，他寫了一小冊《石頭記索隱》；又其次是胡適，他做了《紅樓夢考證》。

蔡先生的《索隱》，著重在闡證本事，他說《紅樓夢》是清康熙朝的政治小說，作者持民族主義甚摯，書中本事，在弔明之亡，揭清之失，而尤於漢族名士仕清者，寓痛惜之意。他說書中女子多指漢人，男子多指滿人。他說林薛諸人，一一影射著當時的若干名士。

胡先生的《考證》著重考出作者的姓名，作者的時代，因之對於《紅樓夢》前八十回作者曹雪芹的家世及生平，與後四十回作者高蘭墅的略歷，都下過不少的工夫。

王先生這篇《評論》，是他三十歲以前的作品，其時他正以最高的熱度，作哲學與文學的追求，且有志於戲劇的創作。因之，他這篇評論的出發點。既不同於蔡，也不同於胡，（儘管他也強調應該考證作者的姓名和著書的年月，但他自己卻沒有做這種工夫；類似蔡先生那種闡證本事的考據，他以為沒有必要。）而是以哲學、美學、倫理學乃至心理學的觀點，從《紅樓夢》這部大著裡去探討人生的究竟。

我近來稍稍涉獵王先生遺著中關於哲學和文學的研究，以及他的詩詞，我總覺得王先生的天分，比之他同時代的人來得高，假定他後來不把學問的興趣移到別的方面去，而一直向哲學和文學去發展，我真不敢測度他可能及於中國學術思想界的影響，將是何等的偉大。即以他這篇《紅樓夢評論》而論，儘管是他早年的著作，但足以給予玩索這部大著的人們一種新的啟示，仍屬毫無疑義。

他這篇論文共分五章：一、人生及美術之概觀；二、《紅樓夢》之精神；三、《紅樓夢》之美學上之價值；四、《紅樓夢》之倫理學上之價值；五、餘論。全文約一萬四五千字，我現在只想把其中確能幫助我理解這部書的一部分，在這裡述一述。

把王先生主要的意思概括起來，大致是這樣的。

人生之所欲，無過於生活，而生活之性質，不外乎苦痛。世界文化愈進，其知識彌廣，其所欲彌多，其所感苦痛亦彌甚。飲食男女，人之大欲存焉，而男女之欲，尤強於飲食之欲，以前者為無盡的，後者為有限的；前者為形而上的，後者為形而下的也。苦痛之度，與生活之欲之度為比例，是故前者之苦痛，尤倍蓰於後者之苦痛。而《紅樓夢》一書，實示此生活此苦痛之由於自造，又示其解脫之道不可不由自己求之者也。

王先生既認定《紅樓夢》是一部歷盡人生苦痛而求得解脫之道的書，但所謂解脫，從性質上看來有不有什麼差別呢？王先生解答這個問題大致是這樣的：

「解脫之道存於出世，而不存於自殺。」其所以得到解脫的出發點，又有兩種不同：「一存於觀他人之苦痛，一存於覺自己之苦痛。」因此，他覺得《紅樓夢》上的人物，如金釧之墮井，司棋之觸牆，尤三姐潘又安之自刎，並不是真正的解脫，因為他們只是對於某一種的生活方式表示不滿，而不是從根本上放棄了生活的欲求。因看著他人的苦痛而自己得到解脫的，只有惜春和紫鵑，因覺著自己的苦痛而得著解脫的，則僅僅只有一個賈寶玉。惜春紫鵑的解脫是超自然的、神明的、宗教的、平和的；寶玉的解脫，則是自然的、人類的、美術的、悲壯的。因而也就是文學的、詩歌的、小說的。紅樓夢的主人公之所以是寶玉而不是惜春紫鵑，其原因就在此。

王先生又認定《紅樓夢》是悲劇中的悲劇，這裡他用叔本華的說法來加以解釋。叔本華分悲劇為三種：第一種是由極惡的人極其所有的能力以交構而成；第二種則由於盲目的命運；第三種乃由劇中人物的位置和關係而不得不然，其人物與境遇都很普遍，而且明知其有害，又交施之而交受之而各不任其咎，因此，其感人的程度，乃較前兩種遠為深刻。《紅樓夢》這一大悲劇的形成，係由於寶玉黛玉之終於無法結合，可是這個事實的演進卻是很自然的：賈母歡喜寶釵的婉順，而不大歡喜黛玉的孤僻；王夫人自然親薛而不親林，同時也太不夠了解她那樣的一個兒子，鳳姐操持家政，當然不能不忌黛玉之才；襲人鑑於尤二姐和香菱之事，又聽黛玉說過「不是東風壓西風，就是西風壓東風」，自然也感到非常危懼；如此一來，黛玉從四面八方遭受打擊的這一趨勢，已經是無法變更。可是賈母和王夫人，畢竟是深愛寶玉的，假定他能把這件事叫穿，不濟則拚著一死，也不見得沒有挽回的餘地，可是這又為當時的道德觀念所不許。這樣一種做法，已經不能望之於寶玉，黛玉自然更是無能為力了。

像《紅樓夢》這樣一種悲劇，在我想來，在宋以前大致是不會發生的。假定在漢在唐，處在寶玉黛玉這樣地位的兩個男女，男的儘可以作司馬相如作張生，女的儘可以作卓文君作鶯鶯，何至於束縛到死而不敢表示絲毫的反抗？可是中國的禮教和大家族制發展到了清初，則雖欲跳出這一樊籠而勢有不能，於是乎林黛玉不得不死，而寶玉的苦痛，也就到了不得不自求解脫的境地了。構成這個悲劇的時代因素，為王先生的「評論」所不及，我不敢自信這個看法很對，姑存之以備一說可也。

附錄三 王國維的詞

陳寅恪先生序王靜安先生的遺書，把王先生的學術內容與治學方法，概括於三個項目：

一曰取地下之實物，與紙上之遺文，互相釋證，凡屬於考古學及上古史之作，如〈殷卜辭中所見先公先王考〉及〈鬼方昆吾玁狁考〉等是也。

二曰取異族之故書，與吾國之舊籍，互相補正，凡屬於遼金元史事及邊疆地理之作，如〈萌古考〉及〈元朝秘史之主因亦兒堅考〉等是也。

三曰取外來之觀念，與固有之材料，互相參證，凡屬於文藝批評及小說戲曲之作，如《紅樓夢評論》，及《宋元戲曲》等是也。

經陳先生這樣一指點，進而讀王先生的全部遺書。我覺得眉目是異常清楚的。據王先生所自述，他早年治學的途徑，是「漸由哲學而移於文學」，其所以移於文學之故，是「欲於其中求直接之慰藉」。他又說：「近年嗜好之移於文學，亦有由焉，則填詞之成功是也。余之於詞，雖所作尚不及百闋，然自南宋以後，除一二人外，尚未有能及余者，則平日之所自信也。雖比之五代北宋之大詞人余媿有所不如，然此等詞人亦未始無不及余之處。……」（以上所引，均見王先生的〈自序〉第二篇。）

以王先生之絕頂聰明，而又好學深思不倦，何以於詞獨表示這樣自信的堅強？我是這樣假定過：也許他這兩篇〈自序〉是他剛過三十的時候寫的，多少難免有點少年人的誇大？及進而略涉他對於詞所下過的工夫，及他對於詞的基本見解，更進而玩索他自己的作品，乃不能不把我這個假定完全放棄，覺得他的話乃是確有把握之言，普通少年人的誇大習氣，在他是完全沒有的。

王先生論詞主「境界」，或云「氣象」；其品第詞格之高下，則有所謂「隔」與「不隔」。

何謂「境界」？

「有造境，有寫境，此理想與寫實二派之所由分。……」

「有有我之境，有無我之境：『淚眼問花花不語，亂紅飛過秋千去；』『可堪孤館閉春寒，杜鵑聲裡斜陽暮；』有我之境也。『採菊東籬下，悠然見南山，』『寒波澹澹起，白鳥悠悠下，』，無我之境也。……」

「境非獨謂景物也，喜怒哀樂，亦人心中之一境界；故能寫真景物真感情者，謂之有境界，否則謂之無境界。境界有大小，不以是而分優劣：『細雨魚兒出，微風燕子斜，』何遽不若『落日照大旗，馬鳴風蕭蕭？』『寶簾閒挂小銀鈎』，何遽不若『霧失樓台，月迷津渡』也？」

何謂「氣象」？

「太白純以氣象勝，『西風殘照，漢家陵闕』，寥寥八字，遂關千古登臨之口。……」

「『風雨如晦，雞鳴不已；』『山峻高以蔽日兮，下幽晦以多雨；雪紛紛其無垠兮，雲霏霏而承宇；』『樹樹皆秋色，山山盡落暉；』『可堪孤館閉春寒，杜鵑聲裡斜陽暮；』氣象皆相似。」

何謂「隔」與「不隔」？

「白石寫景之作，如『二十四橋仍在，波心蕩，冷月無聲；』『數峯清苦，商略黃昏雨；』『高樹晚蟬，說西風消息；』雖格韻高絕，然如霧裡看花，終隔一層。梅溪夢窗諸家寫景之病，皆在一隔字。……」

「『生年不滿百，常懷千歲憂，晝短苦夜長，何不秉燭遊？』『服食求神仙，多為藥所誤，不如飲美酒，被服紈與素，』寫情如此，方為不隔。『採菊東籬下，悠然見南山，山氣日夕佳，飛鳥相與還；』『天似穹廬，籠蓋四野；』『天蒼蒼，野茫茫，風吹草低見牛羊』，寫景如此，方為不隔。」

以上釋例，均見王先生的《人間詞話》，這個小冊子有單行本，雖只寥寥萬餘言，非欣賞古人之作別具會心，何能道出隻字？

王先生自己所作的詞，見《觀堂集林》卷二十四者，凡二十三闋；另《苕華詞》一卷，凡九十二闋；比之前代作者，誠不為多。然寫景必豁人耳目，如鶴唳晴空；言情必沁人心脾，如寒蟬夜泣；「楚靈均後數柴桑，第一傷心人物！」殆先生之自道也。茲錄數闋於後，以見一斑。

〈好事近〉

夜倚危樓，樓角玉繩低亞；唯有月明霜冷，浸萬家鴛瓦。人間何苦又悲秋，正是傷春罷，卻向春風亭畔，數梧桐葉下。

〈採桑子〉

高城鼓動蘭釭灺，睡也還醒，醉也還醒，忽聽孤鴻三兩聲。人生只似風前絮，歡也零星，悲也零星，都作連江點點萍。

〈點絳唇〉

萬頃蓬壺，夢中昨夜扁舟去，縈迴島嶼，中有舟行路。波上樓台，波底層層符，何人住？斷崖如鋸，不見停橈處。

〈蝶戀花〉

閱盡天涯離別苦，不道歸來，零落花如許。花底相看無一語，綠窗春與天俱莫。待把相思燈下訴，一縷新歡，舊恨千千縷。最是人間留不住，朱顏辭鏡花辭樹。

〈蝶戀花〉

百尺朱樓臨大道，樓外輕雷，不間昏和曉。獨倚蘭干人窈窕，閒中數盡行人小。一霎車塵生樹杪，陌上樓頭，都向塵中老。薄晚西風次雨到，明朝又是傷流潦。

〈蝶戀花〉

窗外綠陰添幾許？賸有朱櫻，尚繫殘紅住。老盡鶯雛無一語，飛來銜得櫻桃去。坐看畫樑雙燕乳，燕語呢喃，似惜人遲暮。自是思量渠不與，人間總被思量誤。

〈蝶戀花〉

黯淡燈花開又落，此夜雲蹤，知向誰邊著？頻弄玉釵思舊約，知君未忍渾抛卻。妾意苦專君苦博，君似朝陽，妾似傾陽藿。但與百花相鬥作，君恩妾命原非薄。

〈浣溪沙〉

掩卷平生有百端，飽更憂患轉冥頑，偶聽啼鴂怨春殘。坐覺無何消白日，更緣隨例弄丹鉛，閒愁無分況清歡！

〈**鵲橋仙**〉

沈沈戍鼓，蕭蕭廐馬，起視霜華滿地；猛然記得別伊時，正今日郵亭天氣。北征車轍，南征歸夢，知是調停無計，人間事事不堪憑，但除卻「無憑」兩字。

王先生這一百一十五闋詞，蝶戀花計得二十五闋，幾乎每一闋我都喜歡，實錄不勝錄也。

記梁濟自殺（一八五九－一九一八）

我知道有梁漱溟其人是很早的事了，但引起我的特別注意，卻從讀了他的《東西文化及其哲學》開始。後來又看過他一本談印度哲學的書（書名好像是《印度哲學概論》吧？）和不少關於鄉村運動的文字和書籍，我對他乃有了一較深的印象。一直到抗戰開始，我才和他正式見面。他對繼續八年的「國民參政會」是始終其事的一人，我也始終和他同事。到民國三十年，我更和他以及張君勱、章伯鈞等幾位，發起了一個「民主政團同盟」；等到親共分子混入「民盟」搗亂，我決定把「民盟」的秘書長辭去，並同時和一部分青年黨的同志宣告與「民盟」脫離，漱溟還拉了我在鮮特生的花園內作過一度長談，苦苦勸我不可輕於退出，但我知道「民盟」的命運已定，沒有接受他的意見。三十五年十月，第三方面人士對國共作最後一次的調停，我又和漱溟在一道，關於這一幕，我在《近三十年見聞雜記》裡面已有較詳的記載，在這裡恕不多贅了。（該項雜記，我決定加以補充訂正，編入本書重印。）從這次分手以後，至中共進佔四川以前，聽說他是住在重慶北碚勉仁中學的。我前年來到香港，由友人張君從重慶帶來了他的兩本近著：其一、《梁漱溟先生近年言論集》（成都龍山書局出版），其一、《中國文化要義》（十二章的油印本），知道他還是那樣認真，那樣努力，因此依然沒有動搖我對他的信任。去年聽說他到了北平，還聽說他曾到河南去視察過「土改」，有文字發表，這些經過我便完全不知道，他的文字我也不曾看見。我想：以漱溟的個性，和他過去的所學，所主張，他究竟如何可以和中共靠得攏？翁文灝不足道，假定像漱溟這樣一個人，也被迫上了梁山，在我便覺得是很可惜的。

漱溟原名煥鼎，字壽銘，一字漱溟，後以字行。以與張鎔西（耀曾）有戚誼，故民五張任司法總長時漱溟一度任司法部秘書，其任北京大學講師，係民國六年冬間事，時漱溟年僅二十五也。

漱溟之父名濟，字巨川，光緒乙酉舉人，原籍廣西桂林，然自巨州之父寶書（道光庚子進士）迄漱溟，居北京已三世矣。

巨川歷官內閣中書，晉侍讀，改官制後，調民政部供職，迄清之亡，名不甚顯。至民國七年十月七日，乃投身北京的積水潭，以自殺殉清聞，其臨死前所遺〈告世人書〉有曰：「吾因身值清朝之末，故云殉清，其實非以清朝為本位，而以初年所學為本位。」

「或云既言殉清，何又言非本位？曰，義者天地間不可歇絕之物，所以保存自身之人格，培補社會之元氣，當引為自身當行之事，非因外勢之牽迫而為也。清朝者，一時之事耳；殉清者，個人之事耳；就事論事，則清朝為主名；就義論義，則良心為通理。設使我身在漢，則漢亡之日必盡忠；我身在唐，則唐亡之日必盡忠；在宋在明，亦皆如此。故我身為清朝之臣，在清亡之日，則必當忠於清，是以義為本位也。」

「且諸君亦知鄙人何為硜硜拘執以行此義乎？諸君試思：今日世局因何故而敗壞至於此極？正由朝三暮四，反覆無常，既賣舊君，復賣良友，又賣主帥，背棄平時之要約，假託愛國之美名，受金錢收買，受私人嗾使，買刺客以壞長城，因個人而破大局，轉移無定，面目靦然，由此推行，勢將全國人不知信義為何物，無一毫擁護公理之心，則人既不成為人，國焉能成為國？欲使國成為穩固之國，必先使人成為良好之人，此鄙人所以自不量力，明知大勢難救，而捐此區區，以聊為國性一線之存也。」

其言可謂深切著明，雖今日讀之，猶凜凜有生氣。邵力子、張治中、翁文灝之流，於國民黨則為要人，於中華民國則居顯位，在一旦共黨毀國，乃復從風而靡，責以「轉移無定，反覆無常，面目靦然，不知信義為何物，」尚復何說？即在漱溟，假令偶一憶及乃父臨死之遺言，亦正不知其作何感想也。

巨川成仁後七年，即民國十四年，漱溟始與其兄煥鼐（字凱銘）編印乃父之遺著問世，題曰「桂林梁先生遺書」，內容凡六種：一、《遺筆彙存》一卷，二、《感劬山房日記節鈔》一卷，三、《侍疾日記》一卷，四、《辛壬類稿》上下卷，五、《伏卵錄》一卷，六、《別竹辭花記》一卷。予所見者為十六年商務印行之初版，分訂四冊，第一冊卷首有漱溟兄弟為巨川先生所編之年譜，及影印梁任公覆漱溟書一通，均極重要。從巨川日記、《辛壬類稿》、《伏卯錄》中，可看出清末民初北京社會各方實況，及當時政治方面各種醜惡情形，予治現代史者之幫助不少。巨川為殉清之人，而對當時遺老及參與張勳復辟一幕的若干人物，乃批評甚為嚴格，且其自身更根本反對復辟，此不失為一種獨立正確之見解也。

巨川於辛亥以後，即蓄志殉清，然對民國仍存有若干希望，甚至對袁世凱、趙秉鈞之流，也希望他們振作有為。後來看見情形愈來愈糟，他始感到生命已無久延之必要。民國七年十月七日，是他六十歲的誕辰，他決心不過六十的生日，即於七日這一天的清晨，投水自殺了。巨川幼承母教，持身謹嚴，處事處人，各有一定分際，純粹為一種中國固有之優良作風，從他的遺著中，更可看出他無日無時不以救世救人為念，其人為一卓然有道之君子，無可疑也。

巨川傾慕梁任公數十年，任公歸國後，即踵門往謁，並請為寫扇聯，歷五次未得一見，扇聯亦迄未寫。後見任公題譚鑫培（即小叫天）刺繡漁翁圖，有「四海一人譚鑫培」之句，以為「任公有暇為叫天題詩，無暇為我寫字」，乃大失望，於《伏卯錄》中紀此事經過甚詳。遺著印行，漱溟即以一部贈任公，並為書道意，任公讀之大慙，即覆書漱溟，自承「無狀」，謂巨川死後，於報中讀其遺言，「感涕至不可仰，深自懊恨，並世有此人，而我乃不獲一見」！並請漱溟「於春秋絜祀時，得間為我昭告，為言啟超沒齒不敢忘先生之教，力求以先生之精神，拯天下溺。」任公服善之勇，與漱溟之以直道待任公，兩俱足稱也。

最近大陸去世的三位老人冒廣生、張元濟、冷遹

從本年八月十日起，至十八日止，僅僅只有九天的工夫，在大陸上，便有三位有名的老人先死去。

論年齡的大小，張元濟最長，九十三；冒廣生次之。八十七；冷遹又次之，七十八。

論死期的先後，冒最早，八月十日；張次之，十四；冷最後，十八。

冒先生字鶴亭，一字鶴汀，別署疚齋，籍江蘇如皋；張先生號菊生，浙江海鹽；冷先生字禦秋，江蘇丹徒。

這三位老人，我和冷最熟，張僅見過一次，冒則素未謀面。

現在按照他們年齡的大小，就我所知道他們的若干事實，作一概括的敘述如下：

一

張元濟是戊戌得罪的一人，關於他與維新運動的關係，他自己有一篇〈戊戌政變的回

憶〉，載於一九四九年十月六日大陸出版的《新建設》一卷三期，後來轉載於神州國光社印行的《中國近代史資料叢刊》「戊戌變法」（第四冊323-329）。從他這篇〈回憶〉我們知道：

一、戊戌這一年（光緒二十四年）他三十二歲，但他已經是一名進士，在總理各國事務衙門供職。

二、他並沒有參與維新運動的內幕，但自甲午敗於日本以後，他便主張改革甚力，與當時北京一班新人物有所往還。

三、在這個時候，他在北京辦了一所「通藝學堂」，教授英文和數學，有學生四五十人，我在本書所記的張蔭桓，便是贊助他所辦學堂最力的一個。

四、他與康有為同為當時翰林院侍讀學士徐致靖所保薦，而且於戊戌年四月二十八日與康同為光緒帝所召見，而他又是翁同龢的門生，這大概便是他得罪的主要原因。

五、在戊戌的六七月間，北京反對新政府的空氣已經異常濃厚，他曾勸康適可而止，回到南方辦學堂，但康不聽。

六、戊戌政變在八月初六，可是張毫無所聞，正在這一天，他還帶著通藝的學生，去和當時滯留在北京的伊藤博文見了一面，伊知道政變已經發生，對他們慰勉有加，並希望他們善自保重。

七、政變後六君子被殺（八月十三），其時張仍在總理衙門照常值班，外間抓人的謠言甚熾，他惟有靜待逮捕。時清廷不願株連太廣，延至八月二十三，他乃與王錫蕃、李岳瑞同被革職，永不敘用，通藝亦因以停辦。

八、張被革職以後，李鴻章派于式枚去慰問他，知道他準備到上海謀生，李又寫信給盛宣懷，要盛代他找一位置；因此張一到上海，盛即介紹他進南洋公學辦理譯書事，嚴又陵（復）所譯斯密亞丹《原富》，即於他在職時出版。其時任南洋公學監督的為美國人福開森，張和他意見不合，因此他在南洋公學只有幾個月，便退了出來，隨後乃進了商務印書館。

九、商務印書館為中國近代經營出版事業的重鎮，張一直到死，還任著該館董事長的名義，在事最久，功亦最大。

上面幾點，是我對他這篇〈回憶〉的一個摘要，當然都是很可靠的。可是他口述這篇〈回憶〉的時候，已經八十以上，記憶仍不免小有模糊，例如：他和康有為確係戊戌四月二十八同日召見，但他說翁同龢的罷免也在這一天，則不免小誤，實際翁被斥退在二十七，而直督王文韶調京，改任榮祿為直隸總督，也正是二十七，蓋其時后黨帝黨已勢如水火，而后黨的佈置每每能先帝黨一著，故康尚未見，翁即於先一日被罷斥也。又，康有為於政變前一日（八月初五）出京，張說係由李提摩太護送，據康自述，他僅攜李唐於是日天未明時啟程（見康《自編年譜》），並無由李提摩太護送之說，不過李提摩太確曾打電報與上海英領事館，請其對康加以援救而已。

遠在四十年前，可能是民國三四年也不一定，我在一本《東方雜誌》上看見張先生的一篇〈環遊談薈〉，並附得有他的一張照片，蓋他在這個時候，曾作過一度世界旅行，從照片看，他似乎是才過四十的樣子，其時我只知道他已在商務印書館，連他和戊戌維新的這段因緣也不明白，所以沒有怎樣注意。民國十八年二月十七，上海各界開梁任公追悼會於靜安寺，我以私淑任公之故，也按時前往與祭，是日主祭者為孫慕韓（寶琦），讀祭文者即張元濟，是時張年已在六十以上，雖音吐尚宏亮，而貌頗清癯，不料他居然能活到九十三歲。

大致在四年前，我在香港大道中商務印書館舊址的樓上，曾看見張先生用工楷手錄毛澤東的一首〈沁園春〉詞；前年，商務創建六十周年紀念，該館把上海圖書館所藏一部《宋本杜工部集》景印了出來，作為「續古逸叢書」第四十七種，張先生在這部書的跋文中，把中共政權又著歌頌了一番，有所謂「新邦肇建」、「盛世昌明」等等說法；以張先生的生平而論，這都是幾近多餘的。

二

截至現在為止，關於冒鶴老的生平，我所知道的只有下舉的幾點：

一、他是清光緒甲午年（光緒二十年，即一八九四年）的舉人，關於這方面，他算不大得意，因為他始終不曾考得一個進士。

二、他是咸同間一位頗有名的文學兼收藏家周季貺（星詒）的外孫，當周氏去世時，便把他所藏的書籍，全部給予這位能讀書的外孫了。同時，他又是一位名翰林瑞安黃叔頌（紹第）的女婿（黃即他中舉這一年的副主考）。這兩件事對鶴老後來的修養和社會地位都不無關係。

三、鶴老生長於廣州，能操流利的廣東話，因此，他以一個「外江佬」的地位，能與廣東不少頗有名氣的文人做了朋友。

四、他是清末農刑部的一個郎中，入民國後在浙江和江蘇任過兩次的關監督（一次甌海關，一次鎮江關），但他似乎並沒有多的錢。

五、論年齡，鶴老長於胡展堂六歲；論親戚，則鶴老於展堂為晚輩；從展堂的《不匱室詩鈔》，我們可看出他們兩人間的交誼不薄。

六、近見某君記鶴老遺事，謂鶴老於汪精衛在南京倡和平反共時，與汪偶有週旋，因而於鶴老頗致譏評。實際和平反共在當時不失為一種政治主張，其是非尚有待於論定；況汪在革命史上自有其地位，亦決非因此一事所得而一筆抹煞；更何能以此而牽及鶴老？自三十八年共黨蟠踞大陸，一時名士學人不及走出者，殆十之七八，此乃政府棄人民，並非人民棄政府，吾人更宜分別觀之，不可一概論也。

近五十年間，鶴老幾乎完全是以一詩人的姿態出現，他早年所刻印的《小三吾館集》數十卷，我不曾見過，茲從陳石遺（衍）所輯《近代詩鈔》中，錄出他的一首五古，詩甚整潔，不失為他的代表作，不僅可從附注中知道有關他的若干故事，可見其懷抱的一斑，原詩如下：

〈庚申正月九日，里居不戒於火，藏書焚盡，詩以志痛，並告海內〉

書鈔閣藏書，（外祖周季貺先生得孫淵如嚴鐵橋諸老所校明臨宋本北堂書鈔，以名其閣。）得自帶經堂（福州陳氏堂名），乾嘉諸老輩，雜遝施丹黃，晚歲苦鰥獨，故事仍中郎。（甲午歲，余舅氏雲將逝世，外祖仍中郎仲宣故事，藏書悉歸余。）薄宦二十年，出入恒攜將，僦居近廠肆（京邸在後孫公園），寓目皆囊緗，俸錢到手散，久久成書倉（丁巳歲始贖集賢街老屋藏書，其中榷關潤州，不復自隨。）何圖絳雲樓，一夜遭天殃，嬴秦毒再見，文武道實傷。有客為我言，此書殊不祥，周先既賈禍，萬里幾投荒。（光緒初丁雨生中丞覬外祖藏書甚切，外祖有不能為郁泰峯一語，致觸丁忌，上書嚴劾，罷官遺戍。）君亦坐嗜此，蹭蹬名利場，為君誦柳文，賀君今吉昌。收涕謝我客，客未知我詳，自從更憂患，萬有歸空王，明知一邱貉，聚散理不常，與其聚殲旃，孰若散四方？所嗟三百年，文獻湮莫彰，平時慕遺山，嘗慨野史亡，私冀宦早成，歸去羅典章，結亭傍家街，著作青藜光，今來付一炬，此願云何償。（焚書除精本孤本外，尤以順康至光宣十朝名人專集多至二千餘種，皆關掌故為可惜。）寧惟負周先，所負斯文喪，銘心總絕品，合眼卻易忘，作歌告君子，何以解我腸！

去年春天，友人某君約赴新界「容龍別墅」午餐，君左及鶴老哲嗣季美兄均在坐，君左出鶴老近作〈賀新郎〉詞示余，余讀之不勝感慨，君左已有和章，余亦賡歌一闋，茲併鶴老原作錄在下面，以記此一段文字因緣。我學填詞，這還是第五次的習作，內容自不值方家一笑。

〈賀新郎〉（鶴亭）

殘夢隨流水，算匆匆一周花甲，不過彈指。猶記泥金朝報到，曾博衰親顏喜，也曾博鄉鄰稱美。暮四朝三棋局換，笑一錢不值今如此，舊時燕，巢空矣！

霓裳曲破倩誰理？數京華紛紛冠蓋，眼前餘幾？頭白蕭疏成二老，相望東南千里，寫一幅丹青遙寄。佛法本來無我相，問故吾紙上非耶是？是天寶，前頭事。

〈前調　敬步冒鶴老前輩韻〉（君左）

水繪園中水，廿年間徘徊依慕，陳跡難指。三世交親同骨肉，百代風流同喜，數天下無如此美。烽火淮南鴉背冷，被罡風一陣吹來此。家國恨，泫然矣。

而今枉自將愁理，悵前輩凋零殆盡，所存無幾。魯殿靈光唯鶴叔，目極神州千里，憑一瓣馨香遙寄。嘉話春秋圖卷展，看滿腔幽憤猶如是。眼中淚，心中事。

〈前調　讀冒鶴老賀新郎詞，悲涼悽麗，殆難為懷，敬步原韻，勉和一闋。〉（舜生）

吳淞半泓水，卅年間匆匆一夢，歸期難指。蠻觸蝸爭爭一瞬，得失何關憂喜，且一覽江山信美。漫言豎子竟成名，數今來古往多如此。拔劍起，雞鳴矣！

家園破碎從頭理，為問他沐猴冠帶，屍居能幾？少年徒侶沉淪久，淚眼看雲萬里，只賸有相思堪寄。待從容攬轡登車，幸壯懷激烈今猶是。共攜手，事所事。

君左最近自星馬回港，聞鶴老溘逝，特作長聯一首輓之，茲一併錄在下面。

萬方悲萎謝，空悵望黃浦灘頭，太平山下，千古靈光照耀，素車迎白馬，歷百世德澤長留，自有好兒孫數脉擔承，已可解老人生前寂寞。

三代仰淵源，總難忘臨江寺畔，玄武湖邊，幾回杖履追隨，蒼狗幻紅羊，遂一旦音容永隔，倘與先父叔九天相晤，幸莫提姪輩海外飄零。

三

冷禦秋我儘管很熟，但就他公生活的方面來說，可記的事似乎不多。

他是一個軍人，以他的質素論，如果在一個上了軌道的國家，他應該是一個很好的軍人。可是他自從參與過民二的二次革命以後，他便似乎沒有繼續在軍界服務。在抗日以前這一段很長的時間他究竟幹了些什麼，我也全不明白。記得有一次我到鎮江旅行，和一般朋友談到他，也只知道他的鄉評很好，其時他好像是擔任著一個女子職業學校的校長。

我和他混得很熟，完全是抗日以後的事，其時他已經和黃炎培的關係很深，儼然是「職教派」的領導分子之一。他給我的印象是樸實；不輕於說話，偶然和他談談，卻又言之有物；正義感責任感都很強，隱然有一種不可犯的崖岸。黃炎培與人相處，好像是面面俱到，但大家對他不能無戒心；冷則一片純真，大家都樂於和他接近。

國民參政會八年，他始終是和我們共事的一個，他雖然沒有如何赫赫的表現，可是遇到一個他確實了解的問題，大家對他的意見，卻都樂於傾聽。

他也是「民主政團同盟」的重要分子之一，儘管不是如何的積極，但遇著什麼小風小浪，他卻決不像黃炎培那樣的趕快開溜。

他也是同我們一陣到延安去參觀的六個參政員之一（除他和我以外，其餘的四人為褚輔成、黃炎培、傅斯年、章伯鈞。時間是三十四年的七月），留在延安的五天，他和黃炎培與陳毅談得最多，其時的陳毅還是「江北王」，他們所談的，大致也以江蘇的地方問題為限。假定這個十年，共產黨依然保持當日延安的作風不變，或者能保留得十之四五，我想他是可和共產黨合作的。不幸事實大謬不然，所以他只能以苟全性命的姿態，負著一個江蘇省副主席的名義，默默地死去！以毛澤東的誇大，周恩來的圓滑而輕浮，劉少奇的貌似深沉而中無所有，像冷這一類型的人物，除「默默地死去」以外，也當然不能有其他任何的表現。我和冷的接觸不少於十年，我從來不曾看見他穿過一件像樣子的新衣，從來沒有聽過他一句類似兒戲的談話，當然更沒有煙酒這類不良的嗜好，有一次我在清晨七點左右到重慶觀音崖的職教社去看他，他正以一碗稀飯，一碟鹹菜在那裡過早，可是與他談到某一問題，他卻有他一定的態度，決不隨便的唯唯否否……，就一切淪陷在大陸的朋友來說，我總覺得冷禦秋是最值得懷念的一個，但不幸他現在已經死了。

宋教仁評傳（一八八二－一九一三）

前言

曉色侵江白，輕舟發漢陽，潮聲隨岸遠，山勢送人忙。
大地風雲鬱，長途霜雪降，悠悠此行役，何處是瀟湘？

右詩宋先生民國二年元旦偕友人自漢陽赴黃州舟中作，去其逝世前僅八十日。

日出雪磴滑，山枯林葉空，徐尋屈曲徑，竟上最高峯。
村市沉雲底，江帆走樹中，海門潮正湧，我欲挽強弓。

這一首乃宋先生在去世前一月，偕于右任同遊杭州登南高峯之作。時宋以統一政府告成，國民黨初建，回湘省視其七十餘高齡的老母，及其夫人李氏與子女，（按宋有子一，時年十二，女一，十四）因同志催促再出，經武漢、南京及沿江各地，為國民黨作國會競選演說，計劃以臨時約法，國會的多數黨，責任內閣，以制止袁世凱的獨裁專制，儘管他的工作異常緊張；但讀他在這一時期所作的這兩首詩，其態度固甚雍容，豈民國以來的其他政客所能望其項背？

一、宋先生青年及最初參加革命的時代

宋先生名教仁，字遯初，留學日本時改名宋鍊，別署「桃源漁父」，在《民立報》作文簡書「漁父」，不知者或呼為桃先生。我年十七十八，在長邑高小的最後兩年，即定閱《民立報》，已能鑑別「漁父」的文字比較王无生與徐血兒者有切實內容，但不知「漁父」即宋也。

宋先生十二歲喪父，家貧，一生學業，全靠自己努力。年十七（1899），入漳江書院肄業，即喜與同學高談政治。二十（1902），奉母命考入武昌文普通中學。時張之洞任湖廣總督，提倡新教育頗認真，宋亦儲學甚力。先是光緒二十六年庚子（1900），中國發生拳變，八國聯軍破我津京保定，次年，清廷與列強訂立《辛丑條約》，其他各國軍隊，除按約在京津一帶駐兵少數以外，均已撤退；惟俄國乘此次變亂，藉口保僑，向我東北出兵十五萬，將我東三省全部佔領；事後向我要索多款，在吉黑兩省，堅不撤兵。時我留日學生已多至五六千人，見俄橫暴無理，日俄關係日趨緊張，於是我留學生之革命派，乃投袂奮起，有「拒俄義勇隊」的

組織，而黃興實為發動此事的最活動分子，其他加入者，如藍天蔚、蔡鍔、劉揆一、陳天華、鈕永建、劉成禺、楊篤生、湯爾和、李書城、張繼、馮自由、程家檉、馬君武、經亨頤、周宏業、時功玖、秦毓鎏等多數均克強好友。又公推鈕永建、湯爾和回國，說北洋總督袁世凱出兵抗俄，學生願為前鋒。但清廷認學生抗俄其名，革命其實，因向日政府交涉，將義勇隊解散，鈕、湯且幾被逮捕。學生以清廷媚外虐民，報國無路，乃異常憤激，更有「軍國民教育會」的組織，並公推黃興回湘，發動革命。黃到上海，即接受胡子靖邀約，到長沙明德學堂教書，以作革命活動的掩護。光緒二十九年五月，黃興路過武昌，便在兩湖書院演說革命必要的理由，慷慨激昂，聽者深受感動。（按黃原係兩湖學生，以成績優異，由院派赴日本留學，其在兩湖讀書時，本名黃軫，字慶午，在長沙革命失敗後，始改名興，字克強）宋即到場聽講之一人，因相互結納，此實黃宋攜手合作的開始。黃興這次在武昌活動，係有一定計劃，他不僅在其母校演說鼓吹，且帶有鄒容所著《革命軍》、陳天華所著《猛回頭》等小冊子，向軍學兩界普遍散播。事為張之洞所聞，乃命首府兼兩湖院長梁鼎芬將黃拿辦。黃本為梁最得意之學生，僅在書院懸牌，將其驅逐出境了事。可是黃在這種高壓空氣之下，仍繼續在武漢從容停留了八天，始坐輪船返回長沙，一面在明德任課，並於是年冬即有「華興會」的發起，宋亦於武昌有「科學補習所」的組織。所謂「科學補習所」者，名為研究科學，實一運動革命的團體，且其分子亦大部加入「華興會」，此兩湖革命人士聯合之始，亦即後來宋建議以武漢為革命首義地點一個最初的遠景。蓋黃宋均在武昌讀書有年，黃以篤實，宋以才華，交遊甚廣，地方情況甚熟，大革命一經在武昌爆發，湖南乃首先響應，均有一貫的線索可尋，非偶然也。

黃興在長沙活動革命兼教書，歷時一年以上，華興會發起以後，已得會員五百人左右，並與會黨首領馬福益聯絡甚密，等到籌款購械略有頭緒，即決定於光緒三十年陰曆十月初十慈禧太后七十壽辰，在長沙萬壽宮將慶祝萬壽的全城文武一舉炸斃，軍隊與會黨在秩序紛亂時同時起義。當時在省城以外的佈置，分瀏醴、衡州、常德、岳州、寶慶五路，一俟長沙發動，立予響應。而宋教仁所擔任者，即常德一路，時宋僅二十三歲的青年也。省外則武昌「科學補習所」分子已有所準備；長江下游及日本，則由楊篤生、章士釗駐上海負責聯繫；江西則陳天華、周宏業（勝生）前往活動。以當時形勢論，規模較孫中山光緒二十一年在廣州第一次起義時且較大，似有一擊而中的可能。但不幸因會黨分子行動不謹，事前將消息洩露，並陸續有多人被捕，乃將首領黃慶午名字供出，巡撫陸元鼎，即下令捕黃，幸得事前藏匿，並得友人多方掩護，乃於是年九月十八日（10.26）逃往上海，不久即轉赴日本。宋初不知省中已告失敗，於起義期前，九月二十九到長沙籌款，然後準備回常德舉義。宋在長沙走訪「華興會」各機關，不得要領，並未得與負責者一人見面，正在茫無所之，幸於途次遇湖北人曹亞伯（曹亦「華興會」分子，以係基督教徒，有教會關係，官廳對他不敢下手，故仍留省城），始知一切詳細經過；並知被補的會黨分子，也將他的名字供出，惟誤「教仁」為「家仁」，同在懸賞捉拿之列，因即退出長沙，赴武漢，轉上海，不久亦東渡日本，此實宋赴日留學之始（此段參看我寫的《黃興評傳》第三節〈「同盟會」成立前「華興會」的活動〉）。

二、日本留學及參加「同盟會」的時代

光緒三十年十月初一日，宋在長沙出走，情況頗狼狽，僅由曹亞伯貸以十五元，由常德同來之兩友人又分去四元，有一友人願同行，也以旅費絀不果，因此他只好孑身亡命。當舟行洞庭湖中，百感交集，乃口占長歌一首：

噫吁嘻！朕沅水派域之一漢人兮，愧手腕不靈；
謀自由獨立於湖湘之一隅兮，事竟敗於垂成！
虜騎遍於道路兮，購吾頭以千金。
效古人欲殺身以成仁兮，恐徒死之無益，且慮繼起之乏人！
負衣徒步而走兮，遂去此生斯長斯歌斯哭斯之國門。
嗟神州之久淪兮，盡天荊與地棘；
展支那圖以大索兮，無一寸完全乾淨漢族自由之土地！
披髮長嘯而四顧兮，悵悵乎如何逝？

則欲完我神聖之主義兮，亦惟有重展！

（原文見他自己寫的《我之歷史》）

這當然不是一種成熟的作品，但也足以表達他當時的心情與抱負，而氣概固自不凡。

宋此行路過武漢、上海、遇見同鄉、同學、同志、及其他友人不少，也得了他們少許金錢與衣物的接濟。延至十一月初七始到達東京。當他到上海時，黃興、章士釗等，以萬福華刺王之春一案牽連在餘慶里「華興會」機關為上海巡捕房所捕入獄，尚未釋放。宋知道他對援救工作無補，環境也不適於作其他活動，因僅留上海兩星期即逕赴日本。

從光緒三十年十一月（1904）算起，迄宣統二年冬（1910）他回到上海參加《民立報》為止，宋留在日本的時間凡六年。

這個六年為革命運動最吃緊的時期，宋也是一個最活躍的分子。這六年所經過的一切事實，頭緒紛繁，有他自己的一部日記名《我之歷史》者可參考（但日記僅到光緒三十三年四月為止）。凡他個人讀書、買書、上課、補習、從事翻譯、私人修養……等等，我不願在這裡詳述，下面僅列舉其與革命運動直接間接有關的幾件大事：

一、《二十世紀之支那》雜誌的籌備與出版宋初抵日本，即決心辦一雜誌以從事鼓吹，因約湘鄂舊友多人發起，於光緒三十一年一月三日即開始籌備。有人主張出小說報，宋不贊成。時留日學生所出刊物多帶地方色彩，如《江蘇》、《浙江潮》、《湖北學生界》等等皆是。宋主張我們應建立一個漢民族領導的統一國家，不主張強調鄉土的部落主義，始能爭存於二十世紀。加以其時正值日俄戰爭到達最後決勝的階段，宋目睹日本人民敵愾同仇，舉國一致，更了然於未來世界的趨勢；與發起諸人經過多方辯論，始將雜誌名稱及內容完全決定。最初原推定陳天華任編輯，陳以意見不完全一致辭職（真正革命黨人的個性都是很強的，要實行獨裁，便非迫多數人發揮奴性不可），因此籌備期間的事務，如徵求社員、收集股金、約人撰稿、規畫版式、接洽印刷、佈置發行等等，其責任幾全部集於宋之一身。光緒二十二、三年間，梁啟超在上海籌辦《時務報》，其年齡為二十四；宋在此時籌辦《二十世紀之支那》，也是二十四，兩人的忙迫與辛苦經營的氣魄，也大致一樣！「少年喜事終堪用，老朽無能盡可誅」（曾慕韓的歪詩），青年朋友們，中華民國又到了最危險的時候，可以聞風興起了！延至是年的六月二十四日，《二十世紀之支那》第一期卒告出版。宋更親自包捲，郵寄國內各處，或分派書店代售，又忙忙碌碌了好幾天，我生平有過十次以上這樣的經驗，宋在當時那種實幹硬幹的神氣和愉快的心情，我是充分可以想像，也充分可以了解的。大致是清宣統的元二年吧，我在長邑高小的三四年級，已經懂得跑跑書店，搜集幾本新舊書籍，一次，走到長沙城內書攤集中的玉泉街，居然買到了這本破破爛爛的《二十世紀之支那》的第一期，（實際也只出此一期，不久便改為《民報》了。）標明出版年代為「黃帝四千六百零三年」；其時隔出版已三四年，居然還能在長沙找得著，足見當時發行的普遍。內容有些什麼題目我已忘記，但前面有兩張插圖，卻給我的印象頗深，第一張是黃帝像，第二張是孔子像，反面各有像贊，黃帝這張像贊的原文是這樣的：「起崑崙之頂兮，繁殖於黃河之滸；藉大刀與闊斧兮，以奠定乎九有。使吾世世子孫有噉飯之所兮，胥賴帝之櫛風而沐雨；嗟四萬萬之同胞兮，尚無數典而忘其祖！」

後閱宋的《我之歷史》，知道這幾句話也是出自他的手筆。

二、作長文建議用黃帝癸亥即位紀元時日本留學界多採用之，作用為否定清廷正朔的表現，辛亥武昌首義，湖南響應，文告均標出「黃帝四千六百零九年」。其實康有為主用孔子降生紀元，宋主用黃帝紀元（按此事他與黃節詳細討論過），均不免書生之見，不如民元採用世界通用之陽曆，另以民國紀元，反直截了當也。

三、參加組織「中國革命同盟會」光緒三十一年（1905）春夏之交，中山在歐洲活動。時德、法、英、比諸國，我留學生不多，且大抵係官費出洋，真有誠意願參加革命者，為數更少。中山感於在歐活動結果，成績平平（按其時吳稚暉在英倫，雖已與中山見面，但尚未參加革命），轉不若在日本可以放手大幹，因於是年六月十七日（7.19）返抵橫濱。時日本已有我留學生約八千人，而以楊度風頭最健，政治興趣最濃，中山抵日以後，即首訪楊度，希望他贊成革命。楊答與君憲派關係已深，不能驟改，而且他認定：「革命一旦成功，滿蒙必不能保。」中山與楊晤談三次，勸之甚力，楊終不為動；但亦深感中山用意甚誠，乃向中山介紹黃興，且詳細說明其為人，謂其必可與之合作。中山大喜，即於次日，到東京牛込區、若宮町、二十七番地，走訪黃興，時黃與章士釗同住。章雖已著有《孫逸仙》一小冊，但與黃興均為第一次與中山見面。三人席地坐甫定，中山即雄辯滔滔，按楊榻米上所鋪地圖，指劃天下大勢，並暢論革命各派勢力有團結之必要，黃接受無異辭。此實「同盟會」成立的先聲，亦即革命成功的關鍵。關於孫黃攜手一幕，我在九一八以前，於上海趙恒惕席上，親聞之楊度；時有章太炎在座，楊決不敢作虛辭；證以章士釗近年所追述，與楊所談者，也一一胳合。他書謂黃興中山最初見面，係由日人宮崎寅藏與平山周之介紹，且謂黃興先往訪中山，均與事實不符。其實中山愛才如命，求賢若渴，凡對社會上已有地位之著名人物，大抵不惜先施，對梁啟超如此，對楊度如此，對黃興也如此。不明瞭中山這種廓達的性格，即對革命所以成功之故，便不能深切理解。

宋教仁知道中山將到日本，卻是得自宮崎（中山從歐洲動身前即有信與宮崎）。

至是中山既與黃興初步談過，六月二十六日（7.28）即由宮崎介紹宋及陳天華與中山約晤於「二十世紀之支那社」。中山問「華興會」在東京有同志多少？情況如何？陳即告以去年在長沙失敗的經過，及目前辦事宗旨。於是中山乃縱談當前大勢，及對革命前途的看法，認聯絡人才，最為重要。他強調說：「中國現在不必憂慮各國瓜分，但怕自己發生內訌。如果這一省要起事，那一省也要起事，彼此不相聯絡，各自號召，終必成秦末二十餘國之爭，元末朱（元璋）陳（友諒）張（士誠）明（玉珍）之亂。此時各國乘而干涉，則中國必亡無疑。故現今之主義，德以互相聯絡為要！……若現今有數十百人者，出而聯絡之，主張之，一切破壞前之建設，破壞後之建設，……均有人分任，一旦發難，立文明之政府，天下事即可從此定矣！」宋陳聽了中山這一席話，認為能見其大，不勝傾服。分手時，中山並約他們兩位後天在赤坂區集會再談。

次日，「華興會」重要分子，會於黃興寓所，商討該會與中山合作問，題，內部意見，頗見分歧：黃主合作，仍保存「華興會」特點；陳天華主完全聯合；劉揆一反對聯合；宋教仁取折衷態度，謂：「既有入會與不入會之別，則當研究將來入會者與不入會者之關係如何。」其他表示意見者尚多，最後乃議定一聽各人自決。

六月二十八日（7.30）在東京赤坂區、檜町、三番地、黑龍會召開大團結籌備會，到會者除中山、克強外，有張繼（溥泉）、陳天華（星台）、宋教仁、馮自由、田桐（梓琴）、程家檉（潤霖）、居正（覺生）、胡毅生、朱少穆、梁慕光、吳春陽、但燾（植之）、時功玖、曹亞伯、馬君武（原名和）、董修武、鄧家彥（孟碩）、汪兆銘（季新、筆名精衛）、張福華、何天炯、康寶忠（心孚）、謝良牧、劉道一（柄生）、黃復生（原名樹中）、蔣尊簋、張樹枏、朱執信（原名大符）、李文範、古應芬（勷勤）、杜之秋、姚粟若及日人宮崎寅藏、內田良平、末永節等七十餘人。中山演說全國革命黨各派有合組新團體之必要，眾無異議，並經眾推中山為會議主席。討論新組織名稱，有主張用「對滿同盟會」者，中山說：革命宗旨不專在排滿，當與廢除專制，創建共和，並行不悖。」乃定名為「中國革命同盟會」。又以本會係祕密組織，不宜明用「革命」兩字，簡稱「中國同盟會」。又確定誓詞為：「驅除韃虜，恢復中華，創立民國，平均地權。」會眾有對「平均地權」懷疑要求取消者，經中山辯難解釋，始大多數通過。次黃興提議簽立誓約，即如議通過，當場實行宣誓。最後推定黃興、馬君武、陳天華、宋教仁、汪兆銘等八人為會章起草員，約於下次開成立會時提出。

七月十三日（8.13），為「同盟會」擴大宣傳多吸收分子計，宋教仁等發動東京留學生在「富士見樓」開歡迎中山大會，會場座位被六、七百人塞滿，後至者尚多，不得入，諠譁甚，經開門放入，站立參加始已。首由宋致歡迎詞（時宋年二十四）眾拍掌大喝采，次中山發表演說，次來賓宮崎寅藏、末永節演說，自午後三時至六時始散會，實為東京留學界前所未有之盛舉。

七月二十日（8.20），「中國同盟會」開成立大會於東京赤坂區，靈南坂，坂本金彌邸。加盟者三百餘人，除甘肅一省因無留學生無人參加，此外本部十七省莫不有「同盟會」會員。

大會進行中，首由黃興宣讀他們八人所起草的章程，經修正通過。照章應設總理一人，黃興提議：「公推孫中山先生為本會總理，不必經選舉手續。」會眾一致舉手贊成。會章大旨採三權分立精神，設執行、評議、司法三部。一、執行部由總理統率，內分庶務、書記、內務、外務、會計、經理六部，由總理指派，而庶務部最為重要；總理因事不在會本部時，並可代行總理職權，其地位實同於協理，結果黃興被任為庶務部長。二、評議部設議員二十人，汪兆銘被選為評議部長。三、司法部設總長、判事、檢事、宋教仁被選任檢事。

最後黃興提議：《二十世紀之支那》雜誌，原為「華興會」刊物，現該雜誌同人，半數已入會，今該社社員，願將該雜誌提供本會，作為機關報，如何？眾皆拍手贊成。但不幸該雜誌第二期，登載〈日本政客之經營中國談〉一文，揭穿日本侵略中國野心，被日政府禁止，故代表「同盟會」的機關報改為《民報》；而《民報》初期仍由黃興宋教仁負責。

四、親赴安東，聯絡東省馬俠，我們細看宋所寫日記《我的歷史》，知道他的求知慾是很強的。他平日只要偶有餘錢，即用以買書。他所涉獵的方面雖然相當廣泛，但重點則在史、地；關於修養類的書，他歡喜王陽明和顏（元）李（塨）；其宗旨要不外經世致用。這本來是我們湖南事業家與學問家的一貫作風宋當然也不例外。

從光緒三十一年（1905）「同盟會」成立以後，中山克強的革命活動乃愈趨積極。關於起義地點，中山心心念念不忘廣東；克強自然也以對兩湖一帶更感興趣；但他自與中山攜手以後，凡中山所決定起義的所在，他也無役不從。唯獨宋，他似乎自始即不以在邊區起義為然，更不贊成沒有全盤佈置而輕於一擲。他所留意的在於籌全局、布遠勢，他覺得非如此，決不足以動搖清廷根本。

自光緒三十二年（1906）丙午萍瀏一役失敗以後，宋知道中山仍在廣東潮惠一帶策動，克強也常在南洋各處奔走，宋本人則頗留意東省「馬俠」的聯絡（「馬俠」或「馬軍」都是當時革命黨人加於東北馬賊或鬍匪的一種美稱）。他認為此著一有結果，即可與中山潮惠的活動相呼應，不難收到南北夾擊之效。但像這樣一次從東京出發前往遼東的海陸旅行，所需要的川資不少；宋平日只靠官費和翻譯工作以維持他的留學生活，這一筆臨時支出，乃不能不另行籌措。經過好幾天的奔走，擬預支留學月費（宋此時以「宋鍊」的名義，在湖南方面領有一筆留學公費），或以月費簿據向銀行抵押貸款，一切無效。幸其時同志白逾桓（楚香）手中略有存款，而且他也願意同行以完成此一工作，宋又向友人借得一小部分，於是川資問題乃得解決。

光緒三十三年（1907）陽曆三月二十三日午後，宋乃與白楚香及熟悉「馬俠」情況的日友古川清氏（大致係日人末永節或宮崎寅藏所介紹）同由東京乘火車出發。由東向西，沿途經過大森、靜岡、名古屋、大阪、廣島等處，於二十五日午前始到達日本本州極西的下關（即馬關，光緒二十一年乙未李鴻章與伊藤，陸奧訂立《馬關和約》處），再由下關坐渡船抵門司。在門司留一天一晚，於二十六日午後改乘大阪商船會社的「咸興丸」，繞行朝鮮南部，逕開安東。沿途遇風，船頗顛簸，二十八日午後，抵仁川，登岸宿一夜。時仁川有日本人近三萬，中國人六千；朝鮮人絕少勢力，僅見若干勞動者往來道上，憔悴之態，且不如中國人遠甚。二十九日午後三時，由仁川啟碇，次日下午二時，乃抵鎮南浦，仍登岸留宿一宵。其地有日本人六千，中國人千餘。三十一日發鎮南浦，四月一日午後二時，始抵達中國境內之安東縣。時安東有日本租界，宋、白、及古川，即住日本旅店大和館，其地曰新市街，日人家屋，鱗次櫛比，宛如日本內地，租界外則仍汙穢不堪。

四月三日宋代古川寫一信與「馬俠」首領李逢春為他們此行的先容，並以同盟會名義（當由宋以孫黃代表署名，原信不詳）寫一信與李及其他首領，表示他們此行的使命。即由旅店主人代雇一人，將信送往李等所屯聚的大孤山。

這封團體名義的信寫得娓娓動人，且使我們略知東省馬賊的起源和概況；而日俄在東省作戰，該地人民不得不投馬軍以自保這一點，則略去不提，也甚為得體。茲將原信錄下，以存此一極有趣味之文件。收信者的對象為李逢春、朱二角、金壽山、王飛山、楊國棟、孟福亭、藍黑牙等，原信云：

某某英雄麾下：聞公等集義遼海之間，以扶弱抑強，抗官濟民為志，敝處前有同人，曾與公等握手，歸來述其事，竊幸同志不孤，欣慰無極。雖然，則有一二為公等告者：馬軍之起，幾三百年矣，推其集義之始，實在明末。蓋以明時盜賊蜂起，政府誅求無厭，民不聊生，於是北方豪傑，乃互相團結，人自為守，禦盜賊，抵抗貪官汙吏以圖身家之安，其本旨固在保全人民，排斥暴政，非若綠林暴客，以劫殺焚掠為事比也。及清兵入關，代主中國，乃益肆為暴虐，屠戮人民，搜括財產，酷法虐政，橫征苛斂，較明季尤甚，於是馬軍團體反抗政府日益力，而北方之相率投馬軍以圖安身者日益多，馬軍與政府，幾成不兩立之勢，相持至於今日，遂有公等之盛，此僕等所為中國幸慶者也。然歷時既久，宗旨漸忘，各部散居，不相統一，欲圖大業，勢不可成；以故黨群雖多，仍與綠林無異；今政府視公等，不過寇盜者流，蓋其心實有所輕視耳。況公等祖宗受政府之殘殺特甚，復仇之心，人所共有，天經地義所不能外，今以有用之人才，而無合一之團體，不圖大舉之方，不知進取之策，此亦可為公等痛惜者矣。或以清廷官軍，精練難禦，不敢輕於發難；不知較量材武，官軍不如馬軍遠甚，特彼之軍隊較多，此之團體殊單，寡不敵眾，故有所忌憚耳。若統集遼河東西黑水南北之義軍，合為一團，共舉大事，豈官軍所能敵者？西渡山海關，則永平不守；南出喜峯口，則北京告危；大舉以為革命之事，莫便於此。僕等向在南方，經營大業，號召徒黨，已不下數十萬眾，欲扶義與師久矣，而山川隔絕，欲為割據之事則易，欲制清廷之死命則難，視公等所處之地，形勢不及遠矣。欲與公等通好，南北交攻，共圖大舉，特遣派某某等躬詣戎幕，商議機宜，其訓練士卒，編制軍隊，皆所諳曉，有足備公等之顧問者。若不嫌微末，而以提倡大義之事互相聯合，則不獨僕等之幸，亦中國四萬萬同胞之幸也。手肅，敬請義安，不宣，某頓首。

這封信自四月三日送出以後，延至八日，前往大孤山送信的人始將李逢春等的覆信帶回安東。李等的態度很好，但說明他們因事不能來安，希望宋等前往會商云云。其時白楚香已往鳳凰城活動，宋乃與古川及古川之友人三好信太郎（大孤山商人）三人，決定啟程與李等見面。我們知道，宋以前是不曾到過東北的，當他住在旅館等待李等回信的這幾天，他乃根據平日素所研究的，細細檢閱「滿洲地圖」，及日人守田利遠所著的「滿洲地誌」，這都可說明宋平日對一問題的了解，富有研究興趣，確是一種了不起的精神。

宋與李等會談以後，他們對同盟會宗旨完全贊同，並願採取一致行動，於是宋等有同盟會遼東支部的組織，以為灌輸主義主持革命的中心機構。原擬俟惠州得手，即同時發動，先佔瀋陽，逼山海關，然後進窺北京。不幸潮州、黃崗、惠州的起義，已先後於是年五六月間完全失敗，而宋、白等在遼東的活動，也為清官方所偵悉，白楚香且因此被捕。於是宋此行所得結果，乃全歸泡影。

五、「間島問題」的著作

所謂「間島」根本就不是一個「島」，實我吉林省東南與朝鮮北境清津、羅津接壤的一片土地。其地在延吉附近，圖們江之北，自清初即未予注意：地廣人稀，漸變荒廢，幾視同中韓間之甌脫。但其土壤肥沃，富有鑛產、林產、人參。韓人有越境開墾者，因名其地曰「墾土」，「間島」可能即「墾土」兩字轉變而來，宋於光緒三十二年五月，曾於日本「商業界」雜誌見有「鴨綠江源之獨立國」一文，據云在十餘年前，即有山東人韓登舉者佔據其地，儼同一獨立王國，清方屢以兵攻之，卒不能克。顧韓亦不願與清方完全決裂，僅保持一以小事大的姿態，約訂年以二十萬金繳納於瀋陽官方，對其他次要與間島鄰近的東北官吏，或亦有所餽贈，所謂「瞞上不瞞下」，以求彼此相安無事。日俄戰後，日本於一九〇七年，已於朝鮮設統監府，實際已夷朝鮮為其保護國。於是日本藉口保護韓國墾民，乃於間島駐兵，並建立警察派出所，儼然根據偽造的既成事實，視間島為己有。清廷雖歷次與日方交涉，我民間亦聲言反對，但日本挾其中日、日俄兩度戰勝之威，也提出若干似是而非的理，使問題終無法解決。宋對日本侵我東北的野心素所了解；對我東北史地也極有研究；光緒三十三年，他又曾親赴遼東，對當地實際情況，更有進一步的認識；目擊日本蠻不講理，因於日本帝國圖書館覓得由朝鮮王室編纂有關間島的書籍數種，加以中日各種資料，均足以切實證明間島確為中國領土。即以此為根據，寫成《間島問題》一書。書成，某日人曾勸宋將版權讓予日本政府，藉此取得一部分革命費用；並力言以此書協助清廷解決難題，實為革命黨人所不應採的態度；其言甚辨。但宋卒予拒絕，而將書稿寄交直隸總督袁世凱。清廷藉以與日本交涉，乃卒得有所挽救。袁曾一度約宋歸國襄助，宋婉卻之；乃經由駐日公使贈宋日金二千元，宋不肯受；固強之，宋即以散之留日學生之困乏者。光緒三十四年，此一「間島問題」的小冊子，曾由上海某書店出版，我曾在長沙定王臺圖書館及見之，可是我當時不知著者「宋鍊」為何許人，更不知此一問題的重要，民元以後，才知道「宋鍊」即教仁的化名，再借出檢閱一次，故印象至今猶存心目。

三、在《民立報》的言論一斑

《民立報》為于右任繼《民呼》、《民吁》兩報後所創辦，宋回國到《民立》擔任寫稿，實自宣統二年（1910）冬開始，我和一群長邑高小的同學合訂上海《民立》、《神州》兩日報，也同在這一時候。其時東京「同盟會」本部因《民報》已於前一年被日政府查禁；中山克強，及汪胡等又同時離日；章太炎、陶成章、譚人鳳等，以中山接受日方旅費未予公開，復大事攻擊；即克強與宋，因其他問題（如國旗問題之類）也微嫌中山專斷而稍有違言；可說明「同盟會」本部實已陷於名存實亡的苦境，而精神異常散漫。

一九一〇年二月（宣統二年正月），黃興、胡漢民、趙聲運動廣州新軍起義失敗（指倪映典一役），同年四月（宣統二年三月），汪精衛、黃復生等七人暗殺團，又以在北京謀刺攝政王載灃被破獲，判永遠監禁；而立憲派的活動則愈趨積極，如各省諮議局及北京資政院即於宣統元二年先後成立，請願開國會之聲更洋洋盈耳。凡此，均足以說明革命派情況的黯淡。于右任等於此時在上海再接再厲，乃有《民立報》的創刊，且得宋擔任撰寫社論短評，聲勢實為之一振，儼然為代《民報》而起的一大宣傳機構。而且日報的作用大於月刊，在國內發行比較在國外發行的影響也大有差別；例如我們這類的小學生（論年齡與求知慾的強烈，至少也不低於今天香港的高中學生）以前的《民報》不容易到手，《民立報》則逐日寄到，其能表現一種活力，自更不待論。

宋在《民立報》所發表的文字，根據他們的革命立場，對清廷內政外交的腐敗與顢頇，自抨擊不遺餘力，可是他仍能以理知出之，既不超越事實而作架空之談，也不願違反學理而發為無根之論。例如當時北京已有資政院，資政院原不是正式的民意機關，可是依據資政院的職權，它確有過問一般財政及預算決算的可能；即舉行內債外債，也有諮詢資政院得其贊助的必要：可是清廷卻一切以專斷出之，視資政院如無物。又如當時尚無國會，最初允許實行憲政須籌備九年，最後讓步，也必須等到宣統五年始能有國會的召集。可是到了宣統三年（1911）三月，清廷已有所謂「新內閣」出現，以貪汙著名的奕劻（慶親王）任內閣總理大臣，以兩個著名的官僚那桐、徐世昌任內閣協理大臣，加上其他的十部，共得國務大臣十有三人，而皇族居其五，其他滿人居其三，蒙古旗人又居其一，而可以迎合滿人意旨的漢人僅居其四，實不足全體國務大臣的三分之一，比較過去六部，每部尚書及左右侍郎共六人，而滿漢各得其半者乃遠不如。名義上廢去了「軍機處」及「會議政務處」，但像這種「新內閣」，既無應對其負責的對象，與「軍機處」究竟有何差別？宋在宣統三年五月於《民立報》發表〈論近日政府之倒行逆施〉一文，對此類偽立憲的事實即痛斥其非驢非馬，實絕非過分。

又宣統三年的春夏之交，反對鐵道國有風潮已大起，宋雖承認鐵道國有不失為政策之一種，但已許民辦而驟予收回，實非其時；大舉外債以供收回之用，而主持及贊助其事者又為載澤、盛宣懷、端方、鄭孝胥一流，乃更非其人；因此，宋斷定「彼輩之所謂收回國有，實不如直截了當謂為收回外有之為愈。」更進一步加以聲色俱厲的痛罵說：「……彼輩實不知鐵道政策為何物，惟以其便於中央集權，且當其事者又可藉以收冥漠中之大利，故不惜犧牲國家大計，國民權利，而拱手以贈之於人，其狼心狗肺，真投諸豺虎亦不食其餘者也！……」像這類激越的言論播諸全國各處，對當時鐵道風潮的擴大，自然是有其絕大的關係的。

清廷既貌似熱心憲政——於是政黨之說也甚囂塵上，且有標新立異聲言以社會主義發動組織社會黨者（如抗戰中參加汪偽組織的江亢虎即其人也），宋在留日期間，即曾對社會主義加以注意，他深知道當時中國知識分子的頭腦真空，而在中國固有思想中，也有一部分原與形形色色的社會主義類似脗合，被妄人不分皂白，隨意攀扯，也大可以貽誤國家，欺騙人民，於是他對社會主義乃不惜加以淺近的解釋。宋於一九一一年八月（宣統三年），在《民立報》發表〈社會主義商榷〉一文，他把社會主義分為四派：一、無政府主義；二、共產主義；三、社會民主主義；四、國家社會主義；而目一、二兩者（即無政府主義與共產主義）為真正的社會主義，三、四兩者（即社會民主主義與國家社會主義）則只能稱為社會政策。

他覺得：要在中國推行真正的社會主義（即無政府與共產），根據當時中國客觀的條件，即政治不足以維持安寧，增進幸福；財產不足以滿足國民生活；國家內外，憂患叢生；人民的精神與物質頹落備至；經濟的生產分配，耗竭凌亂，莫可名狀……要貿然來搞所謂「無政府」或「共產」，其結果一定要弄得全國毫無秩序，亡國滅種之禍因以促成；甚至要求如當前的（指清末）不自由，不平等而不可得！這不正是所謂「畫虎不成反類狗」嗎？（這一段參看吳相湘氏所著的《宋教仁》）我們在今天來看宋對社會主義的分析及其所推測的結果，自然太嫌粗率；可是毛、劉、周、朱這群妄人，在中國搞共產搞了四十年，結果把中國大陸鬧成如今天的悲慘世界，真已接近亡國滅種的邊緣，能說宋先生在五十五年前所憂慮的，不是先知先覺嗎？

以上略述宋對清末內政或內部情況的言論旨趣。

說到外交，宋是一個長期留學日本的學生，了解日本的許多長處，此在他人或對日本可能相當信賴；可是他對日本的認識卻較當時的任何人遠為深刻。宋在一九一一年二月，在《民立報》發表一篇〈東亞最近二十年時局論〉的長文，即曾大聲疾呼的說：「吾中國既往、將來之大敵國，則日本是也！」他的意思是說：西力東侵，雖然對中國為禍甚大，但這只是世界大勢使然，我們還可分別敵友，從容對付；唯獨日本，她卻假借同洲、同種、同文的美名，永遠抱著一個滅亡中國的妄想，天天都在蹈瑕抵隙，使用一切軟軟硬硬的惡劣手段，準備對中國實行攘奪，使人防不勝防。證以甲午前後，以迄我八年抗戰以來以至今日，即令他們仍有一部分人對中華民國敷敷衍衍，或口頭表示感謝在我國勝利以後對他們的寬大，以遮蓋他們一種對我們看不起的心情，可是他們對中華民國的大敵「中國共產黨」，卻不惜花枝招展，隨時派出形形色色的人物，到大陸去向共匪眉來眼去！世局轉變到了今天，日本自身的復興工作到了今天，好像他們永遠不死的野心，又在發酵：他們一面表示衷心願意站在民主陣線的一邊，而且事實上也願意暫時接受美國核子武器的掩護；一面卻不惜向蘇聯勾勾搭搭，期待和平共存。他們在某一觀點上，真可說相當聰明；他們懂得未來世界的糾紛重點，可能由歐洲移到亞洲；而亞洲現有國家可能發揮的潛力，卻以他們為最大；將來代表民主的美國，與代表共產黨的蘇聯，終有一天要對亞洲發生一場爭奪戰，無論最後美勝或蘇勝；或美蘇鬥爭的結果兩敗俱傷；或相持不下，維持均勢；以他們目前所採這種左右逢源既理想又現實的蝙蝠態度，總會少不了他們的一份好處，到那時候可能秉著過去一貫侵略中國的野心，依然要以中國為犧牲，是不難預測的。我們今天回想宋先生五十五年前的遺言，根據日本過去所表現的一切事實，再根據他們目前無法產生一個眼光遠大，抱負恢弘的政治家，能說我這種看法完全是神經過敏嗎？

再說宋在大革命未實現以前，對清末一般外交情況的看法，他卻是非常穩健的：他希望清廷能確保當時列強對我的均勢，不能讓任何一國對這一「均勢之局」加以「動搖」，以求得自身「羽毛的豐滿，然後進而為主動的外交，以與彼等角智鬥力」。他更就當時的情勢申說：

「自今而後，天下形勢必為一變：經濟的侵略派與武力的侵略派，必相為雄長，以共逐中原之鹿。其形勢之分野，則美國為前者之領袖，而英為之輔；日本為後者之領袖，而俄為之輔。不出五年，日英同盟及其他各種協商條約，則盡解散；不出十年，日本與美國則以干戈相見於太平洋之間，而競爭之目的物，則必為遠東問題之中國，而為導火線者，又必為滿洲問題或監督中國財政問題。……」中國有兩句老話：「智謀之士，可以前知」。宋先生在清末的宣統三年，即已看出日美兩國必然為中國問題，有在太平洋的一場大決鬥，儘管在時間上照他所推測的延遲了二十年但就大勢說，他豈不是洞若，觀火？他在當時把中國應採取的外交方針，定為：敵日，討俄，聯美，即在今天，不也還是可供我們有益的參考嗎！

最後，我還要抄錄宋先生在《民立報》的兩條短評，以說明宋寫大文章，固然是獅子搏虎用全力；即寫一二百字的短文，他還是要發揮他的獨到之見，絕對不肯馬虎。

當四川的「保路同志會」發展到達高潮的時候，宋寫了一篇〈四川之歷史〉，其言曰：

「嗚呼！四川之歷史，豈不燦然有光也哉！

「太古時為蜀山氏，立國最久，史稱有望帝杜宇是也。

「周時為巴蜀二國。

「周之亡也，劉季王巴蜀漢中，乃定三秦，誅項楚，而成帝業。

「新室解紐，公孫述稱成帝於蜀者十餘年。

「東漢季世，劉焉父子為益州牧，劉備繼之，遂延漢祚，而與吳魏為鼎足之勢。

「五胡雲擾，李雄以一氏兒而割據於益州，傳國數世。

「五代之間，王建、孟知祥先後為皇帝於兩川，足繼玄德之盛。

「胡元之衰也，明玉珍保有巴中，略具規模。

「明季張獻忠，以流賊竄入川中，雖無王者氣象，然亦稱一時之雄。噫嘻！美哉國乎，其亦不負川人也已！」

試想，假定當時「保路同志會」的領袖們，能讀到他這篇短評，還能夠不熱血沸騰嗎？又，川路風潮擴大，端方奉川路督辦之命入川，他路過武漢，並向瑞澂調去湖北新軍一部，其意在以武力鎮壓川人，可是走到資州，即為同志會所阻，不能前進，卒為帶去湖北新軍中的革命分子所殺！宋在他奉命的時候，便在《民立報》發表一段標題〈端方〉的短評，其言曰：

「端方者，盛宣懷之替死鬼也。

「盛以端久官湘鄂，欲借以鎮攝人心，以達其送路借款取回扣之目的；而端則以懷才莫展，賦閒不耐，遂亦欲利用此機會，以大放其餓虎饑鷹之伎倆。故鐵路督辦之命下，而端欣然就道也。

「雖然，吾聞湘鄂人聞『格殺勿論』之嚴諭，而欲致死於政府也久；又以為射人必先射馬，故皆指目於端焉。」

其斷言端方必死於這一幕，真是一位了不起的預言家。我們今天更從何處能讀到這一類的報紙文字呢？

四、「黃花崗」一役失敗與宋的決心

辛亥三月二十九黃花崗一役，自然是革命史上最悲壯的一幕，但細檢當時失敗的經過，則仍從基本組織及臨時籌備方面，暴露了種種弱點：

一、這次行動，本來是「同盟會」成立以來規模最大的一次。先是宣統二年正月，廣州有倪映典運動新軍起義的失敗；同年三月，汪精衛、黃復生，黎仲實、喻培倫、陳璧君、方君瑛、曾醒組七人暗殺團謀刺清攝政王載灃，又告失手，結果汪、黃被判永遠監禁。經此再度打擊，黨人悲憤之餘，不無氣餒，於是同年十月，中山乃有檳榔嶼會議的召集，結果決定大舉籌款，派黃興、胡漢民、趙聲在香港設統籌部，選敢死同志為「選鋒」，分作十隊（人數原定五百人，後增加至八百餘人），以首先攻下廣州為目標。但遭遇種種困難，到發難的前一晚（二十八），僅勉強湊足黃興、陳炯明、姚雨平、胡毅生所分別統率的四隊；等到第二天午後（二十九）出發前，陳、姚、胡三隊均未出現，僅剩下黃興所率攻打廣州總督衙門的一隊，人數不過百餘，這本來是「知其不可為而為之」，其失敗固已前定。

二、他們這次在南洋一帶，大規模籌款，兩廣總督張鳴岐及水師提督李準，原已警覺黨人又將起事；及黨方派黨員馮憶漢謀刺李準，其人色厲內荏，屢次領款花去，而終於不敢執行；再加上李準派偵探陳鏡波其人，冒充革命黨混進黨內，黨方未能察覺，且委以運輸軍械重任，結果經陳向李準告密，致槍支百餘桿，子彈若干均被沒收，因而武器更感不足；又霹靂華僑溫生才，以馮憶漢刺李未成，乃自告奮勇，事前不與統籌部接洽，（蓋溫並未入黨）即輕於一擊，結果所殺者僅廣州將軍孚琦，而李準依然無恙。凡此種種，乃使得張鳴岐、李準確知黨人發難地點仍為廣州，於是他們不動聲色，調兵遣將，作好周密的準備，靜待黨人集中，作一網打盡之計；這些都是慘敗最主要的原因。

三、這次因規模大，人數多，購械運械不容易，運到日期更參差不齊，因而不得不將起義日期一改再改，對一鼓作氣的人心，影響甚大。又趙聲所部「選鋒」多外省人，在廣州因言語不通，容易為官方所識破，臨時又遣送一部回港，人數乃因而大減。再黃興曾於本年二月，遣其子一歐及湖南同志陳方度、柳聘農、胡國樑考入廣州「巡警教練所」，其目的在一面聯絡同志，一面熟悉廣東方言及廣州街道，以便在起義時由他們偕同學員，著制服，在街頭以合法身分作掩護。該所共有學員四百餘人，長槍兩百桿，學員每人均配有手槍。總一歐等一月餘的運動，原已佈置妥當，只等黨人來攻，卻可響應，但三月二十九這一天，「巡警教練所」原由陳炯明率領的一隊擔任進攻，而陳臨時不動，以致這樣有力的一著，也完全歸於無用（這件事參看黃一歐所記〈回憶先君克強先生〉一文）。像這類的事，也與這次失敗有密切的關係。

宋教仁對黃花崗一役，黃克強以宋與胡漢民平日意見不甚一致，最初本來沒有約他。稍後宋與譚人鳳由上海到了香港，克強乃請宋在統籌部草擬各種起義後備用文件（據說後來鄂軍都督府的編制，即根據宋此時所草擬用於廣州者為藍本）。港方得知廣州發難確定時間，宋乃隨漢民趙聲等一同前往，但趕到時已為三月三十日清晨，事已失敗，且城門未開，仍在搜捕黨人，不得已宋隨漢民等返回香港。等到四月初二，趙聲、克強也先後脫險歸來。克強攻廣州總督衙門失去兩指，入醫院養傷，並擬於傷癒後，個人與李準一拚；趙聲則悲憤無聊，借酒以抒其鬱抑，患盲腸炎遲割不治，於四月十九日身死（年三十二）；漢民事敗灰心，也杜門謝客。教仁及譚人鳳留港月餘，求與統籌部黃、胡、趙三人一熟商善後的辦法，卒不可得。宋眼見黨事零落至此，深慮從此一蹶不振，乃投袂奮起，偕人鳳赴上海，與陳其美等結合，而有「同盟會中部總會」的發起，此實革命精神再接再厲的表現，亦即武昌大革命成功的前奏。

宋教仁希望在中國中部設一革命發難的重點，其醞釀實在黃花崗一役以前。他總覺得由南部邊區起義，以當時的交通情況，宣傳報導的不靈活，決不足以動搖清廷的根本；即能從南部組織堂堂正正的革命軍，逐漸向北推進，革命戰爭也必然曠日持久，可能引起國際的破壞與干涉；予清廷以充裕的時間，它也可能厚儲實力，構成頑強的抵抗。他看見當時的檳榔嶼會議決定設統籌部於香港，仍以廣州為奪取的第一對象，他便知道他的主張一時尚無法實現，他自己也只好前赴香港，擔任一部分他可能擔任亂工作。等到三月二十九一役又繼已往若干次邊區起義而召致一次更大的慘敗，他力求實現他自己的主張的心理乃更加強；及求面見黃、胡、趙諸人而不可得，他更忍無可忍，便只好離港北上，把他自己的主張訴諸各方面的同志，以求貫徹。這是由於當時的情勢迫不得已，決不是抱有什麼不平心理，而要去獨樹一幟。他到上海以後，一面仍在為《民立報》撰文，一面則深思熟慮，向同志們提出三策，他認定：「上策為中央革命，聯絡北方軍隊，以東三省為後援（他內心未忘東北的馬俠），一舉而佔北京，然後號令全國，如葡土已事，此策之最善者也。中策在長江流域各省，同時大舉，設立政府，然後北伐，此策之次者也。下策在邊隅之地，設祕密機關於外國領地，進據邊隅以為根據，然後徐圖進取，其地則或東三省，或雲南、或兩廣，此策之又次者也。」（原文見徐天復，即《民立報》記者血兒所撰〈宋先生傳略〉）。

當時一部同志認為上策運動稍難，下策則已行之而屢敗，故多主張採用中策。大凡建大策者，提出原則不難，難在具體規劃使其策不流於空洞。教仁看見他所建議者已有不少同志表示接受，他乃就中策提出實行的方略；他說：「湖北居中國之中，宜首唱義，然武昌為四戰之地，糧餉不濟，故一俟湖北舉事，當令湘蜀同時響應，以解上游之圍，而為鄂中後援。……京漢路為南北交通孔道，敵軍易於運輸，故……不宜以武漢為戰爭區域，以防牽動租界，啟外人干涉。當於武昌舉義以後，即派兵駐守武勝關，使敵兵不得南下，以保武漢之安寧；一面令秦晉繼起，出兵斷京漢路，以分敵勢。又湖北既動，萬一下流阻塞，將使運輸不利，故又宜於長江下游同時於南京舉事，並即封閉長江海口，使敵方海軍艦隊孤立，而因利乘便以取之。」（原文同見上）。以武昌為起義地點，而又多方考慮，運用其地形勢之所長，而避免其所短，實為此一計劃富有實行性的精神所在。

五、「同盟會中部總會」成立及其活動

「中國同盟會中部總會」正式成立於是年閏六月初六（一九一一年七月三十一日），其開會地點為上海湖州會館（此運用陳其美的關係）。到會同志共三十三人，當即通過宣言，總會章程，總務會暫行章程、分會章程，並選舉譚、宋、及陳其美、楊譜笙、潘祖彝任總務會幹

事，宋復被推分掌總務會文事部，管理參謀、立案、編輯及其他一切事務，隱然為全會中心。宣言托名為譚人鳳所手草，但我細按文字，似仍出宋氏手筆，惟以譚在同盟會為年事較長之一人（時宋年甫三十），而宣言對往負責諸人，批評頗為尖銳，托名為譚，或意在避免反感。其全文如下：

「現政府之不足以救國，除中國喪心病狂之憲政黨外，販夫牧豎，皆能洞知，何況憂時之志士？故自同盟會提倡種族主義以來，革命之思想，統政界、學界、軍界、以及工商界，皆大有人在。顧思想如是之發達，人才如是之眾多，而勢力猶然孱弱，不能戰勝政府者，其故何哉？有共同之宗旨，而無共同之計劃，有切實之人才，而無切實之組織也。如章太炎、陶成章、劉光漢等，已入黨者也，或主分離，或主攻擊，或為客犬（指劉光漢夫婦為端方所收買），非無共同之計劃以致之乎？而外此之入主出奴，與夫分援樹黨，各抱野心，更不知凡幾耳。如徐錫麟、溫生才、熊成基等，未入黨者也，「死安慶，一死廣州，一死東三省，非無切實之組織有以致之乎？而前此之朝秦暮楚，與乎輕舉妄動拋棄生命者，更不知凡幾耳。前之缺點，病不合，推其弊，必將釀歷史之紛爭；後之缺點，病不通，推其弊，必致歎黨員之寥落。後一缺點則不自今日摧殘過半人才始：前精衛陷北京，南洋保皇報曾載之曰：「跳來跳去，只此數人」。嗚呼，有此二病，不從根本上解決，惟挾金錢主義，臨時召集烏合之眾，雜於黨中，冀僥倖以成事，豈可必之數哉？此吾黨義師，所以屢起蹶屢，而至演最後之慘劇也。同人等激發成死者之義烈，各有奮心，留港月餘，冀與主事諸公婉商善後補救之策；乃一則以氣鬱身死（指趙聲），一則以事敗灰心，一則以燕處深居（分指胡漢民與黃興）。不能謀一面，於是群鳥獸散，滿腔熱血，悉付之汪洋泡影中矣！雖然，黨事者，黨人之公責任也，有倚賴性，無責任心，何以對死友於地下？返滬諸同志，迫於情之不能自己，於是有「同盟會中部總會」之組織。定名同盟會中部總會者，奉東京總部為主體，認南部分會為友邦，而以中部別之，名義上自可無衝突也。總機關設於上海，取交通便利，可以聯絡各省，統籌辦法也。各省設分配，總攬人才，分擔責任，庶無顧此失彼之虞也。機關取會議制，救偏僻，防專制也。總理暫不虛設（此層最使中山難堪），留以待賢豪，收物望，有大人物出，當適如其分，不致鄙夷不屑也。舉義必由總部召集，各分會得提議，不懷抱野心，輕於發難，培元氣，養實力也。總部對於各團體相繫相維，一秉信義，而籠絡誘騙之手段，不得施也。各團體對於總部同心同德，共造時機，而省縣感情之故見，不可現也。組織之內容大概如是，海內同志，其以為不謬，首表同情贊助歟？黨人幸甚，中國幸甚。宋教仁、陳其美、徐潛、鄧道藩、關詠南、陳勒生、史家麟、王譪盧、張仁謚、潘祖彝、林琛、李洽、梁鏊、李光德、倪韓漢、范光啟、姚志強、楊兆岑、呂志伊、江鏡濤、胡朝陽、章梓、張卓身、周日宣、曾傑、沈琨、譚人鳳、譚毅君、陳道。」

自總會成立以後，即著手各種佈置：首由譚人鳳赴鄂，令居正使湖北「共進會」與「文學社」聯合，立湖北分會；派曾傑，焦達峯立湖南分會；鄭贊丞、章木良立南京分會；范鴻仙立安徽分會；適吳永珊（吳玉章，四川榮縣）張懋隆由日本回川，道經上海，即令其在川立分會，運動軍隊，與長江下游聯絡；陝西井勿幕在秦聯絡軍隊亦著大效，乃令其計劃合為一氣，與南方相呼應，且立陝西分會。武昌首義距中部總會成立僅兩月有餘，湖北獨立以後，湖南、陝西實首先響應；武漢一趨緊急，上海、南京即先後入革命軍之手；與此類佈置均有密切關係。

宋譚等雖積極活動，但宣言發出以後，各地同志的反應怎樣呢？就大體說，不是如何熱烈，可是也沒有人公開反對，蓋事實有此需要，實莫可如何也。惟宣言中有責備南方統籌部黃、胡等的一段，克強對他們此舉雖衷心贊成，但對他自己不與同志見面一點卻不能不有所解釋，在中部總會成立後兩月餘，克強始有一信寄上海說：「中部總會列公大鑒：奉讀手札，欣悉列公熱心毅力，竟能於橫流之日，組織幹部，力圖進取，欽佩何極！邇者蜀中風雲激發，人心益憤，得公等規劃一切，長江上下自可貫通一氣。更能力爭武漢，老謀深算，雖諸葛復生，不能易也，光復之基，即肇於此，何慶如之！弟自三月廣州敗後，自維才德薄弱，不足以激發眾人，以致臨時多畏懼退縮，徒傷英銳之同志，負國負友，弟百死不贖！自念惟有躬自狙擊此次最為敵之虜賊（指李準、張鳴岐），以酬死事諸君，庶於心始安。故自四月初二出港，即專意於復仇之計劃；雖石公（指譚人鳳，譚字石屏）等極力阻止，弟未稍動，即至七月終未嘗與一友通隻字。其所以斷絕交通如此之孤行者，冀有以解脫一切糾纏，以促其進行之速。弟雖明知背馳，負罪公等，亦所不計，想匹夫之諒，君子當能見原也。……」（《黃克強先生書翰墨蹟》頁一七七，七九）

爭長江必力爭武漢，咸同時代曾胡諸人看得最清楚，太平天國對此也絕未放鬆，因而雙方對武漢三得三失，最後為胡林翼所掌握，太平天國的敗局已定。這一點宋教仁克強也見之甚明，克強也知教仁最深，所謂雖諸葛復生不能易，絕非漫作恭維語。曾胡與黃宋儘管立場不同，但黃之「拙誠」與宋之「明智」，與曾胡乃大相類似，此論近代湖南人才者所不可不知也。

指揮機關成立，起義地點確定，各地方佈署甚妥，人心日趨振奮，環境更於行動有利，武漢同志的團結更為堅強，於是中國歷史最光輝的一頁，便已呼之欲出了！

六、武昌革命成功的基本原因

宋等策動以長江中部的武昌為發動大革命的地點，其計劃自然是非常扼要而且是相當周密的；可是一經點火，乃居然迅速達到成功，則不完全繫於計劃的本身，而當時客觀的形勢，確有助於他們這一計劃的實現。所謂當時客觀的形勢，我們應從三方面加以觀察：

一、屬於革命黨本身之健全者：自從「同盟會」於光緒三十一年（1905）成立以後，以迄辛亥大革命的爆發，為時已歷六年，這六年中，黨人的多次起義，無不遭受失敗，尤其以宣統二年二月，汪精衛等在北京謀刺攝政王被捕判刑；次年三月，黃花崗一役死重要同志最多；普遍給予全國黨人以莫大刺激。追溯得更遠一點，則光緒三十二年丙午萍瀏一役的失敗。則不僅牽涉長江流域的黨人最廣，而且對會黨與軍隊內發生了很大的影響。凡此，都足以激動革命組織一種再接再厲的精神，而使得他們的行動逐漸趨於深刻而穩練。就中武漢方面的革命組織，如「科學補習所」，在黃、宋等策動之下，於「同盟會」成立前一年即已產生，後來演變復演變，而有「日知會」、「公益社」、「群治學社」、「振武學社」，以迄最後的「文學社」及「共進會」種種名目，吸收同志的範圍有廣狹，基本分子也小有變動，而宗旨則前後完全一致。他們有最特殊的一要點，即他們物色同志以就地取材多收兩湖分子為主，而又以重要同志滲透到新軍裡面以士兵身分去領導組織、訓練最為得力。我們說武昌起義所以能以新軍為主力，而當時官方的主要人物如瑞澂、張彪之流，一見態熊的革命火頭延燒，即驚惶失措，無法應付，而卒不能不出於一逃，這實在是由於這種形勢的高壓使然，並不是他們事前漫無警覺或毫無準備。

後來中山先生在《孫文學說》第八章〈有志竟成〉裡面追述武昌革命成功的原因說：「……按武昌之成功，乃成於意外，其主因則在瑞澂一逃；倘瑞澂不逃，則張彪斷不走，而彼之統馭必不失，秩序必不亂也。以當時武昌之新軍，其贊成革命者大部分，已由端方調往四川，其尚留武昌者，只砲兵及工程營之小部分耳，其留武昌之新軍，尚屬毫無成見者也。乃此小部分以機關破壞而自危，決冒險以圖功，成敗在所不計，初不意一擊而中也。此殆天心助漢而亡胡者歟？……」

中山這一記載僅有一部分合於事實，但不足以說明武昌革命成功的真象，蓋中山雖亦未嘗不注意武漢（如光緒三十二年五月派遣法武官歐吉羅（Captain Ozel）赴湖北視察軍事之類），可是他卻從來不曾考慮過武昌可作為革命起義的地點，蓋中山所著重起義的區域，始終不出東南沿海及西南邊區一帶。光緒二十年他偕陸皓東北上向李鴻章上書，歸途曾在武漢及長江一帶觀察形勢，但印象未必甚深。到「同盟會」後期，則中山不僅無法在日本居留，即南洋一帶也不能立足，他的行蹤大致以往來於歐美為主，對國內黨人在各地活動情況，自不免相當隔膜，他這段追述武昌革命的話，當係得自同志的轉告，其語焉不詳，自在意中。

其實武漢革命分子的組織，自光緒二十九年冬「科學補習所」成立以迄辛亥八月十九的前夕，其經過的時間實為八年，他們在初期的對手，實為過去撲滅革命最有辦法的張之洞。可是他們雖屢經挫敗，但組織僅有名稱的改變，而精神則始終一貫；他們有不少的重要分子，一直到革命爆發，還被囚獄中；甚至如胡瑛雖在監獄，依然能策劃革命，指揮同志。其所以能做到如此，原因也不難明白：一、他們的分子以兩湖為主，言語無隔閡，感情易於融洽，這與外省人士臨時集合到廣州參加革命者顯有不同。二、他們對革命所不能缺少的軍械，新軍本來就有，而革命一經發動，更不難就漢陽兵工廠及楚旺臺軍械局奪取，無假外求，因而因購械多費金錢，運械容易破獲的事實，可謂絕無僅有。三、武漢三鎮範圍廣大，情況複雜，交通雖然方便，外地人則不容易摸得清楚，本省人地形熟悉，動則易於呼應，一有敗徵則可從容疏散，且有漢口各國租界可資掩護，更難根本加以撲滅，凡此均最足以鼓起黨人勇氣。四、本地人原有生活根據，參加革命工作者，除少許活動費用以外，旅費與生活費均可節省，此與從海外赴廣州等地參加革命者也大有分別。五、他們在新軍中的同志組織，「係以二十人為一排，合五排為一隊，有排長隊長以管理之，平時以感情團結，互相救助，使其愛若兄弟，非他人所能間隔，成一最有集合力之機體……。」（見黃興辛亥八月十四日給馮自由信，黃則得自居正及其代表呂志伊所報告也。）這是任何地方運動軍隊從事革命沒有這種先例的。六、我對武昌革命的重要分子居正見過多次，其人的態度適於實行革命，且容易取得同志的信任，似無可疑；當時有名的「三武」，孫武我見過，雖不深知，但其人也似攬革命的好手；張振武、蔣翊武在革命發動時均甚積極，其人如何，則我不能說；譚人鳳隨時出入漢武，黃花崗一役以前，他奉香港統籌部命，曾攜小款到武漢接洽，與當地同志有多方面接觸，其人年事已高，而奔走甚勤，自然使一般同志感動（我僅在長沙聽過他一次演說）；至於黃克強與宋教仁，黃曾在兩湖書院讀書三年，宋曾住武昌文普通學堂，且曾參加「科學補習所」；黃在光緒二十九，曾從日本攜帶數千份革命宣傳品向武昌軍隊和學校散播，且曾多次演說，他們為當地同志所歸心，自屬當然。革命爆發後，克強先生在漢口漢陽指揮那樣雜湊的軍隊，與馮國璋所統北洋最精銳的部隊苦撐一月，以靜待各省的響應，儘管他是敗了，但假如換上別人，能不能同樣取得當地軍隊與人民的合作，豈不大有疑問？

二、屬於清政府之顢頇者：宣統三年，那拉氏和光緒帝才死去不久，代起執政者，為一少不更事而異常平庸的載灃。他眼見革命風潮愈趨激烈，而所謂憲政籌備者，更頭緒紛繁而非他所熟練，為了維護他們的大權不致傍落，於是重滿排漢的心理乃變成牢不可破。奕劻是一個以貪汙著名的老朽，但就清室的皇族來說，他卻又是一個經驗豐富而見過多少風浪的「老前輩」。載灃本人既然中無所有，在一個風雨飄搖青黃不接的時候，驟然改由他來掌舵，乃不能不繼續倚仗奕劻這位號稱熟悉航線的老舵師。在慈禧未死以前，奕劻本來一直是軍機首班，等到宣統三年春根據新頒的內閣官制設立新內閣，奕劻仍以首任的內閣總理大臣出現。再加上以載澤長度支（皇族，光緒帝的聯襟，慈祕的內姪女婿），耆擅長民政，載洵長海軍，溥倫長農工商，於是皇族盤踞於內閣的乃得五人，更益以那桐任內閣協理，蔭昌長陸軍，紹昌長法部，因而全內閣十三個國務大臣，滿人實居其八，如果把一個長理藩的蒙古人壽耆也歸入滿人一類，漢族乃僅得四人，於是所謂新內閣者，乃成為一面倒的滿族內閣而兼「皇族內閣」。這件事不僅革命派的宋教仁在上海《民立報》斥為「倒行逆施」，以新內閣出現作為實施憲政的第一步，即憲政派也不能不大感失望，武昌革命一經爆發，革命立憲兩派即告合流，此實最主要的原因之一。

再加上，像這樣一個不得人心的內閣，卻又要大舉外債以實行他們的所謂鐵道國有政策；誠然，假如有一個像樣子的中央政府，要把全國的鐵道幹線收歸國家去辦，原也不失為可行的政策之一；可是以一個貪汙有名的盛宣懷長郵傳，而奕劻、載澤、載濤（時統禁衛軍，軍諮大臣）、載洵、溥倫、毓朗（時亦為軍諮大臣）這一群老的小的皇族，又大抵只知要錢以供揮霍，誰信他們借到的外債果能涓滴歸公拿來去辦鐵道呢？又加上，所謂國有政策的著手，即從粵漢、川漢兩線開始，原是早已准許商辦的，集股已有成數，有的且已動工，外人既因債權而要干涉路政，這在人民看來，名為國有，實際乃不啻從人民手中奪來而送給外人，這教川粵和兩湖的老百姓如何能夠甘心呢？川漢粵漢這兩線，涉及四川、廣東、湖北、湖南四省，這四省人民都是不好惹的，他們的政治意識也比較北方人發達，因此國有政策一經宣佈，這四省的人民便群起反對。假定當時的清政府不固執己見，而採取比較和緩的辦法以求轉旋，也未必無挽救的餘地。載澤盛宣懷之徒卻故示強硬，其眼中只見金錢而不見人民；贊助國有政策的端方、鄭孝胥等，更只顧自己做官的方便，而將民意一筆抹煞；看見風潮已經起來，他們竟不恤以「格殺勿論」對人民大施恫嚇，而端方且奉命帶兵入川。其時以四川鬧得最凶，其他三省也開會，斷指寫血書（如湖南的粟戡時），派代表力爭。宋教仁在本年五月，即已在上海《民立報》就這一問題發言，我在本篇上文第三節已經提到。在宋的本意，原在擴大此次風潮以與他準備發動的革命相配合，但他的措辭卻非純任感情，他認為世界各國的鐵道政策，原有英美民有與德日國有的不同，各有其利害得失，不可一概而論，惟何時國有何時民有的先後，及以何種財源作為將鐵道收歸國有之用，則大可斟酌。清廷這次向英、美、德、法四國借債六千萬元，作為收回川漢粵漢兩路的專款，卻將鐵道的會計監督權、用人權、購料權、管理權、建築權、續借債款權，一一斷送，卻大大不可。這不是為當時爭路的代表們提供了一種有力的理論嗎？

是年六月，湖北旅省紳士，集會於涵三宮，詹大悲、密昌墀、張伯烈等演說，甚為激昂。諮議局議長湯化龍對大悲說：「明達如君，不應反對鐵路國有。」詹答：「國有固當，清有則否！」他更為文發表於《大江報》；題曰：「大亂者，救中國之藥石也！」詹大悲、何海鳴即因此被捕入獄，同時《大江報》也被封。

七月，川保路同志會知道清廷已命端方舉兵入川，乃如火上澆油，因於七月十五公舉代表見川督趙爾豐，要求阻端入蜀；爾豐初許代奏，繼又翻悔，並將代表保路會會長鄧孝可，股東會會長顏楷，諮議局議長蒲殿俊及紳士張瀾、羅綸、胡嶸、江山乘、葉秉誠、王銘新九人拘押署中，人民到署哀求釋放，不許，且由趙督下令開槍，斃七人，傷無數，於是全國譁然，風潮愈益擴大。

凡此，均足說明清廷及地方官吏的顢頇，實為促成革命爆發與成功的重要因素。

三、屬於湖北當地情況者：湖北原來不是一個很富裕的省份，但胡林翼曾用之以擊敗「太平天國」；張之洞是後期從事洋務運動的一個主要人物，他在湖北創辦新事業甚多，尤其有名的，如漢陽的「湖北槍砲廠」（一八八九光緒十五）「湖北煉鐵廠」（一八九〇光緒十六），武昌的「湖北織布廠」（同上），大冶「鐵山鋪鐵礦」（一八九一光緒十七），同一地點的「王三石煤鐵」（年代同上），江夏縣「馬鞍山煤鑛」（年代同上），築成大冶至長江南岸的鐵道（一八九二光緒十八），在武昌創辦的「自強學堂」（一八九三光緒十九），在武昌開辦的「湖北紡紗局」、「湖北繅絲局」、「湖北製麻局」（一八九四光緒二十）等等，實不勝枚舉。至於創辦各級學堂，以及派遣學生赴東西洋留學，也以張這個時代做得最多。清末規定全國練新軍三十六鎮，除袁世凱成立北洋六鎮以外，張在湖北也練成了一鎮一混成協。儘管張辦的事業有健全有不健全，但增加了人民的就業機會，工人接受了新的技術訓練，使得他們的經濟生活漸趨活潑，則係事實。辦學校，練新軍，也把人民的知識提高，因而他們乃能關心政治，而容易接受革命的宣傳。清末籌備立憲，頗側重中央集權，尤其怕地方的督撫如北洋的袁世凱，湖廣的張之洞形成尾大不掉，乃於光緒三十三年的七月，將他們兩人調往北京任軍機大臣，名雖陞遷，實則奪其實權。辛亥革命以前，張去湖北不久，一切規模尚在，革命軍在武昌首義，不僅利用了湖北的新軍，同時也利用了湖北的財政。武昌光復以後，革命軍即嚴密點檢當時省城存貯的款項，計藩庫實存現銀一百二十餘萬兩；銅幣局存銀元七十萬元，銀八十萬兩，銅元四十萬串；官錢局存銅元二百萬串，官票八百萬張，未蓋印官票二千萬張，銀元票二百四十萬張，現銀二十萬兩，銀元三十萬枚，以藩庫、銅幣局、官錢局三處合計，總數不下四千萬元左右。軍興萬端待理，頭緒紛繁，不獨響應各地希望接濟，舊有軍隊及新成立各軍，也非餉莫辦，在在須錢應付。有此四千萬元可供調用，實軍心、民心趨於穩定之一大原因（參看曹亞伯著《武昌革命真史》。此種情況，實為當時獨立各省之所無。宋教仁手訂以武昌為革命首義的地點，原沒有涉想到湖北還有這樣豐富的財源，革命一旦實現，乃真得諸意外，清廷雖欲將這一革命火頭加以撲滅，也就無可能了。

綜合上舉三點：一、湖北當地革命黨人的組織健全，二、清政府魯莽滅裂使人心盡失，三、湖北當地確有相當的經濟基礎，均為辛亥革命成功主因，而瑞澂與張彪的臨時一逃，至多也不過是助因而已。我們以廣州辛亥三月的起義與武昌八月的起義相比較，難道我們可以說張鳴岐，李準便特別勇敢，瑞澂、張彪便特別怯懦嗎？形勢比人強，實莫可如何也。

此外還有兩點也附帶值得一提：

一、革命軍對當時漢口的領事團應付得宜，能使他們不久即宣告中立而承認革命軍為交戰團體，此層與中山先生早年對法國的聯絡有關，宋教仁也早注意必須避免外人干涉。

二、強迫黎元洪出來負名義上的領導責任，這不僅使得武漢三鎮的人心安定，也確實與瑞澂、張彪等以莫大打擊，當革命最初爆發，瑞澂僅逃上兵船，還沒有離開武漢，一經聽到黎元洪已經出來，他才知道大勢已去，不能不坐兵船逃到上海去了。

七、清民交替之際

從宣統三年辛亥八月十九（一九一一年十月十日）武昌首義，迄同年十二月二十五日（中華民國元年，一九一二年二月十二日），清太后隆裕率清帝溥儀下詔宣告退位，為時凡四個月零兩天，這一短短的時期，便是我這裡所說的「清民交替」的這一時期。

時間儘管是這樣短，但從其前後在各方面所表現的事實卻非常複雜。這些事實的內幕，因史料的發見不夠充分，而已發見者，又有若干矛盾衝突之點，因此，我們在今天要寫出一部五十餘年的《中華民國史》固不可能；即寫一部辛亥前後的《中華民國開國史》，也不見得能做到翔實可靠。無已，我們惟有儘可能的就若干大事，或若干重要人物，搜集資料，逐步整理，然後某一時期的歷史真象，才能看出一個輪廓。就清民交替之際前後的政情來說，如果我們以宋教仁作為一個目標，從環繞於他的許多事實加以體會，則當時的種種景象，便不難得到相當的理解。

當「同盟會」成立之初，宋不過是一個二十四歲的青年，學問的底子不深；但人甚聰明，能從多方面吸收常識；能說，能寫，表現力頗強；而且有一種湖南人的傳統性格；說得好，可以說「勇於負責」；說得不好，乃近於自以為是，歡喜包辦把持，而不大容易接受別人的意見。中國幹政治活動的人，往往把人的關係看得太重（也包含多少的省界成分），事的關係看得很輕；自己可以坐下來不幹，別人幹了，甚至幹得很好，乃又不勝其嫉妒，動輒以不好的動機測人，於是種種人事的糾紛因之而起，而國事乃敗壞於冥冥。黃克強與宋，提挈「華興會」分子與中山合作，革命局勢，因而展開，宋自始即非常活躍，可是黃和他在青年期所受的教育，與中山原有不同，因之看事論事，便不免發生若干歧見。中山自幼即受外國教育，研究科學，涉獵外文書籍；克強在出國以前，本來只是一個讀中國書的秀才，教仁在國內求學的經過也大抵如此。自革命運動始以迄民初，中山及其同志之間，顯然有一個教育不同的因素，因而中山所提出的主張，往往不容易為他的同志所了解，或者只能做到貌從心違，一直到民國七年中山倡「知難行易」之說，也還是針對這一毛病出發，固不獨黃、宋在革命過程中對中山的態度如此也。我在這裡不妨提出下面幾個例子：

一、當「同盟會」創建的時候，中山所提出民族、民權、民生三大主義，為一般同志所比較了解的，只有「民族」一義，而大家所理解的民族，也僅僅與「排滿」異名同實，與中山對民族主義的全盤說法仍相差很遠。關於「民權」一義，當時一般同志能了解到何等程度，也甚難言之。至於「民生」，則一部分同志對中山所訂十六字宗旨中的「平均地權」，便根本不能理解，而主張把它取銷，經中山在發起會中多方解釋，始勉強通過。可是勉強也僅僅只是勉強，等到焦達峰、劉公、孫武等（他們已加入「同盟會」）另創「共進會」，他們便將「平均地權」四字改為「平均人權」，雖然改得不通，但他們說當時國內下層社會對這一主張不容易懂得，卻似乎也是事實。入民國後，在國民黨秉政時期，對土改並未著手，一直到退到臺灣以後才付諸實行，成效乃甚為顯著，這也可證明中山所說的「知難行易」確實是不錯的。

二、在日本出版的《二十世紀之支那》月刊，原來是「華興會」創辦的，「同盟會」成立，乃由克強提議，即以該誌作為代表「同盟會」的機關刊物。不幸第二期登出一篇為日本人所不滿的文章，即被禁止發行，才改用《民報》的名義。因其本來屬於「華興會」，因此《民報》發行之初，仍由克強擔任經理，克強因另有任務離開日本，《民報》經理乃改由宋教仁代理。克強因事認中山鄰於專斷，曾一度欲退出「同盟會」；宋也決然將《民報》職務辭去，雖經中山慰留卒未能挽回（其詳見宋著《我之歷史》）。經此一幕以後，克強對「同盟會」的實際活動雖依然無役不從，宋則偏重自修，對團體行動乃少所過問。光緒三十三年他赴東北聯絡馬俠，後來寫成「間島問題」一書寄交袁世凱作為與日本交涉的張本，大抵都是基於個人的興趣，與「同盟會」並不相干。宣統二年宋回上海參加《民立報》，僅僅是由於于右任的邀約和宋與于的私人友誼；即右任先後創刊《民呼》、《民吁》、《民立》各日報，也只是于的自動，並不是奉有「同盟會」的命令。

三、宣統三年辛亥三月黃花崗一役，本來是「同盟會」傾全力一次孤注式的決鬥。克強以宋與胡漢民相處甚不融洽，原沒約他前往參加，但宋卒由上海自動前去加入，乃由克強命他擔任一份草擬文件的工作，並沒有把他編入戰鬥序列；可是他於三月三十日清晨卻依然趕到了廣州，眼見這一幕徹底失敗，他和譚人鳳等在留港期間，便前往訪問黃、胡、趙三位負責者商量善後。可是除趙已病故以外，黃、胡南位均避不見面。宋、譚等於失望之餘，乃走上海與陳其美等三十三人有「同盟會中部總會」的發起，並發出宣言，徵求各地同志的同意。宣言原文已見上文第五節，不僅對黃、胡大有責難，即對中山也毫不客氣。加上根據宋所言方略，革命又居然在武昌一舉而告成功，此實後來宋在同志中召尤召忌最主要的原因之一。

四、武昌十月十日起義以後，中山於十二月二十一日始到香港，時胡漢民已任廣東都督，即偕朱執信、廖仲凱赴港歡迎，與中山見面後，曾經過一整天的詳細商討，以決定此時中山應採的行動。漢民略謂：「清廷人心已盡去，惟尚有北洋數鎮兵力未打破，故得延其殘喘。袁世凱實叵測，持兩端，但所恃亦祇此數萬兵力。此種勢力未掃除，則革命無由徹底。若先生一至滬、寧，眾情所屬，必被推戴。政府當設南京，而兵無可用，何以直搗黃龍？何如留粵，就粵各軍整理，可立得精兵數萬，鼓行而前，始有勝算。若鶩虛聲，且貽後悔。」中山則稱：「以形勢論，滬、寧在前方，不以身當其衝，而退就粵中，以修戰備，此為避難就易，四方同志正引領屬望，至此其謂我何？

我恃人心，敵恃兵力，既如所云，何故不善用所長，而用我所短？鄂既稍萌歧趨，寧復有內部之糾紛，以之委敵，所謂「趙舉而秦強」，形勢益失，我然後舉兵以圖恢復，豈云得計？謂袁世凱不可信，誠然；但我因而利用之，使推翻二百六十餘年貴族專制之滿洲，則賢於用兵十萬。縱其欲繼滿洲以為惡，而其基礎已遠不如，覆之自易，故今日可先成一圓滿之段落。我若不至滬、寧，則此一切對內對外大計主持，決非他人所能任。」（見《胡漢民自傳》，此據《國父年譜初稿》所轉載。頁286-287）

這可看出要利用袁世凱以推翻滿清，使革命告一段落，這一大方針，確係中山所定。自他就任臨時大總統以後，即本著這一方針，逐步對袁妥協，一直做到把政權交付與袁。但從漢民和中山這兩段談話，可看出他們兩人都特別注意袁在當時所擁有的兵力，而中山則同時強調「人心」。其實袁在清民交替之際，他是當時一切舊勢力的一個總代表，這裡所謂一切舊勢力，包括滿清仍可掙扎的殘餘力量，舊官僚，舊政客，舊軍人，乃至清末所新興實際與革命派對立的憲政分子，以及對革命並無認識而臨時附和革命散佈在全國各地的若干人士，此外也還有全國不曾受過教育，只有舊觀念又戀戀於舊習慣的無數人民！像這樣一個龐大無比的舊勢力，真不知比較袁所掌握的幾鎮北洋軍隊的力量要大到多少倍！當時的革命黨固可運用一般傾向革命的「人心」，袁世凱又何嘗不可運用普及全國由舊勢力所構成的另一種「人心」呢？中山既決心要利用袁世凱使革命告一段落，誠然不能說是「徹底」；就照漢民等的說法，把中山留在廣州，練成精兵十萬，然後大舉北伐，把袁的幾鎮兵力一舉摧毀，只要舊勢力依然存在，難道就算是「徹底」嗎？而且，如果中山接受漢民等的意見，真的就坐在廣州練兵，而不立即把滿廷推倒，則大可把袁造成一位權臣，或一個偽裝的曾國藩，同時，長江一帶的革命軍既可能發生內訌，袁對北方已獨立的省分，也並非無力量無方法加以鎮壓或收買，何況他還可能取得國際支援擴大他的兵力，即令廣州的革命軍能練好，又果然能出師北伐，而其時人民對革命的熱情已經冷卻，究竟有何把握可必操勝算？對當時局勢加以這樣的一番分析，便可看出中山用袁以先倒滿清的主張，確實比較漢民等的「徹底論」要穩健得多啊！我們也必須有這一種認識，然後對宋教仁在民國元、二年的種種活動，才能得出一個平情的論斷，而不致流於武斷。

五、中山一到上海，即被同志所擁戴，臨時政府因而成立。所憑藉以組織這一臨時政府的，即當時各省都督府和諮議局代表所組成的一個代表會議在漢口英租界順昌洋行所草就的二十一條《中華民國臨時政府組織大綱》（起草者為馬君武、王正廷、雷奮）。這一大綱的內容，確實過於簡略：一、大總統外無副總統；二、行政部硬性規定五部（外交、內務、財政、軍務、交通）毫無活用餘地；三、究竟應為總統制抑應為國務員負責的內閣制，也大可斟酌。於是雲南代表呂志伊，湖北代表居正，湖南代表宋教仁，乃正式提出修正案主張加以修改（當然為宋所主動）。即中山、克強也認為確有修改必要。上舉三代表的修正案如下：

（一）大綱的原第一條臨時總統之下，加副總統，改為「臨時大總統副總統由各省代表選舉之，代表投票權每省以一票為限。」

（二）原第五條改為「臨時大總統制定官制官規，並任免文武職員，但任免國務各員，須得參議院之同意」（按《臨時政府組織大綱》有參議院的設置）。這樣修改即對部長人數不加限制的意思。

（三）原第十七條全刪，行政各部改為國務各員，另擬第十七條為：「國務各員執行政務，臨時大總統發布法律及有關政務之命令，須副署之」。這一修改即改總統制為內閣制的意思。

這一條修正案的提出，當然以宋教仁的意見為最多，改總統制為內閣制，也以宋主張最力，於是對宋不滿的代表們乃大造謠言，說宋希望自為總理。加上以內閣制加孫先生以束縛，使他在這一非常時期，不能放手做事以打開僵局，即中山也極不贊成。不過中山卻承認宋對首義的佈署功不可沒，而其人又確實非常能幹，所以這一修正雖未被採用，但中山對國務員的人選，卻仍提宋長內務，卒以多數代表對宋不滿未能通過，不得已才改任原提長交通的程德全長內務，以原提長教育的湯壽潛改長交通，另提一蔡元培長教育。這可看出宋在政治上遭受第一次的打擊，乃並非出自外人，而卻是出身同盟會的同志。甚至一個對科學甚有修養的馬君武，也誤會宋袒袁對他動武，把宋的眼鏡也打落在地上！反之，在臨時政府成立以前，章太炎一度赴寧，卻目宋為「江左夷吾」；憲政派的首領梁啟超，在宋被刺身死以後，為文悼之，乃目宋為「最有政治家風度；」張季直（謇）以聯輓宋，則譽宋為來君叔（歙），而認定宋死以後，再求一個調停南北的魯仲連已不可得。從這些故事，我們可以看出，一涉及實際政治，其是非乃甚難言之。

六、宋之不見諒於同志，不僅在他生前，即在他死後若干年，仍有後進同志對他加以嚴格的非難，而實際乃更遠於事實。戴傳賢在他所著的〈孫文主義之哲學基礎〉一文，認宋為「革命黨的第一個罪人」，列舉他的罪狀共有三點：

（一）「……實際上負黨務重要責任的宋遯初，就是一個不明白「民生主義」的人。把先生的「三民主義」連名稱都從政綱中剔除了去。當時宋遯初的政治活動，第一個工作，就是排去「革命同盟會」的革命性，「把革命同盟會」改作「同盟會」，忘記了革命的真義是在實際的改造；這個影響，足使當時全國國民，政治的認識都完全錯誤，直到現在才漸漸地覺悟轉來。」

（二）「第二個工作，就是排除了「三民主義」的名實，僅僅採用「民生政策」一句不明不白的話，來騙一般青年同志，避免青年同志的反對。」

（三）第三個工作，就是「用丟了革命性和主義的一群政治勢力集團為基礎，去與反革命的官僚妥協，以圖在短期內掌握政權。」根據這三點，戴最後乃說：「公平的批判起來，革命黨的第一個罪人，實在是桃園漁父。」

就第一點來說，據一般公私記載，當「同盟會」成立之初，其所以把「革命」兩字略去簡稱「同盟會」，完全是為一般同志回國後活動的方便，此外不含其他作用，這有當時的紀錄可查。後來大家把「同盟會」這一名稱用久了，成了習慣，只要一提「同盟會」三字，便無人不知是指三十一年所成立的這一革命大團體而言，實在也沒有什麼不方便。在「同盟會」成立的時候，戴傳賢才有十六歲，從成都初到日本，不僅與「同盟會」毫無關係，而且還沒有人知道世有「戴天仇」其人，在創立「同盟會」時候的討論過程，他當然更不知道，經過了二十年的時間（按戴寫〈三民主義之哲學基礎〉一文，在民國十四年五月），他乃把這筆賬完全寫在宋頭上，作為一種罪狀，真莫名其妙！

就第二點說，「同盟會」由祕密團體改為公開的政黨，當時召集同志討論，係由中山回國後在上海親自主持。所規定政綱九條，其第三條即為「採用國家社會政策」，但宗旨仍標明：「鞏固中華民國，實行民生主義」，當時原還沒有把「民族」、「民權」、「民生」聯繫成為一整個的名詞。民元八月、由「同盟會」聯合各小黨改為「國民黨」，確是由宋主持，為便於各小黨參加，僅標明五大政治綱領：（一）促進政治統一，（二）發展地方自治，（三）促進種族同化，（四）注重民生政策，（五）維持國際和平。這五條的文字雖然簡單，但卻把民族、民權、民生三點全盤顧到；其所以不曾標出「三民主義」，實在是因為當時還沒有把這三種主義聯結成為一整個名詞之故。其第四條標明「注重民生政策」，可以說比中山自己主持討論的「同盟會」九條政綱中的第三條「採用國家社會政策」，還要來得明確一些。可是戴卻要說他「排除了『三民主義』的名實，僅僅採用民生政策一句不明不白的話，來騙一般青年同志」，作為宋的罪狀之一，又從何說起？

就第三點說，我在上文已經說過，要利用袁世凱推翻清室使革命告一段落，這是辛亥中山歸國路過香港時與胡漢民、廖仲凱、朱執信等經過整天討論所定下的一大方針，而且最適合當時的需要。不過既要與袁世凱暫時妥協，袁為一切舊勢力的總代表，與袁妥協，即無異與舊勢力妥協。宋組織國民黨容納一部官僚，這正是釜底抽薪。削弱袁世凱，並非加強袁世凱，與中山所言的大方針只有補益，並不違背。但戴卻要說：「用丟了革命性和主義的一群政治勢力集團為基礎，去與反革命的官僚妥協，以圖在短期內掌握政權。」老實說：組織政黨，就是要掌握政權，不掌握政權，又組黨幹嗎？而且我細檢當時國民黨任理事、參議、備補參議的這份名單，也還是以「同盟會」舊人佔多數，他又何嘗丟了這一原有的基礎呢？不過以當時曾任廣東都督及臨時大總統秘書長的胡漢民，也僅列名備補參議，自然談不到資望太淺的戴天仇就是了。如果說這就是「罪人」，為戴天仇個人的「罪人」則誠有之，說他是革命黨的「罪人」卻正未必。

八、宋以死殉其主張

民國元年，孫中山以臨時大總統讓給袁世凱，這是當時事實造成的一個結果。儘管袁信誓旦旦，曾向南京的參議會通電表示：「……深願竭其能力，發揚共和之精神，滌蕩專制之瑕穢。」可是自中山以次，在革命派一方面，卻無人能信袁確能實踐其諾言。宋教仁雖贊成以總統的虛名讓袁，但他卻認定政治的實權，仍非由革命派掌握不可。

自元年四月袁在北京就職臨時大總統以後，迄次年三月二十宋在上海被刺，在這將近一年的時間，發揮靈活的手腕以與袁作殊死決鬥的，宋實為第一人。

宋所恃以與袁決鬥的工具有三：一、由參議會在南京制定的一部五十六條的「中華民國臨時約法」。這部約法所採用的為內閣制，其目的本來就是用以對付袁世凱的。二、在二年四月八日國會開幕以前，宋已憑藉一個已經公開的「同盟會」，結合「統一共和黨」、「國民共進會」、「國民公黨」以及「共和實進會」，改組為一黨員遍及全國的「國民黨」。國會選舉的結果，「國民黨」在眾議院擁有議員二百六十九席，參議院一百二十三席，合計為三百九十二席；一個次要的「共和黨」，兩院合計不過一百七十五席，（即次年五月由「共和」、「統一」、「民主」三黨改組為「進步黨」也不過二百二十席餘。）實遠非國民黨之敵。三、在宋想來，根據約法，袁既不能反對內閣制，國民黨在國會既擁有絕對多數的議席，則由國民黨員出而組閣，由他自任總理，實已水到渠成。

當「國民黨」改組完成，宋本來於民二春初即用黨的名義草了一篇該黨準備實施的大政方針，全文凡數千言，茲節錄其要點如下，即不難窺見宋對政治主張的全面抱負。

甲、對於「政體」的主張，其子目五：

一、主張單一國制（即不主張聯邦國制。）

二、主張責任內閣制（即主張總統不負責任，由內閣代總統對議會負責任。）

三、主張省行政長官由民選制以進於委任制（此為應付辛亥各省獨立後的實際情況而採用的臨時辦法，為貫徹他主張的單一國制，自仍以委任制為歸宿。）

四、主張省為自治團體，有列舉立法權（絕對實行中央集權的單一國制，因中國的省區太大，而各省的教育文化程度不齊，風俗、習慣、語言，乃至人民的氣質也有差別，實行硬性的單一國制，再加上高度的中央集權，不僅任何人當國非獨裁不可，即政黨政治也無從實現，因此，宋草此一大政方針時，乃特別提出這一點以濟單一國制之窮。他並列舉六項事業應劃歸地方自治行政範圍以內：①地方財政；②地方實業；③地方交通業；④地方工程；⑤地方學校；⑥慈善公益事業；但不能與中央立法相抵觸而已。）

五、主張國務總理由眾議院推出（此為英國所推行的一種制度，英憲為不成文法，原無此種明文規定，但英皇所任命之內閣總理大臣，例為下院多數黨首領，實不啻由下院推出。日本現行制度，殆從英制模仿而來。）

右五目為屬於政體性質者。

乙、對於「政策」的主張，其子目十：

一、主張整理軍政（宋認定當時的世界情況，軍備亟須擴張，但擴張須從整理入手，他列舉了五項具體的辦法：1.劃分軍區，即於行政區域以外，劃分全國為數大軍區，獨立處理軍事，使軍民分治易於實行。2.統一軍制，即按一定的編制，俾軍制歸於統一。3.裁汰冗兵，即主張汰弱留強，為擴張軍備的基礎。4.興辦軍事教育，即主張培養新的將校人才，亦為擴張軍備的要著。5.擴充兵工廠，即使軍械多而且精，以應擴張軍備的需要。）

二、主張劃分中央地方的行政（宋認定劃分中央與地方的行政的要義有：1.中央行政消極的多，地方行政積極的多；2.中央行政對外的多，地方行政對內　多；3.中央行政政務的多，地方行政業務的多。基此，他乃具體的把中央和地方的行政大致的劃分如下：①中央行政，由中央直接行之，其重要者：曰軍政，曰國家財政；曰外交；曰司法行政；曰重要產業行政（礦政、漁政、路政、墾地）；曰國際商政；曰國營實業；

曰國營工程；曰國立學校；曰國際商政（移民、通商、航政）。②地方行政，分兩種：一曰官治行政；一曰自治行政。官治行政，以中央法令委任地方行之，其重要者曰民政（警察、衛生、宗教、禮俗、戶口、田土行政）；曰產業行政；曰教育行政。自治行政，由地方自行立法，其重要者曰地方財政：曰地方實業；曰地方交通業；曰地方工程；曰地方學校；曰慈善事業；曰公益事業）。

三、主張整理財政（宋認中國財政，紛如亂絲，亟應加以徹底整理，他列舉了具體辦法七項：1.勵行會計制度。2.統一國庫。3.設立中央銀行，集中紙幣發行權，地方銀行不得發行紙幣。4.整理公債，應劃分中央公債與地方公債，分別負責，利息過重者應換借之。5.劃定國費地方費，按國家行政與地方行政之劃分，地方自治經費為地方費，餘者皆為國費，屬於中央，統一於國庫。6.劃分國稅地方稅，即依國費與地方費為事實上之劃定，增新稅裁舊稅（如厘金），一以有利無害為前提。7.改良幣制，行虛金本位，宋認要徹底改革幣制，自應以實行金本位制為原則，但中國金少銀多，驟改金本位，大宗廢銀無可消納，必蒙鉅大損失，莫若先採虛金本位，制定一定之價格，以為國際匯兌，國中以銀幣為國幣，仍以逐漸達到能行金本位為目標。）

四、主張整理行政（宋認應首先著手整理者，共有五條：1.劃分中央與地方官之權限。2.汰冗員。3.併閑署。4.勵行官吏登庸考試，反對由私人汲引。5.實行懲戒官吏失職。）

五、主張開發產業（宋認定就當時情況說，應首先進行者凡有六項：1.舉辦國有山林。2.治水。3.放墾荒地。4.振興鑛業，於此，他特別著重保護一點。5.獎勵仿造洋貨工業，其時雖已有萌芽，但尚未普遍，以致洋貨充斥，利權外溢。6.獎勵輸出品商業。）

六、主張振興民政（宋所列舉者凡五項：1.整理警察。2.勵行衛生。3.釐正禮俗。4.調查戶口。5.勵行地方自治，最後一點，包括尤為廣泛。）

七、主張興辦國有交通業（除完全商辦者外，宋特舉五項應由國家興辦：1.急辦國有鐵道，這可看出清末革命黨人參與反對鐵道國有，完全只是為革命的一種方便，即宋在當時上海的《民立報》也反對甚力，但宋決非在原則上反對全國鐵道幹線應由國家辦理者。2.整理電信。3.擴充郵政。4.興辦海外航業，此為發展國際貿易的一要著。5.整理鐵路會計，當時中國鐵路會計，弊端叢生，故宋主張鐵路會計獨立，並興辦交通銀行，民初吳鼎昌著有一小冊子，對此也主張甚力。）

八、主張振興教育（宋於此僅列舉：1.法政教育。2.工商教育。3.中學教育。4.中小學師範教育。5.女子教育，共為五項。這只是針對當時情況的一種主張，誠所謂「卑之無甚高論」。民元蔡元培任教育部長，他所主張的教育宗旨，則有「軍國民教育」、「實利主義」、「公民道德」、「世界觀」、「美育」五種，這係就教育的內容與精神說，固自不同。「五四」以後，當時發展這一運動的人，除提倡民主（即所謂德先生）以外，更強調科學（即所謂賽先生），可以說要言不煩。可是當時一種世界性的文藝，雖已經隨著「五四」的潮流興起，但除蔡先生特別強調美育以外，真正懂得文學、藝術、音樂等重要性的人還不太多，一直到近年才漸漸有所表現。加上留美學生的人數逐年增加，我們的科學造詣，也漸漸趕上了世界水準。據本月六日臺北電，政府已決定從明年秋季開始，將原有六年義務教育改為九年，孔子說得好：「既富矣，又何加焉？曰教之。」這真可以夠得上說是國家百年大計了。）

九、主張統一司法（方法計分三項：1.劃一司法制度，規定實行四級制，其未設裁判所地方，即須增設。2.養成法官律師，蓋普設裁判所，則當時所有之法官律師，人數不夠，非加速養成不可。3.改良監獄，這是國家文野的一大區別，蓋國家對犯法者，僅能剝奪其一時期的自由，決不能剝奪其生命，過去監獄的腐敗黑暗，確使人難於生存，非普遍加以改良不可。）

十、主張運用外交（宋過去在《民立報》發表外交意見，主張聯美，而以日俄為假想敵，現在為一大政黨發表外交方針，當然不能說得十分露骨，他僅能原則的提出兩點：1.聯絡素日親厚之與國，實際即指聯美而言，當然也可能包括其他可聯的國家：其素日不與我親厚者，自然應歸入與國共同對付之列。2.維持列國對我素持之主義，意即指列強在中國維持均勢，如美國所主張的「門戶開放，機會均等，領土保全」之類。宋意在國本未固的當時，不宜輕言對外，必如此，我始能從事國內建設，以待自身實力的增長，這可看出宋對外交的主張確是非常穩健的。）

上舉十點，在現代一個文明國家，固然都是家常便飯，即在宋寫此大政方針的十四年以前，凡維新派康梁向清帝載湉所建議者，亦何嘗不應有盡有？但宋有一明白認識：即不由革命派自起執政，而期待於舊有官僚，則一切皆成幻想。這便是宋要把「同盟會」改組為一大政黨，並堅持責任內閣制以與袁世凱週旋的由來，也就是袁必然殺宋的主要動機所在。

其時以資望論，可與袁爭衡者，除宋以外，還有孫、黃、黎三人，但中山自南京組臨時政府以後，眼見一般同志把他所劃分軍政、訓政、憲政三期以完成革命的主張，早已置諸腦後，大家所斤斤考慮者，乃如何確定一部憲法，即一蹴而進入憲政時期，他早已意冷心灰，即有不問政治而專心從事社會事業的打算，尤其為他所熱心期待實現者，更在運用外資完成一全國性的鐵道網，以開發中國的產業。克強對袁不能信任，尤其在張振武一案發生以後，即滯留上海，不願與中山一同北上晤袁，但中山意在以誠意感袁，仍如期於元年八月前往，中山為袁向克強多方解釋，並認袁處境甚難，而心實無他，因而克強卒於元年九月偕陳其美繼續與袁見面。其時袁對孫黃優禮有加，孫黃對袁也極盡敷衍週旋的能事。在某次宴會，孫先生即席演說，希望袁作總統十年，練精兵百萬，彼自身則願完成二十萬里鐵道，以助袁成功。黃先生以一忠厚長者的姿態與袁接談，並表示希望袁加入國民黨，結果袁入黨雖未實現，但趙內閣各員除海陸兩總長及一另有黨籍的范源濂與袁氏的私人周學熙未肯加入以外，其他則均取得國民黨黨籍，而趙內閣乃居然有國民黨內閣之稱。原來陸徵祥繼唐紹儀組閣，以遭受參議院打擊，陸內閣雖勉強組成，陸本人則始終稱病不出，由內務總長趙秉鈞代理。孫黃北上以後，袁虛偽表示，希望黃或宋教仁出任總理，黃宋婉謝，袁又提出沈秉堃，沈雖掛名國民黨參議，但關係不深，經孫、黃、宋協商結果，覺得與其由沈出而取得一政黨內閣的空名，不如即讓趙秉鈞組閣，使袁滿意反而於國會選舉有益，蓋宋此時已抱定以國會多數黨首領出而組織正式責任內閣的決心，此一短命的臨時內閣，固彼不屑為也。

趙內閣出現，袁與孫黃間的猜忌更告解除，其結果乃有所謂「孫黃袁黎協定之八大政策」發表（黎係徵得同意），南北空氣一時歸於融洽，孫黃也安然南返，宋則於此空隙，回湘省親。以同志敦促，於民二春初在武漢滬寧等處作國會競選演說，抨擊政府施政失當，此雖民主國家野黨監督政府的常態，但趙秉鈞以次各官僚則內不自安。國會選舉揭曉，國民黨更於兩院議席均佔絕對多數，而黃宋將擁黎出任正式總統之說，復甚囂塵上，宋即將北來組織責任內閣，自然更不在話下。當宋初赴北京時，袁曾賄宋以金錢而宋不受，政治主張又與袁無妥協餘地，因而袁與宋乃完全立於敵對地位。於是由洪述祖造意迎合袁趙，並由洪勾結上海流氓應桂馨（即應夔丞，寧波人），又由應購得兇手武士英（又名吳福銘，山西平陽人），於是乃有三月二十日晚宋教仁在上海滬寧車站被刺一幕出現。宋於二十四日午後在滬寧鐵路醫院身死，年僅三十有二。武應兩兇先後被捕，並於應宅搜獲洪述祖與應密函密電及密電碼本多件，經檢校結果，乃知袁、趙、洪、應、武均為此案正兇，實已鐵案如山，於是輿論大譁，中山主立即對袁討伐，克強知武力非袁之敵，則主法律解決。袁自知無可抵賴，即積極準備，等到二千五百萬鎊大借款到手，乃正式與國民黨攤牌：首先將江西都督李烈鈞免職，次及粵督胡漢民，次皖督柏文蔚，而袁軍已逐漸向南方推進，於是有贛寧一役的二次革命發生。武力非袁之敵，克強知之甚明，故二次革命不及兩月（七月至九月），即全部潰敗。於是孫黃兩先生率其一部分重要同志，再度向日本亡命，中山更有「中華革命黨」的組織，以黃及若干老同志不能贊同，克強且遠赴美國，其裂痕迄民五袁死歸國，始勉告恢復，而克強亦於是年在上海嘔血逝世。袁世凱以公民團包圍國會取得正式總統，乃將國會解散，國民黨在國內有形的勢力已掃土無餘，袁以天下莫予毒，乃於民國三四年之間，積極進行帝制。綜合言之，可以說宋案為袁氏背叛民國的開始，做終身總統不夠，還非做皇帝不可，實為斷送其政治生命的當然結果。所謂宋案的五個兇手，除袁羞憤而死以外，武士英於被捕不久，即於獄中被人毒斃。應桂馨則居然越獄潛逃，二次革命後，北上向袁要索，被袁遣人將其暗殺於津浦車中。趙秉鈞以應死向袁發出不平之鳴，又為袁所毒斃。洪述祖初逃青島，民六五月，潛至上海，乃被宋教仁之子將其扭送捕房，卒於民八三月在北京被處絞刑。於是宋案五兇，乃無一能得善終，所謂「天網恢恢，疏而不漏」者，其信然耶？

默察宋教仁之一生，其人自非絕無弱點：年事太淺，入世不深，對舊人物的估價太低，其一；鋒芒太露，易招人忌，其二；以為一部約法，一個國會的多數黨，即可制袁的死命，不免書生之見，其三；政治欲望太強，望治的心理太切，至不惜以身為殉，尚不與焉。凡此，與戴季陶所以責宋者，均毫不相干也。

清末改革運動的四大領袖——康、梁、孫、黃

清末的改革運動，分維新與革命兩派，主維新者以康有為、梁啟超為代表；主革命者以孫中山與黃興為代表。

在這四位先生中，以康的年齡最長（1858-1927），孫次之（1866-1925），梁又次之（1873-1929），黃最晚（1874-1916）。

康、孫、梁三位都出生於廣東，黃則湖南，近代中國的改革運動，以廣東湖南兩省人最為活躍，與其領導者殆有必然的關係。

康生於一個世代讀書與服官的家庭，故康自其少年時即習舉業，繼其父受業於朱次琦，講學、成進士。他有《自編年譜》敘述其求學經過甚詳，他在四十一歲以前，在一般守舊者的眼中，乃是一位離經叛道的新人物，曾受到多數人的非難與反對。自戊戌維新一幕失敗以後，他下半生的三十年歲月，乃完全趨於保守。儘管他曾留下一部富有新啟示的《大同書》；在他的亡命生涯中也曾漫遊各國，積累新見聞不少；但他的本質是保守的。他相信：中國必須要有一

個皇帝，一經革命，必至變亂相尋無已時。因此，他晚年乃不惜勾結軍閥，結納清室遺老，而卒有民六復辟的一幕。他的最後十年，在一般新少年的眼中，乃又變成了一個頑舊不堪的落伍分子，卒以七十高齡，鬱鬱死於青島。儘管康的維新運動是失敗的，但他在當時，究不失為一風雲人物。且因戊戌而引出庚子拳變一大反動，乃十足證明清室必亡，即不啻為革命派鋪平了道路，相輔相成，功未可沒也。

中山先生生於廣東香山的農村，家庭狀況，與康相反。童年雖曾就讀私塾，但對他影響甚微。十四歲，隨母遠赴檀島，乃兄德彰（眉），送其入英美教會學校攻讀，歷兩校，共四年。學英語，接觸初步科學，始聞基督教義，習於海外僑胞社會生活，此一新環境與新刺激，對他後來的成就，作用自然很大。

十八歲，中山先生自檀返粵。十九至二十歲之間，繼續讀書於香港拔萃與皇仁兩校，無特殊情況可記，不過海外四年教會教育的延續而已。但他在二十歲這一年（光緒十一年），接受了基督教洗禮；結了婚；又鑒於中法爭奪安南一役，清廷屈辱求和，暗蓄傾覆清廷之志。

光緒十一年冬第二度去檀，次年三月返國，入廣州博濟醫院附設醫校。十三年正月，轉入香港西醫書院，迄十八年（1892）六月畢業，蓋至是孫先生所受嚴格的科學訓練者，凡歷六年有半。西醫書院自開辦以迄停止招生，先後共收學生一百二十八人，畢業者五十一人，在歷屆畢業生中，其各科成績差可與孫先生比者，中國人僅陳觀聖，外國人僅一 George Thomas

Harold。陳觀聖一八九九年畢業，其各科考試成績，得有九個H，（H代表Honours）榮譽名次第二；H. Thomas一九一二年畢業，得有十個H，榮春名次第三；孫先生一八九二年畢業，也得有十個H，但榮譽名次第一。世人僅知孫先生以第一名畢業於西醫書院，不知此所謂第一云者，不但應指他本人畢業這一屆而言，實應說明自有西醫書院以來的五十二名畢業生中，他也是第一人啊。（參看羅香林著《國父之大學時代》）

在博濟醫院一期，他所結納與革命最有關係的朋友為鄭士良（弼臣，廣東歸善），鄭與廣東三合會有聯，是為孫先生與祕密社會發生關係之始。在西醫書院一期，他所納交而始終參與革命行動者則有陳少白（原名白，廣東新會）。

孫先生二十七歲畢業以後，先後在澳門及廣州行醫及開設西藥局歷一年有餘，雖業務頗忙，仍結納同志探討革命方略不倦，在這一期接受他革命宣傳而卒以身殉二十一年廣州第一次革命者，有陸皓東與程奎光。

在孫先生二十九歲的時候，他寫過一篇〈上李鴻章書〉，長約八千字，在清末一切談改革談洋務的文字中，就我涉獵所及，以孫先生這封上李書為第一。孫先生平日發表一篇有關的文字，必出原稿請他的朋友批評或代為斟酌，（此事我另有考證，見香港出版的《現代雜誌》第一卷第十期），即以這封上李書而論，便是經過陳少白、鄭觀應、王韜代為斟酌過的。陳是孫先生的同志，好朋友；鄭是他的小同鄉（廣東香山）「盛世危言」的著者；王韜江蘇長洲人，與太平天國有過一度關係，著作更多，為中國談洋務最早的老輩。而且鄭、王兩位，都是略通外國語文，親自到外國去考察過的，所以孫先生才向他們請教。這種地方，可看出孫先生的態度謙虛，文不苟作，都是最值得我們效法的。

孫先生到天津去準備見李鴻章、王韜還寫了一封介紹信給李的幕友羅豐祿，請羅為孫先生先容。可是不幸得很，其時是光緒二十年甲午的五月，正值中日戰爭爆發的前夕，李鴻章焦灼忙迫萬狀，確係事實；因此，他不僅沒有與孫先生見面，便是孫先生這封近萬言的長信，他是否細心看過，大概也成問題。像孫先生這樣一個有抱負有主張的青年，既花了許多時間，寫了一封信，又不遠數千里跑去，願見見這位「李中堂」，可見李在孫先生的心目中，尚不失為一勉強可談的人物，不料李竟以這樣的態度出之，「白鷗沒浩蕩，萬里誰能馴」，卒以此加強孫先生的革命決心，加速清室的滅亡，以李鴻章的立場來說，他這種不能弘獎人才的傲慢，乃是最不可原諒的。曾國藩在軍中，往往歡喜與他的幕友們聊天，有時且恢諧百出，或者長篇大套的討論學術（這一點以趙烈文《能靜居日記》記載得最為親切），與一個有關係的朋友討論時局或軍事，雖在百忙中，也不惜親筆寫幾千字的長信。這種地方，可看出李鴻章之為人，實不及曾遠甚。寫到這裡，我忽然想起梁實秋先生在最近印行的《文學因緣》裡〈憶新月〉一篇中的一段文字：「《新月》雜誌在文化思想以及爭取民主自由方面也出了一點力。最初是胡適之先生寫了一篇〈知難行亦不易〉，一篇〈新文化運動與國民黨〉。這兩篇文章，我們現在看來，大致是平實的，至少在態度方面是『善意的批評』，在文字方面也是溫和的。可是那時候有一股凌厲的政風，不知什麼人撰了『黨外無黨，黨內無派』的口號，只許信仰，不許批評。胡先生說：『上帝都可以批評，為什麼不可以批評一個人？』所以雖然他的許多朋友如丁縠音、熊克武、但懋辛都力勸他不可發表這些文章，並且進一步要當時作編輯的我來臨時把稿逕行抽出，胡先生還是堅決要發表。發表之後，果然有了反響。我們感到切膚之痛的是《新月》被郵局扣留不得外寄，這一措施延長到相當久的時候才撤銷。胡先生寫信給胡展堂先生抗議，所得的回答是：「奉胡委員諭：擬請臺端於○月○日來京，到……一談。特此奉陳，即希查照。此致胡適之先生。胡委員秘書處謹啟。」這一封信，我們都看到了，都覺得這封信氣派很大，相當嚇人。胡先生沒有去，可是此後也沒有繼續發表這一類的文字，這兩篇文章也不見於現行遠東版《胡適文存》中。

這種地方，也可以說明胡展堂儘管是孫先生的一有力助手，但他仍缺少孫先生汪汪的風度。展堂〈憶組菴〉詩，有「太傅冲和未易師」之句，他大概也還有自知之明的。

孫先生的生平，有三個年代最可注意：

一、光緒十一年（1885），他立志推翻滿清，他的年齡為二十歲。

二、光緒二十一年（1895），他與「興中會」同志在廣州第一次實行革命，他的年齡為三十歲。

三、光緒三十一年（1905）他以「興中會」結合「華興會」、「光復會」而成為一「中國革命同盟會」，他的年齡為四十歲。

每隔十年，孫先生的革命事業始得邁進一步，這可以說明革命過程是何等的艱難；宜乎孫先生在「同盟會」未成立以前，他不敢希望革命能及他之身便會成就。

維新派首領康有為於光緒十四年（1888）第一次向光緒帝上書；過十年，光緒二十四年（1898），乃有戊戌維新的曇花一現；再過十年，光緒三十四年（1908），光緒帝在不明不白中，先慈禧太后一天死去，康的維新事業，便已完全絕望；也是每隔十年而自成一個段落。中國舊日寫歷史的人，每於許多重要年代交代不大清楚，研究歷史的人，也每苦年代難於記憶；實際如果我們把古今中外的第一等大事選擇三兩百件；代表這些大事的人物，也選擇三兩百個；按照時代的先後列成一表，而略略明白其承先啟後的相互關係，則一部人類的歷史，豈不便可得到一個簡單扼要的輪廓？

話稍說遠了，請再進入本題：

推翻滿清之所以迅速成功，關鍵在有「同盟會」的出現；「同盟會」所以能一舉成立，關鍵在孫先生與黃克強先生首先攜手。關於孫黃攜手一點，過去記載革命史者，一致說由於日人宮崎寅藏與平山周的介紹；但楊度告我，直接介紹黃先生於孫先生者，實際不是日本人而是他。當時與我同聽楊說此一故事者，尚有一熟悉革命史的章太炎先生在座，故我信楊說不誣，曾記入我的《萬竹樓隨筆》待證。半年前，我讀了章士釗一篇記他〈與黃克強相交始末〉的萬言長文，則孫先生與黃先生第一次見面，其情況乃明白如畫。章文有一段云：

（光緒三十年冬），吾抵東京，寓牛込區若宮町二十七番地。未久，克強移來同居。適中山孫先生由橫濱攜小行囊，獨來東京，旨在合留學生，議起大事。而留學生時以楊度為有名，彼寓富士見町，門庭廣大，足以容客，於是中山與楊，聚議三日夜不歇，滿漢中外，靡不備論；革保利病，暢言無隱。卒乃楊曰：「度服先生高論；然投身憲政久，難驟改，櫜鞬隨公，竊愧未能。度有同里友黃興，當今奇男子也，輔公無疑，請得介見。中山喜。翌日，吾若宮町宅，有先生足跡見臨。克強與吾，皆初見先生。吾昨歲草《孫逸仙》冊子（按此書臺北文星書店有影印本，列入中國現代史料叢書，名《大革命家孫逸仙》，著者黃中黃，即章士釗筆名），以前知尤相契合。樓下席廣窗明，主客失次，三人或蹲或臥，按地圖，議天下大勢，殊未易一二數；俄而集留學生為大會盟之議起。先生辯才無礙，指揮若定，吾徒傾心折服，難以形容。克強情異虬髯，幟鄙自樹，太原真氣，戶牖冥濛。時則汪兆銘、胡衍鴻（即胡漢民）之流，頭頂辮髻，手摩講章，出入梅謙次郎之門，洋洋與同舍生爭一日之短長，顧仍木然無動於衷也。」──（章文見《辛亥革命回憶錄》第二冊頁一三八──一四九）

當光緒二十四年維新派失敗，梁啟超亡命日本，中山先生曾與之交往一年有餘，感情甚為親密：中山先生力勸任公合作，任公原亦不反對革命，且與楊衢雲、陳少白諸人有所協商；二十五年，唐才常由日本歸國籌劃起義，中山亦曾力予支持；任公奉康命赴檀香山，中山先生且為之作書介紹於乃兄德彰；卒以見阻於康，兩派合作乃終於不能實現。（見馮自由《中華民國開國前革命史》）

據行嚴上文所述，中山先生一見楊度，即與之談「三日夜不歇」。一聞皙子為他介紹克強，即親往與克強見面，一切暢談無隱，乃不能不令克強與行嚴「傾心折服」。

凡此，均足見中山先生求才若渴的心情，推心置腹的雅度。

反之，如康有為、張季直（謇）於光緒二十四年六月，曾晤康於其北京上斜街寓所，他有記云：「……見其僕從伺應若老大京官排場，且賓客雜遝，心訝其不必然，又微諷之，不能必其聽也。」（見張《自訂年譜》）又梁啟超記康「保國會」被破壞經過云：「……先是江西人主事洪嘉與者，桀黠守舊有氣，久於京師，能立黨與，經膠變後，聞康名來，三謁不遇，闇人忘其居，未答拜。是時公車雲集，各省士夫來見，客日數十，應接不暇，多不能答拜者；洪大恨，乃餂浙人孫灝曰：『某公惡康，若能大攻之，當為薦經濟特科』，孫故無賴，喜從之。洪乃為著一書駁『保國會』，編印送京師貴人，守舊大臣皆喜信其說，滿人無遠識，不知外事，展轉傳聞，一唱百和，於是謗議大興。」（見梁著《戊戌政變記》第三篇及康《自編年譜》）

康沒有正式做官，已染官僚習氣甚深，此殆其家庭環境及所受教育使然，其結果惟有使有識者（如張季直）望望然去之；小人一不當意（如洪嘉與），則造謠中傷，無所不用其極；革命與維新，一成一敗，我們正應該從這些地方去體會。

進一步再看梁任公，我覺得他的氣象，卻又與康不同：梁濟（巨川、桂林、潄溟父）慕任公數十年，元年任公歸國，即踵門往謁，並請為寫扇聯，歷五次未得一見，扇聯亦迄未寫。後見任公題譚鑫培（即小叫天）刺繡漁翁圖，有「四海一人譚鑫培」之句，以為任公「有暇為叫天題詩，無暇為我寫字」，乃大失望（輕視譚鑫培乃巨川不達處）；於其所著《伏卵錄》中紀此事經過甚詳。巨川於殉清自殺以後，遺著印行，潄溟即以一部贈任公，並為書道意，任公讀之大慙，即覆書潄溟，自承「無狀」，謂巨川死後，於報中讀其遺言，「感涕至不可仰，深自懊恨，並世有此人，而我乃不獲一見」！並請潄溟「於春秋絜祀時，得間為我昭告，為言啟沒齒不敢忘先生之教，力求以先生的精神，拯天下溺。」任公有這樣的服善之勇而改過不吝，他能於戊戌失敗以後，進入民國，卒能得多助以成倒袁與撲滅復辟兩役之功，夫豈偶然！

請再看看克強先生又怎樣呢？克強於光緒二十九年夏歸國，實為留東學生被同學推舉回國實行革命之第一人。在東京臨行，劉揆一對他建議說：「在湖南發動革命，必與會黨中人密切聯繫，湖南有哥老會龍頭馬福益者，任俠尚義，豪傑之士也，如得此人合作，成功乃有可望。」克強深以為然，知揆一與馬關係甚深，即以聯絡會黨之責，交付揆一。

三十年春初，時揆一已回湖南，「華興會」已發起，長沙亦已略有佈置，克強乃以揆一之介，命揆一之弟道一，持他的親筆函約馬見面。屆期，克強乃偕揆一，著短衣，穿釘鞋，頭頂斗笠，冒風雲步行三十里，到達馬所居湘潭茶園舖一鑛山的巖洞中。馬見他們不畏嚴寒，踐約而至，深受感動。因殺雞煮酒，三人快談竟夕。凡克強準備於是年十月初十在長沙起義的一切佈置，即在此一夕談話中，三人作了共同的決定。翌日清晨，克強與揆一同就歸途，時已旭日東昇，雪光與日光相輝映，克強途中有詩，「結義憑杯酒，驅胡等割雞」，便是他詩中的警句；意態的雄傑，實在是維新派中人所沒有的。儘管這次十月初十的長沙起義，卒於事前失敗，但馬福益仍再接再厲，謀於次年在洪江再起，乃不幸為端方所捕殺！丙午萍瀏醴一役，馬福益部下死者尤多，劉道一亦以身殉，假如不是由於克強先生的精神感召，何能得人死力一至如此。（此節參看劉揆一著《黃興傳記》）

中山先生晚年住在上海環龍路六十三號，每月租金六十五元，且有朱執信、廖仲愷、馬伯麟、馬湘諸人同住，實在是非常逼窄而且簡陋。有四位回國投資建設工廠的旅美華僑去看他，眼見這種情形，非常感動，他們覺得：「那裡有做過驚天動地大事業的人，連住的房子也沒有呢？」於是他們醵資買了莫利愛路二十九號一所住宅送他，他還經過再三推謝然後接受。至於六十三號對面四十四號他的那所辦公處，在孫先生去世以後，我卻去過兩次，其簡陋比較他的原有住宅，殆又過之。其時我不過在中華書局做一個編輯，我在愚園路的住宅，每月尚須付出九十元的租金，現在回想起來，真感到自己的享受太過分了。又，永安公司的經理郭彪，曾送孫先生一件頗講究的皮大衣，他覺得：上海的天氣既不冷，回廣東更用不著；他雖然感謝郭的好意，但還是叫馬湘拿去送還了給他。我知道：當孫先生將要去世的時候，他除掉把這所華僑送給他的房子，幾件穿過的衣服，和他自己若干的藏書，交由宋慶齡保存以外，曾無任何私財留給他的妻子。儘管這類的事。在中山一生的歷史中算是小節，但古今中外寧有對這類小節馬馬虎虎，又真能做出驚天動地大事業的人呢？

諸葛亮在死前曾上表後主曰：「臣成都有桑八百株，薄田十五頃，子弟衣食，自有餘饒。至於臣在外任，無別調度，隨身衣食，悉仰於官，不別治生，以長尺寸。若臣死之日，不使內有餘帛，外有贏財，以負陛下。」及卒，如其所言。（據陳壽《三國志》）

伊藤博文是日本明治維新的元勳，曾任首相多次，最後任朝鮮統監；當他一九〇九年在哈爾濱被安重根暗殺之前的幾個月，他不知有何種感觸，乃從朝鮮寫了一封信給他的兒子博邦，信中有如下的一段：「觀於朝鮮今日的情形，自己死於何時也未知，那時請在我的遺產中給十萬元於你母親（梅子夫人），她自少對於我的愛情和勞苦，非筆墨所能盡述，你須切記這事為盼。」是年十月他死以後，他的親朋調查他的遺產時，不獨沒有十萬元，連五萬元也不夠。其後他的親友們為遵故人遺囑計，才湊足十萬元交給他的夫人。（見久米正雄著《伊藤博文傳》）

中山先生在中國和世界史上的地位，遠在諸葛與伊藤之上，但他們對金錢的淡泊，卻如出一轍。當前國家所遭遇的艱難，比較中山在世時，何只十倍，聽說臺灣近年也在提倡節約，因此，我在孫先生百年誕辰的前夕，謹述他的嘉言懿行一二，以助大家共同反省。此外清末四大政治領導人物平日待人接物的風度，亦附見焉。

（中華民國五十四年十一月三日，香港。）

我們怎樣紀念中山的百年誕辰？

中國人有兩句老話：「英雄造時勢，時勢亦造英雄。」古今中外一個偉大人物的出現，或在他的本國史上記錄下豐功偉績，或在世界史上留下不朽的大名，一方面可能由於他個人的秉賦上具有過人的資質，加上後天深厚的修養；另一方面也往往由於世局因緣的湊合，使得他很自然的得著脫穎而出的機會。

我們要研究中山先生一生的成就，也只有從個人的本質和他所生的時代著眼，才能了解他所以能形成一個偉大人物，決非偶然。

中山出生於中國南部海邊廣東香山的一個農家，在他童年時期，受過一些舊式的私塾教育，我相信他的塾師們既不能給他如何好的影響，也不會給他如何壞的毒素。從十四歲開始，他便在檀香山受過英美教會學校四年的新式教育。儘管這種教育不會盡如理想，但他能走入一個新環境接受一種新教育，開始學習一種外國語文，初步接觸在中國無從接觸的科學，尤其走入華僑社會去和他們共同生活，這顯然都與他後來的成就有關。

十八歲，他由檀返粵，曾在家鄉小住一年，次年，即分別在香港的「拔萃書室」與「皇仁書院」肄業約一年以上。這一短時期的教育，在他所受全部教育的過程中，不太重要，不過是檀島四年教會教育的延續而已。

但從他個人方面來說，在這一時期，卻有三件事必須指出：即在他二十歲（光緒十一年）的一年，一、他受了基督教的洗禮；二、他和盧夫人結了婚；三、他受中法戰爭一役的刺激，已有了傾覆清廷的動念。

在他二十一歲，即在他重遊檀島仍回到廣東的時候，他入廣州博濟醫院（Canton Hospital）習醫，次年春，更轉入香港新創的西醫書院（The College of Medicine for Chinese, Hong-kong）。從光緒十二年（1886）他進入博濟醫院算起，迄光緒十八年六月三十日（1892.7.23）他畢業西醫書院為止，他實際受了六年半嚴格的科學訓練。西醫書院畢業考試的成績，共分十二個項目，即：植物學、化學、普通解剖學、骨學、生理學、藥物學，病理學、法醫學、公眾衛生學、產科、外科、醫學是也。在這十二項科目中的分數，和中山同時畢業的江英華，得了六個「優」，已經很不錯，但中山卻得十個「優」！又不只在一次畢業考試表現了他的優異成績，即合該書院自開辦以迄停止招生，先後共有五十一人畢業，與他得有同樣成績的，也不過兩人而已（參看羅香林著：《國父之大學時代》）。

農家出身，華僑子弟，受中國舊教育的毒不深，所受的外國教育又成績特別良好，從他的少年時代開始，便能說英語，看英文書報，……，這些條件，都是和他同時代另一位從事中國改革運動的領導者——康有為所沒有的。康認為清廷的腐敗只須溫和的藥劑便可得救，孫則認為不就清廷動大手術中國便沒有起死回生的希望，這便是孫康兩派終於無法合作的基本原因所在。

康生於一八五八（咸豐八年），孫生於一八六六（同治五年），康長於孫八歲。孫在光緒十一年（1885）已動念傾覆清廷，康在十四年（1888）便向光緒帝「上書」，但他們兩位積極活動的展開，卻同樣受了甲午（1894）中日一戰的刺激。康的重點，始終在說服一個皇帝，主要的方法便是「上書」，附帶的他自然也懂得要講學以培植他的幹部，辦報紙說動當時的知識分子；可是他卻不認識即令皇帝說服了，得力的幹部有了，一部分的知識分子動了，也決無法衝破當時的環境。因此，康的「上書」一上再上以至於七上，中間且夾著二十一年（1895）一幕精彩的「公車上書」，但卒不免於二十四年（1898）的慘敗！孫也未嘗不上書，但一試於李鴻章無效，便斷然中止，同在二十一年，他便在廣州動手來實幹硬幹了。

提到中山的〈上李鴻章書〉（一八九四，全書約八千字），有三點應請讀者特別注意：

一、中山上李書的正確時間，為光緒二十年甲午的五月（陽曆六月），其時中山的年齡為二十九歲。他目睹當時國家的大勢，知道一個緊急危難的局面已迫在眼前（指甲午中日戰爭），而過去三十年的所謂洋務活動，又實際不得要領，他內心有火一般的熱情，而他自己對革命的佈置，卻還沒有正式著手。就清廷內部而論，上有一個怙權縱慾的太后，下有一個庸弱無知的皇帝，至於朝野一般的士大夫，上焉者不過留意科名的取得、官階的升遷；更優秀的，也不過在幾部線裝書裡兜兜圈子，究心若干的無用之學，做做詩、寫寫字，留意碑版、摩挲古董，每天記下幾十百把字的日記，而已自命為清流。下焉者，更不過勾心鬥角的獵官，胡帝胡天的縱慾，聽聽京戲、玩玩女人，捧捧像姑、多討兩個姨太太，酒食徵逐，言不及義。他們的腦筋中根本無所謂國家，更何有於國家的命運？根本不知道當世何世，更如何談得上世界大勢？這一年，正是慈禧的六十誕辰，這位老太婆是最愛熱鬧也最講排場的，於是一般逢迎諂媚之徒，蠅營狗苟之輩，乃得藉題發揮，老早便已開始籌備；一面大事搜括，攤派各省疆吏報效現金，先後共得銀七百萬兩；一面還要責他們以實物貢獻，於是珍珠古玩之類的「生辰綱」，乃不絕於途。剛好在她生日（十月初十）以前，中日戰爭已經爆發，於是裝腔作勢，三令五申，教大家共體時艱、力崇節約。但她又覺得，臣民對她效忠的好意到底不可辜負，慶典仍如期舉行。其時我陸軍在朝鮮已一敗再敗（八月十六平壤陷落），敵人已越鴨綠江節節逼進，旅大也終於不保（十月十一陷大連，二十五陷旅順）。海軍第一戰大敗於黃海（八月十八），卒全部就殲於威海衛（次年正月十八）。國破家亡誰管得，滿城爭聽「叫天兒」！勢已至此，除屈辱求和以外，更有何法？自然，這一悲劇的次第展開，原在中山上李書以後，但以中山觀察的銳敏，他豈不知道戰不免，戰必敗，敗必降？他早看出北京這一腐朽的朝廷已無可與談，因此康有為在光緒十四年還可向光緒帝上書（第一次），到了二十年，孫便只好找李鴻章說話，即此一點，也可看出中山遠較康有為切實了。

二、中山立意統籌全局，要把他個人對國事的意見寫出告訴李鴻章，醞釀了相當的時間，大致在光緒十九年冬，其時他正在廣州行醫，同時在廣州和石岐經營了兩間西藥局。藥局委托夥計管理，醫務則找了另一位醫生協助。一天，他留在香港的好友陳少白，忽然接到廣州藥局夥計來信，說中山突告失踪，而藥局陷於困境，只賸下十幾塊錢了。於是少白前往廣州，代他維持。等了好久，才見中山歸來，他手裡拿了一捲文稿，便是他跑到翠亨村家裡，花了長時間所草就的這篇〈上李鴻章書〉。少白代他稍微修改了一下，他便決定偕陸皓東前往天津向李投遞。路出上海，他會見了著《盛世危言》的鄭觀應（陶齊，廣東香山），和博通中西在當時頗負盛名與太平天國曾有關係的王韜（紫詮，別署天南遯叟，江蘇長洲）。他曾把這封上李書的原稿向鄭王兩位請教，鄭王可能曾替他加以相當的潤色。我從光緒十八年在上海石印的《盛世危言》鄭自己作的一篇序文，看出中山起草上李書的時候，至少《盛世危言》是他的重要參考書之一。鄭序文中有一段說：「……乃知其治亂之源，富強之本，不盡在船堅礮利，而在議院上下同心，教養得法，廣書院，重技藝，別考課使『人盡其才』；講農學，利水道，化瘠土為良田使『地盡其利』；造鐵路，設電線，薄稅斂，保商務使『物暢其流』。……」

孫上李書的四大綱領：「人盡其才」、「地盡其利」、「物盡其用」、「貨暢其流」，不過於鄭舉的三點以外，增加了一項「物盡其用」而已。

據我所知，中山平日從事著作起草文件，總歡喜請別人代為斟酌，或接受別人修改的辭句。例如光緒三十一年十一月，中山為《民報》草〈發刊詞〉，整篇的意思完全是他自己的，可是當時《民報》中任何一位，都不能說得他這樣明白朗爽、斬釘截鐵。但字句間則似乎經過他人的調整，我曾假定胡漢民最有可能。這不僅因為漢民是當時《民報》實際的編者，而是因為其時漢民正在細讀嚴又陵（復）的譯著（漢民在《民報》第二期便有一篇〈述侯官嚴氏最近政見〉）。〈發刊詞〉中若干的文字或辭句，如所謂「夫繕群之道，與群俱進；」所謂「此群之歷史既與彼群殊，則所以掖而進之之階級，不無後先進止之別；」所謂「世界開化，人智益蒸，物質發舒，百年銳於千載；」所謂「是三大主義皆基本於民，遞嬗變易，而歐美之人種胥治化焉」等等，大抵為嚴氏所習用之語意或辭彙，而與後來中山表現於其他著作者不類，或漢民正在讀嚴氏書，不知不覺運用嚴氏之語意代中山有此修改耳（最近我才知道這篇文章確由中山口述，展堂筆受）。又如，民國七年夏秋之交，中山自粵返滬，正從事《孫文學說》的寫作，（指「知難行易」的部分），某一天，一位年長於我近二十歲的老輩，剛去看了中山回家，我去看他，以中山最近的起居為問，他答：「中山精力充沛，正在寫一本書，發揮他『知難行易』的學說，並取出原稿，要我細看而加以批評。」我問：「您覺得怎樣呢？」他說：「他的理由充足，歷舉許多事例，證明他的說法不錯，清辯滔滔，文字也暢達可喜。」我舉出上面兩個例子，意在說明中山早年這封〈上李鴻章書〉，確經過陳少白、鄭觀應、王韜三人的修正，同時也在說明中山的態度謙虛，文不苟作。尤其，他不像普通文人寫出一篇酸溜溜的文章，便沾沾自喜，以為了不起，卻能本其所學，樸實說理，且能不恥下問，向人請教，這些都最能證明中山先生的偉大。

三、中山晚年，倡導「知難行易」的學說，他內心實有一種說不出的痛苦。他覺得：他在革命進行中所考慮的一個建國程序，為他的同志多數所不瞭解，因而不曾把他所手訂的計劃，照他的原意去按部就班的進行，以為只要有一部憲法，有人民代表所組成的議會，一個真正的中華民國就可實現，反而認為中山所說的陳義太高。這般人其所以陷於這種錯誤，皆由他們中了《書經》上傳說對武丁所說的「知之非艱，行之惟艱」這兩句話的毒！因而他不能不用大力加以矯正。原來在民國元年南京臨時政府初成立的時候，太炎在上海的報上，仿照班固的九等人物表，把當時的活躍人物也分為九等，而認中山先生為「理想家」，克強先生則為「實行家」，在太炎雖亦有所見而云然，但當時一般反對同盟會的人，乃曲解太炎的意思，而目中山為「孫大砲」，這真是豈有此理！等到民二二次革命失敗以後，中山與克強再度亡命日本。中山感於革命進行中，同志不能服從領袖，因而不免陷於錯誤，乃於民三決心把國民黨改組為「中華革命黨」，凡「同盟會」舊人願參加者須重行登記，且由中山手訂入黨誓約，有「附從孫先生再舉革命」一句，又入黨者更須於署名下面，加蓋指模。這在克強想來，他也曾出死入生為革命奮鬥十餘年，且曾自創「華興會」發動革命，對「國民黨」重加整理雖有必要，但於滿清推倒以後，要再度舉行革命，乃只能「附從」，在感情上不免難堪；因而他認「附從」云云，「不夠平等」，簽名以外須加蓋指模，更「跡近侮辱」（見邵元冲《中華革命黨略史》），乃斷然謝絕參加，不久且飄然赴美，同時尚有若干老同志，也與克強抱同樣態度，於是孫黃之間，乃發生裂痕，「國民黨」也起了分化。原來光緒三十一年「同盟會」成立以後，克強之擁護中山，實最為熱烈，但若干歧見，則不能全免，例如：《民報》出版，最初原由克強經理，克強赴國內西南活動，則由宋教仁代理，但黃宋兩位以對中山態度微有不滿，曾同時辭職（見宋教仁《我的歷史》）。

三十二年，因國旗問題，孫黃亦各有所見，但由黃讓步，卒用青天白日旗，當時

> 黃有信與胡漢民說：「名不必自我成，功不必自我立，其次亦功成而不居。先生（指中山）何必定須執著第一次起義之旗？然余今為黨與大局，已勉強從先生意耳。」
>
> 三十三年，東京「同盟會」本部，因中山及汪胡等被迫離去日本，曾接受日方餽贈，未予公開，章太炎、張繼、宋教仁、譚人鳳等不以為然，因而引起一幕風潮，當時且有改推克強為總理之說，克強曾去信制止，略謂：「革命為黨眾生死問題，而非個人名位問題。孫總理德高望重，諸君如求革命得有成功，乞勿誤會，而傾心推擁，且免陷興於不義。」（見劉揆一《黃興傳記》）

從上舉三事，可見克強及與克強所接近諸人，原早有與中山分手的可能，但一一都以克強讓步過去。這次因改組「中華革命黨」，孫黃卒不免暫時分開。中山驟失此一有力助手，故倒袁護國一役，「中華革命黨」雖亦多方策動，但終不及蔡鍔在雲南起義一舉，足以制袁之死命。克強與松坡雖不同黨，但兩人私交甚篤，假定雲南起義的當時，克強早在國內，則國民黨與梁蔡合作的情況，或又不同。

克強留美期間，袁氏正在積極進行帝制，而日本對中國侵略更有二十一條要求的提出，他自己感覺到無法與中山籌商加以制止，內心亦非常痛苦，其咯血症即開始於民國四年的一月，而卒於民國五年十月三十一日，以此病復發在上海去世，得年僅四十有三。

我默察中山與克強兩人的性格：克強本來是一位讀中國舊書的秀才，其秉賦上又有一種任俠的氣分，雖亦富有忍讓的修養，但到達一定的限度，即不免發揮湖南人粗枝大葉的精神。中山自十四歲開始，便接受外國的教育，二十以後，即從事學醫，經過六年以上的科學訓練，所造已相當深厚。科學精神便一是一，二是二，因而他自信確有所見，即對他人不能隨意遷就。中山「知難行易」的學說，完成於民七，發表於民八，大家總以為是他晚年經過種種刺激後的一種說法，實際他在三十以前，已早有這種見解。在他二十九歲〈上李鴻章書〉便有一段說：「……方今中國之不振，固患於能行之人少，而尤患於不知之人多。夫能行之人少，尚可借材異國以代為之行，不知之人多，則雖有人能代行，而不知之輩必竭力以阻撓。此昔日國家每舉一事，非格於成例，輒阻於群議者，此中國極大之病源也。……中國有此膏盲之病而不能除，則雖堯舜復生，禹皐佐治，無能為也，更何期其效於二十年哉……」

這還不是他在去世前六年所發表「知難行易」說一個最早的輪廓嗎？

中山儘管對他自己見到的意見，不肯輕易遷就別人，可是他究竟不願採用高壓，而不惜以千言萬語加以說服，這正是西洋民主政治家的風度，乃最值得我們加以讚美的。綜合中山一生的言論與行事，要不出發展科學與實行民主兩端，今後我們救國建國的方針，也決不能超越此一範圍之外。因此，我們在今天來紀念中山，最好就他的遺著擇要加以探索，尤其要了解他前後一貫的精神，大家從頭做起，努力「求知」。等到大家「知」的工夫做到了一定的水準，便會產生互信，互信一立，團結便自然水到渠成了。

壽介公總統八十——述我與蔣先生之間的幾件小事

總統蔣先生，生清光緒十三年丁亥九月十五（公曆一八八七年十月卅一日），本年他滿七十九，晉八十。國內國外許多報紙，都決定在蔣先生生日這一天，特別發行專刊，為他祝壽。臺北的《中央日報》和《徵信新聞》，都曾向我徵文，給了我參加這一盛典的機會，但我只能寫一篇。我和蔣先生第一次見面，遠在民國二十三年的暑假，到現在已經是三十二年了。據我所知道，蔣先生平日和他的同志們討論一個問題，如果他無特殊意見，他當然服從多數；如果他所見不同，而又事關重大，他當仁不讓，必本其所見，期期以為不可，不惜以去就力爭，甚至開罪老同志也在所不顧。這種例子，我從國民黨黨史上不難找到。至於教訓他的學生或部下，他確已做到了「望之儼然，即之也溫，聽其言也厲」的程度，這一層我更有親見的事實可指。再說到他對待黨外人士，或無黨派的社會賢達，如果他有事要徵詢大家的意見，他一定是藹藹可親，您就不願多說，他也一定多方誘導，使您得盡所言。您的意見果於國家有益，而於他的政治立場又無所損，他自然是欣然接受；在他未發表他自己的意見以前，如果您的意見又與他的暗合，他便執行更勇；即令您所說的無關宏旨，或顯與事實不合，他也決不採取拒人於千里之外的態度，惟有姑且放下，更端再及其他。關於最後這幾點，我自己更積有不少的親切經驗，尤其以八年抗戰中常有機會和他見面的時候為然。質言之，在這三十幾年中，我從來沒有過一度因與蔣先生談話，而引起我的任何不快之感，確係事實。近年在香港，在日本，在美國，我曾聽到好幾度有人批評蔣先生，認為他最不容易接受別人的意見。我每次聽到這類的話，一定根據我自身親歷的事實而力證其不然，其目的即在減少大家對他的誤解，俾得共同盡力，以出國家於艱險的窘境。現值蔣先生已屆八十高齡，朋友們要我說幾句話，我自然是義不容辭的。

我是一個研究現代史的人，自蔣先生這五十餘年以來，凡參與與主持有關國家的大事，當然都在我注意之列。可是這幾十年中國現代史的演變，以言思想與行動之波譎雲詭，國際環境之微妙險惡，內憂外患之層出不窮，所承襲前代遺留下來的包袱之沉重而難於負荷，與中國全部歷史任何一期比較，可以說無一可同日而語。操一葉扁舟，放於這樣波濤洶湧的中流，且須隨時出入於無數險灘與暗礁之間，即有萬能的人以為可以不必冒險犯難，便可平平安安到達彼岸，豈不是遠於事實的奢望？而且任事與做文章不同：做文章是坐在書房裡，高談「日近長安遠，長安遠日近」，只要您能說得出理由便可自成一說。任事卻要面對現實，不容絲毫躲閃，有時一個重大問題發生，內迫於紛歧意見的難於一致，外逼於所謂清議的多方責難，硬既不可，軟又不能，真可以令人繞室徬徨，不知所可。蔣先生在過去的四十三年，便日處於這樣的環境之中，大家只看見他升降周旋，雍容雅步，好像是行所無事，實際他的心志之苦，可能是不足為外人道的。

可是儘管如此，蔣先生在民國十三年以後以迄今日，依然交出了他三篇精心結構的傑作：

一、黃埔建軍，首定粵局，僅以數年時間，乃得削平與安撫南北軍閥，造成全國一時的統一。

二、二十年「九一八」國難發生，首則堅持隱忍，繼乃奮起抵抗，卒以八年的苦鬥，乃得戰敗日本軍閥，更以寬大態度對待戰敗的日本，造成中日關係有返於正常的可能（這一層依於部分日本人的先天性格，和少數野心者的故態復萌，尚有待於繼續努力）。

三、大陸淪陷以後，坐鎮臺灣，以十餘年的積極建設，造成了一個家給人足的小康局面：無論社會秩序、文教、農業、工商、醫藥衛生、人民的康樂，以及軍事、財政，……都出現了空前的進步，這十足證明中國人確有建設能力，最足加強我們的自信。如再配合以開明良好的政治，對頗感抑鬱的優秀青年，能採取領導、疏導、善導、誘導的方針，避免不必要的壓抑，則不出三年，反攻復國的基礎，便可完全奠定。

蔣先生完成這三篇傑作的過程，不知遭遇了多少拂逆，更不知嘗到幾許辛酸，有的我大體知道，有的我還在搜集資料，繼續研究。假如現在便要我對上舉三件大事加以闡發，以證明蔣先生的成就並非偶然，我卻不願貿然從事：這因為每一件事各有其複雜的內容或內幕，有一部分還不到發表的時期，我沒有確實的資料可憑，說來一定掛一漏萬，或不免雜以主觀的推測，這是很不好的。無已，我惟有就我個人與蔣先生直接有關的幾件小事來敘述一下，或許可幫助世人對他的了解。

有一件事實我記得很清楚：大概在民國二十二三年之交，蔣先生曾兩度託人轉達他的意見，希望我有機會能和他見面談談。當時我以為在清共絕俄以後，國民黨與青年黨，仍有相當距離，我怕引起同志的誤會；再加上蔣先生所託的這位朋友，我儘管很熟，可是並無深交，我不能十分信賴，所以遲遲未便作答。二十三年春天，我接著蔣先生從杭州發出的一封電報，約我本年暑假，到廬山和他見面，我才正式把經過告訴曾慕韓（琦），並徵求他的意見。慕韓說：「一個在野黨人和執政黨的當局見面，這是再尋常沒有的，您儘可以去。」我說：「萬一因我和蔣先生見面，演變到青年黨與國民黨合作，您的態度怎樣呢？」慕韓答覆得更乾脆，他說：「現在國難如此嚴重，日本軍閥發動對中國全面侵略，為時必不在遠，最後我們除抵抗以外，別無第二條路可走，到那時候，全國無論任何黨派或個人，都非與國民黨共赴國難不可，我們是一個國家主義的黨，當然必須與國民黨一致，您先去做一個底子當然更好。」我說：「您既贊成我去，而且主張與國民黨合作，我便有三個原則必須堅持：一、我們信仰國家主義，愛國第一；我們主張民主憲政，政黨政治，議會政治；這個基本立場，不容動搖。二、我自己是一個書局的編輯員，同時在大學教書，對實際政治無經驗，也無興趣，假定蔣先生要我擔任什麼純政治性的工作，我只能婉謝，這是我的身分，必須保持。三、聽說國民黨內部的派系也很多，如果我們真要走上與國民黨合作的路子，我主張只能以整個國民黨為對象，決不參加他們派系的角逐，以避免無謂的糾紛。您對我這三個原則，即團體不失立場，個人不失身分，不參加國民黨內的派系角逐——的看法又怎樣呢？」慕韓考慮了一下，答覆我說：「您這三點大體妥當，我完全同意。」這是我在見蔣先生以前對青年黨內的一個交代。我與慕韓的這段談話，除我們黨內中央幾個人知道以外，用文字記錄發表，這還是第一次。

我與蔣先生從來不曾見過，蔣先生的行事，只是從旁觀察，蔣先生為人如何，也僅得之傳聞，要和他去作第一度談話，我認為還有多了解他一點的必要。於是我更訪問了他的兩位朋友：第一、我到上海國富門去向蔣百里（方震）先生請教。百里我很熟，對他說話，可以開門見山。我說：「我不久要去江西看蔣先生，他向來對您很尊重，不過因為您與全國軍人往還甚多，您和吳子玉（佩孚）的一段關係，曾引起過他的疑慮，在一個時期，關係並不圓滿，您能不能把個人的恩怨拋開，就您所知道的蔣先生，很客觀的對我說一大概？」百里燃了一支菸，從口裡吐出一串的圈圈，很從容的對我說：「您這個問題很好，我從來不講所謂個人恩怨，您知道我認識南北的高級軍人很多，有少數而且是我的學生。以我觀察，在今天全國高級軍人中，遇著一個相當嚴重或複雜的問題，能以快刀斬亂麻的精神當機立斷，似無一人能出蔣先生之右者，今後只看他統籌全局的方略如何。」他說完這幾句話停了一會，繼續說：「一個人很容易為歷史所支配，尤其容易為自己成功的歷史所支配。蔣先生崛起黃埔，黃埔生在北伐一幕，因為主義的薰陶與精神教育的收效，表現很不錯，但這究竟是打國內戰爭，今天一個現代的強國，對軍事教育的水準，提得很高，日本一個師團長，除必須在陸軍大學畢業以外，還要積有長期的資歷，才能得到這樣的高級軍職。以黃埔的課程而論，要學生指揮一個師或一個師以上的軍，甚至十萬二十萬的方面軍去從事國際戰爭，我還是希望蔣先生出以審慎。」

百里的話，要點到此為止，我了解他的意思，而且了解他完全出於善意。我們還說了一些正文以外的話，乃興辭而退。

第二、我還請教了黃膺白（郛）先生，這便完全是得自偶然。原來二十二年五月，日軍進擾華北，迫通州，平津危在旦夕，膺白受命於危難之際，出任「行政院駐平政務整理委員會」委員長；轄河北、山東、山西、察哈爾、綏遠五省，北平、青島兩特別市。膺白冒萬險於五月十七日到達北平（據他說路上便遇過兩次炸彈），在日軍直接威脅之下，以壯士斷腕的精神，親與日方交涉，草訂「塘沽協定」，使平津暫得保全，全國多出四年的準備時間，其功誠不可沒。可是當時有若干唱高調的人們，或拘於派系觀念，總覺得這一協定損失太大，且後患無窮，對膺白多方非難。二十三年春天，膺白南下回莫干山休息，在津浦路火車上讀到上海《時事新報》〈時局諍言〉一篇短論，署名「仲平」，則對此次交涉的經過頗表同情，認非難者不明當時情況，近於不負責任。膺白沿路打聽「仲平」何人，無人知曉，一直在上海見著他的內弟沈君怡（怡），才知道「仲平」即我的筆名，因託君怡勸我赴莫干山一遊，藉圖良晤。我與膺白原無一面之雅，僅看過他所著的《歐戰之教訓》與《戰後之世界》兩書，頗想見其人；又知道他與蔣先生為昆季之交，也想從他增加對蔣先生的了解，因約膺白友人黃仲蘇偕同前往（仲蘇係膺白任上海市長時舊屬）。

膺白健談，自午前九時，談到下午四時以後，我和仲蘇始行下山。凡他生平所經歷的大事，從他在日本留學，參加同盟會，加入「丈夫團」，參與辛亥上海起義開始，一直談到民十三在北平發動一次不流血的首都革命，出任內閣總理兼攝臨時大總統，其後南下任國民政府外交部長，與日本多度交涉，包括民十七濟南「五三慘案」，以迄這次濟南《塘沽協定》，好像是他自述的一篇自傳一樣。當蔣先生所統率的北伐軍正在前進之際，膺白原在軍中，及將吳佩孚、孫傳芳兩大勁敵戰敗後，清共絕俄的政策也大體確定，膺白乃辭歸莫干山，臨別，蔣先生曾單獨問膺白：「今後我所應持的態度怎樣？」膺白曾對他說：「士不可以不弘毅，任重而道遠，老弟於『毅』之一字，已足夠足夠，今後只當在『弘』字上多下工夫。」我不能確指膺白這幾句話是那一月那一天對蔣先生說的，但我聽得非常明白，連語氣也沒有走樣；而且我當即覺得這幾句話，確不失為一個好友對蔣先生最有益的贈言，所以我至今還清清楚楚的記得。

以上記我對蔣百里、黃膺白兩先生的訪問，可見我準備與蔣先生見面的一幕，態度是十分鄭重的。

經過這兩幕，加上前述與慕韓一度的討論，在二十三年暑假快要結束以前，我便與蔣先生見面了。其時蔣先生小病新癒，我們的談話並不多；但我增加了多少對蔣先生的認識，對百里與膺白對我所談的，也得了一度的印證。蔣先生除過去與共產黨人交過手以外，與另一黨派的人見面，我也許是較早的一人。蔣先生問我過去的經歷，我告訴他：我在中華任過十年編輯，在上海復旦大學教過四年書。臨別，蔣先生似乎覺得意猶未盡，很懇切的表示，希望我和他通信。這一次，何魯之兄是和我一陣去逛過廬山的。以我後來遊山的經驗，我覺得峨嵋之秀，青城之幽，廬山似乎是兼而有之。

回上海後，慕韓問我見過蔣先生的感想；又問我蔣先生身邊有什麼人才？我答，蔣先生病後精神已很好，他正以全神貫注在國家的大問題，無疑是當前一位了不起的人物。他山居的生活簡單樸素，待人很親切，看不出有什麼難於接近的架子。在廬山第二次見了黃膺白，又談了一點鐘，他確實是一個能考慮問題的人。楊暢卿僅一面，據聞他頗勇於任事。陳布雷勤、慎，於蔣先生必有助力。此外，我並沒有看見其他的任何人。

大致經過一個月，我對蔣先生寫了一封簡單的信。其時起草憲法之說甚囂塵上，而廣西與政府有違言。我向蔣先生建議：不頒憲法，不舉總統，勸他即以現有地位，埋頭苦幹。對廣西宜用和平方法解決不宜用兵，這一部分力量，應保留將來對外。此外，對國民黨的宣傳工作也曾略略一提。蔣先生對這封信似乎頗感興趣，回答很快，再問我對宣傳的意見，我因為考慮並不又詳，便一直沒有答覆。

蔣先生要我到中央政校教書，可能在二十三年冬即已通知學校（時蔣先生任政校校長）；但延至第二年春末夏初，學校當局才有電要我去南京一談。這裡面有什麼曲折，我懶得過問。或許他們因周恩來等過去在黃埔軍校任教官，曾引出不良的後果，他們對請一位黨外的人到黨校教書不無戒心，或者是有可能的。我根據他們的來電到南京以後，說明本學期已為日無多，從下學期秋季開學再正式上課如何？學校當局說，不好，必須從這一學期就開始，即令暫不正式開課，便作幾次臨時講演也未嘗不可。於是我便在政校的大禮堂講了六、七次的「近代中日關係」，每次兩小時，這是針對當時的一種需要。聽講的大致有三百人至四百人左右。我在任何大學教書，上課前總有充分準備，因此頗能深入淺出，講來還有條理，看學生們的面孔，大致都頗用心，每一個都在忙忙碌碌的記下要點。以我三十幾年以來在上海、南京、香港八九個大學教書的經驗說，仍以政校學生成績的平均分數較高，教室秩序，以及對教師的禮貌，也以政校的情況為較好。因此，我在南京紅紙廊整整教了三年，後來遷往重慶小溫泉，因周枚蓀（炳琳）到政校負責，拉我又教了一年，頗感愉快。但我有一大弱點，即學生歡喜和我接近，對好學生我當然也歡喜他們，卒引起學校某先生的不安，四年以後，便沒有繼續請我再教。我在青年黨有四十年以上的歷史，且負過相當重要的責任，但從來沒有由我主動拉過任何朋友或學生入黨，這是青黨的同志們所知道的；像這樣一種怪脾氣，根本不像一個黨人，本來不容易了解。因而我對某先生的態度，絲毫不覺難過。其所以還要在這裡略略一提，意在說明知人不易，教育難辦，固持黨見，有時不免誤事，且可能為自己的集團召致無形的損失。

關於對日態度，我對蔣先生「暫時避免正式決裂以爭取準備時間」這一原則，是相當理解的，而且是支持的。「九一八」以後，除政府對軍事、經濟、財政以及由蔣先生所倡導的「新生活運動」等等，都在加緊進行，均有不少的具體事實可指以外，他也開始了政治的推動。首先留意到對黨外知識分子的團結，意在有一黨內外交換意見的機構，以求得對日步調的一致。二十五年的春天，他約我討論這件事，並希望就我所知，擬一可參加此一機構的名單，我表示恐有不便；但他說不妨姑試為之。後來要布雷向我催促，不得已我開了三十九人，其分配國民黨的約佔三分之一，無黨派者三分之一，有黨派的也佔三分之一。除國民黨外，我在每一人名後面，均附有簡單的說明，即託布雷轉達。過了兩個星期，我遇見布雷，問及此事究竟怎樣？蔣先生乃約我在「勵志社」面談。他告我胡展堂先生不久要來，胡對憲法也有意見。我說胡先生既然要來，我上次所擬的那個名單便當然作罷。我了解胡先生對黨治持之甚力，另創機構與黨外人交換意見，胡先生來後，便決無可能，因而我對蔣先生有這一表示（按胡先生於本年五月十二日在廣州以腦溢血去世，年五十七，卒再未到南京）。但蔣先生的意思還是要做，請我先約曾慕韓、余家菊、王造時三位到南京和他個別談談。我答慕韓現在北方，隨時生病，暫時能不能來不可知；但我可寫信轉告。余家菊現在湖北楊暢卿主席處任有地方工作，蔣先生去一電與暢卿，他一定可來。王造時在上海，與我鄰居，本星期我回上海即可轉達。我辦這件事的結果：慕韓有信答我，說年內可以南來；但希望蔣先生有一信給他，比較合式。某一天，我在蔣先生處催他寫這封信，他立即上樓，匆匆寫了兩紙交我，「書被催成墨未乾」，語意甚為隆重，我即掛號轉寄慕韓，在慕韓二十六年春到奉化與蔣先生見面以後，這封信便已發生作用；慕韓在北方聽說蔣先生有前往西安與張楊開會之說，他知道北方的空氣，東北軍的心情，關心蔣先生的安全，即有一函託李幼椿到洛陽轉達蔣先生，勸不必前往。可惜幼椿到洛陽時，蔣先生已準備動身前去，致使命未及完成。這件事我以前未曾談過，現在事過境遷，已成陳跡，我想公開也不妨了。西安事件結束後，蔣先生回奉化休息，我和幼椿即陪同慕韓到奉化與蔣先生見了面。余家菊由楊暢卿轉告，二十五年初夏也到過南京。自抗戰以迄今日，國青兩黨的合作，大體良好，這些都是基礎工作。王造時經我轉告，他推三阻四卒不肯去南京，後來乃有蘇州所謂「七君子」的一幕。一直到抗戰前夕，他們才恢復自由。主張抗戰，又不肯與有權領導抗戰的人面談，對造時這種態度，我總覺得欠妥。

到抗戰以迄勝利，我因為始終參加國民參政會主席團及駐會委員會的關係，與蔣先生見面的機會更多，其間可述的事自然不少，但因這篇文字已經拉得太長，我只再舉個比較有意思的例子說一說，即作為本文最後的結束。

其一、在「國民參政會」第二次召集以後，章伯鈞及幾位「救國會」的分子均已除名。張君勱、梁漱溟、黃任之、羅隆基和我幾個人商量的結果，覺得這件事不妥，恐怕等不到抗戰終了，團結便要破裂，甚至還要給共產黨一個挑撥構煽的機會。因而我們有「民主政團同盟」的發起。其目的在立於國共兩黨之間作一緩衝，期待兩黨能在抗戰中不各走極端，保持對外統一的局面。漱溟個人的希望更為遠大，他認為即在抗戰結束以後，中國也不容再有內戰。要使得國共兩黨和平相處，不以兵戎相見，也還有待於我們共同努力（這一點我與漱溟的看法不同）。我們自問動機是純潔的，既沒有藉此來從事操縱的企圖，更不帶藉來分取政權的意味，因此我們把章程和宣言草定以後，都曾由漱溟交給國民黨方面的重要人物看過，即在使他們充分明瞭我們的立場，而且使他們知道我們是左袒國民黨的。我們其所以加上「政團」兩字，目的在使參加的分子，必須經過某團體的介紹，以避免共產黨以個人偽裝來滲透搗亂。但我們十分強調「政治民主化，軍隊國家化」，以當時的情勢論，卻依然是格格不入的。其時，我任「民盟」的秘書長，一切重要文件都是我起草的。在我們開始活動不久，有一天，蔣先生要雷儆寰（震）陪我到黃山（在重慶對岸）談天，他的目的在明瞭「民盟」的真實情況。我們的行動，本來就是公開的，原無半點祕密，因此我把「民盟」成立的經過，原原本本坦率的告訴了他。他頗注意「民盟」的幾個重要分子。他首先問：「您們的曾慕韓先生究竟是怎樣一個人呢？」我答：「慕韓是一個舊式的讀書人，他雖然留學日本多年，也久居過法國，但他的思想相當保守。他對『五四』以來新思潮不重視；連白話文運動他也不理會，他　然寫古文，做舊詩。他以一個不名一錢的窮書生，居然創建了一個黨，已有兩三萬個黨員，凡經他訓練過的同志，決不會有一人和共產黨妥協。他有一個特長，便是『長於組織』，也肯接受別人的意見。」

他又問：「張君勱先生呢？」我答：「他出身於上海同文書院，少年時即在我們湖南經正學堂教英文，後來留學日本。他與梁啟超並無師生關係；但感情在師友之間。再後他留學德國，治哲學有心得。第一次大戰後，他和丁在君：蔣百里、徐新六等隨同梁先生對巴黎和會進行側面的國民外交，順便在歐洲考察；他自己更遊歷過許多國家，對國際問題也非常留意。他的治學工具，遠在梁啟超之上；但他談學問的文章不太通俗，不容易為青年所了解，因而影響反不如梁的大。他的政治思想，主張民主憲政，最能『堅守原則』，以我所認識的朋友來說，他的主張是最不容易動搖的。至今他依然好學不倦。」

他再問：「梁漱溟先生又怎樣呢？」我答：「漱溟先生的個性很強、能刻苦，二十六歲在北京大學講印度哲學，自己研究的主題為中西文化之比較，我最早看見他的著作為『中西文化及其哲學』。他認定建設中國應從改造農村做起。他有一個特點，即不尚空談，『凡他所見到的，便要自己去做』，為實現他的主張，即與韓復榘那樣的老粗去周旋，也在所不惜。」

最後蔣先生更問：「黃任之又如何呢？」我答：「任之是前清的舉人，與邵力子同年，也加入過同盟會，且曾一度被捕。他自來熱心教育，活動的範圍以上海、南京為基本；近年提倡職業教育甚力。為維持他的教育事業，與李純、齊燮元、孫傳芳都處得很好，杜月笙更是他親密的朋友。他對中外的學問無深造，但『辦事有條理』，不能說他對教育無貢獻。」

這一番話談得很長，超過一點鐘以上，我幾次告辭，蔣先生要我談下去。我知道外面彭學沛次長已久等，頗為不安。我覺得，蔣先生現在領導全國，我們便應該把國家有關係的人物使他詳細知道。

其二、民國三十四年八月十日，日本無條件投降的消息到達重慶，當時全國人民真是歡喜若狂；當晚重慶市民在滿街燃放鞭炮，提燈大舉遊行，美國人也爬到汽車頂上，翹起大拇指，高呼「要得」！「要得」！我沒有參加遊行；但一直看到半夜。到冷飲店喝了一杯汽水，然後回家休息。可是痛定思痛，思潮起伏，到底不能入睡，依然爬了起來，扭大油燈，寫了一封近兩千字的長信，於第二天早晨，派人送給張岳軍先生。這封信的大意說：「日本是一個壓不死的民族，他們的復興決不在遠，我們對日不宜採取過分的報復手段，尤其不可參與動搖他們的國本，以保留將來合作反共的餘地。」

這封信的內容，岳軍先生是否轉告了蔣先生，我至今也不知道。我不過以一個在野黨領導人之一的資格，表示我個人的意見而已。後來蔣先生對日本所持的寬大態度，當然出自蔣先生自己的英斷，可能與我所說的全不相干。

我這篇文字要這樣寫，意在懲前毖後，供大家考慮中華民國的命運問題。蔣先生不需要我歌功頌德，我也不會作駢四儷六的文，寫黑大圓光的字，更不願說不痛不癢的話，我確信這一點是可能得到蔣先生的諒解。

（十月二十六日晚一點三十五分，香港。見臺北《中央日報》）

讀書雜記十七篇

一、白蕉著《袁世凱與中華民國》

（臺北文星書店影印本）

這本《袁世凱與中華民國》是遠在民國二十五年便已出版的。在未印單行本以前，已經在當時上海出版的《人文》雜誌上分期發表過。《人文》雜誌與黃任之關係甚深，我曾問過黃，本書著者「白蕉」是誰，任之避而不答，所以我至今不知「白蕉」是什麼人。（此文在《中央日報》副刊發表，據何家驊先生指示：白蕉，名程湷，江蘇常州人。）

這本書的好處，是把辛亥年袁氏再出，迄民國五年六月六日有關袁氏的重要文件大部保存下來；儘管著者自己寫的文字不多，但只要把這些文件依次細看一遍，則中華民國最初五年一切大事的經過，以及袁世凱背叛民國這一醜劇，乃可大體明白。但「大體」便只是「大體」，至於個別的重大事件，例如民元張振武案的始末，民二宋案始末，從這本書上便不能明白其真實情況。

就所保存的這一大堆文件而論，有許多卻是現在所不容易看到的，例如當帝制論初起，美國古德諾博士的〈共和與君主論〉，楊度的上中下三篇〈君憲救國論〉，其他記載洪憲一幕的書，便很少轉錄。如梁任公〈異哉所謂國體問題者〉一文，現存任公文集，當然容易看到；可是汪鳳瀛一篇〈致籌安會與楊度論國體書〉，裡面有若干論點比任公說得更有力，如果這本書不把它保存下來，我們便很難找到。再如，康有為的兩封寫給袁世凱勸他撤銷帝制出國遠遊的信，大家所常談到的，只是他稱「慰庭總統老弟」的前一封，經過兩個月後又有一封稱「慰庭前總統」的卻很少有人提到。其實第二封比第一封罵得更痛快。從戊戌到民五，已經過了十八年的時間，大致老康滿肚皮的怨毒，到此始發洩殆盡。袁生於咸豐九年（1859），康生八年（1858），戊戌年袁四十，康四十一，袁死時五十八，康更活了十一年；得年七十。康第一函說在強學會時代袁稱他為『大哥』云云，即指此。康只知道袁氏稱帝不可能，卻不知道復辟也必然失敗，可見一個人要不為自己的主觀所蔽，真是談何容易。

此書另一最有價值之點，即全書有二十餘處，經過張仲仁（一麐）手批。張為袁所親信之人，洪憲一幕經過，為張在北京所目睹，但張極端反對帝制，曾力圖補救而無效。在第一屆「國民參政會」，我和張談過好幾次，其人有遠見，識大體，甚難得。茲錄其手批若干段如下，更可看出帝制運動內幕的一斑。

一、「民元倪嗣冲即有擁袁氏為帝之謀，袁止之，此袁自告予者。」（舜按：此批在本書敘述清帝將近退位的一段上面。）

二、「第三鎮兵變，據袁氏親信人言，當時北方軍人集議於袁公子邸中，即議黃袍加身之事。先攻東華門，時馮國璋統禁衛軍，不與謀而抗禦，軍不得入，乃成搶掠之局，不知信否？」（舜按：民元袁被選為臨時大總統後，不肯到南京就職，中山派蔡元培，汪精衛，宋教仁等北上迎之，袁即嗾使曹錕所率第三鎮兵變，白蕉謂係出自楊度計劃，而張批如上云云。可見楊與袁克定勾結，帝制蓄謀甚早。）

三、「宋案之始，洪述祖自告奮勇，謂能毀之，袁以為毀其名而已。洪即嗾武刺宋以索巨金，遂釀巨禍，袁亦無以自白，小人之不可與謀也如此。」（舜按：據在上海應夔丞家搜出密電，刺宋曾通過洪述祖、趙秉鈞，向袁請示，謂袁不知，似不確。）

四、「張勳曾云：『余平南京後，有崇文門監督何棪者說余曰：君大功告成，盍請大總統為大皇帝？被余痛罵而去，此袁所以去余而代以馮也。』」（舜按：二次革命爆發，袁以武力鎮壓，張實首入南京。時余正由甯赴江北六合，曾親見張的辮子軍，破破爛爛實不成體統。張主復辟，蓋不以袁稱帝為然者。）

五、「段芝貴軍入南昌，李協和督署密電本未攜走，遂為電局搜查譯出，致牽及國民黨員，致有此舉。」（舜按：二次革命後，袁下令解散國民黨，並取銷國民黨籍的國會議員，國民黨議員被追繳證書徽章者，多至四百三十八人，國會遂無法開會，後並將國會解散。）

六、「日置益公使與曹汝霖言。敝國向以萬世一系為宗旨，中國如欲改國體為復辟，則敝國必贊成云。」（舜按：此亦預為後來日本反對袁氏稱帝留一伏筆。）

七、「汪荃老一日袖此文命轉呈總統，余笑曰：公不畏禍耶？汪曰：余作此文時，即預備至軍政執法處矣。余乃代呈。老輩正言可敬。」（舜按：此即指汪鳳瀛〈致籌安會與楊度論國體書〉一文而言。汪固可敬，張肯為代呈，亦可敬也。）

八、「楊度往津勸任公毀其文，任公不允，斥之甚厲，面赤而退。」（舜按：此即指〈異哉所謂國體問題者〉一文而言。楊在日本留學時，甚為任公所重，時梁著《中國之武士道》一書，曾由楊作序，在清末預備立憲一段時期，楊在憲政編查館，梁重視楊如故；至此殆已完全絕交矣。）

九、「駐日公使陸宗輿，電稱籌安會召亂，請取締，又函致國務卿力爭。」（舜按：此說為余前所不知者。）

十、「此宣言書發表後，楊度忽夜間來訪，謂吾之於總統，不若君交情之久，今日忽有「不合事宜」之諭，究竟總統性情何如，請見告。余曰：然則君須以此事主動告余，乃可討論。楊謂吾本欲回湘，午詒云，總統有大事須汝出頭，實則我亦被動非主動，但吾向主君憲之說，故願為之，今何以有此異言？余曰：吾告汝二事，一為前清預備立憲，一為滬杭甬鐵路，皆事前堅拒，事後翻然變計。公為此事，將來誅鼂錯以謝天下，公之首領危矣！楊聞之悚然。翌日朱桂莘等約楊談話，其意又堅，蓋又有人嗾之矣。」（舜按：時各省請願聯合會勸進已發動，袁派楊士琦到參政院宣言。認為「不合事宜」，故楊向張請教。午詒者，時任總統府機要秘書夏壽田也。）此外可注意者尚多，不具錄。

（51.7.13）

二、《容菴弟子記》

（臺北文星書店影印本）

這是袁世凱的一篇傳記。全書約五萬餘言，共分四卷。出版於中華民國二年二月，敘述袁的生平，到光緒三十四年冬（1909）他五十三歲被清廷放逐為止。名義上執筆者為沈祖憲與吳闓生，大抵係袁所自述，由沈吳兩位在文字上加了相當的潤色。可能做這一潤色工作的還不止沈吳兩人，例如袁的兒子克定、克文、以及袁門若干參與機要之士，如徐世昌、唐紹儀、梁士詒、趙秉鈞，乃至段祺瑞、馮國璋之類，也許曾加以參訂，這是從全書字裡行間，以及若干複雜的事實可以看得出來的。

袁本來是繼曾國藩、李鴻章而起的一個人物，在清末可以和他比肩的督撫，則為張之洞與岑春煊。假定以曾、李、張、岑與袁作一比較，論到書本上的修養，袁自然不能望曾、張的項背，可是論才氣的縱橫、辦事的條理，以及那種敢作敢為氣概，和建樹的宏遠，袁較曾等四人不僅毫無遜色，在若干方面或且突過之。

現在還有人崇拜曾國藩，不錯，在某些方面，曾確有許多可以令人敬仰之處，不過因為他在三十以後，曾做過一段宋學工夫，有時總不免若干的「頭巾氣」，可是他的知人之鑑，以及他那種「與人為善」和「取人為善」的精神，真是太不可及了。

說李鴻章是一個勇於負責的人，大概大家都不會有異議；可是曾國藩有一句戲言：「李少荃拚命做官」，卻也是對李的批評。李算是清末一個比較明白國際概況的人，但不能說有什麼真知灼見。太平天國起來以後，清有這個朝代乃延長了五十年，這不是李個人的力量；但庚子以後的十年，卻不能不說是李的關係最大了。

張之洞也有《抱冰堂弟子記》，歷敘他生平的若干大事，但這只是他自己一篇自以為很巧妙的文章。章太炎曾主張在武漢為建銅像，就湖北一局部來說，我不反對這一提議。但統觀張的一生，說得好一點，他正是李鴻章所批評他的所謂「書生」；說得不好一點，他乃是徹頭徹尾的「巧宦」。

我從岑春煊自傳——《樂齋漫筆》所得的印象，他不失為一個忠憤耿耿的人物，像他那種不畏強禦的精神，自奕劻以次的一般貪官汙吏，對他都不免戰慄。以他這種精神，即拿到今天來用，也仍不失為一劑起死回生的特效藥，可是他在清末的地位，比之曾、李、張、袁輩，卻不能相提並論了。

曾國藩勞碌一生，只活到六十二歲（1811-1872）；李鴻章秉賦最強，算活到七十有九（1823-1901）；此外張之洞拖到了七十有三（1837-1909），岑春煊晚年的態度相當雍容，也以七十三歲的高齡，死於上海（1861-1933）。

袁世凱以一個二十四歲的青年，便已在朝鮮大顯身手，頗有終軍傳介子之風，可以說是「其興也勃焉」；他四十三歲便已做到了直隸總督北洋大臣，在清代也算是一個少壯的督撫；他五十八歲做皇帝失敗，便一氣而死（1859-1916），正所謂「其亡也忽焉」；單就他「能氣死」這一點來說，也可以證明他不是一個平凡的人物。

這部《容菴弟子記》寫得相當的有條理，儘管不免有些過分渲染的地方，但十之八九也是事實。關於戊戌政變的一幕，這本書略而不提，這是因為在民國初年發表這部書的時候，他不能不對梁康一派多留餘地；關於光緒三十四年十二月十一日他被放逐回籍這一幕，不得不故用曲筆，多少也還有為清室諱的意思存乎其間。

在民國元二年之間，中國的名記者黃遠生，有一篇批評袁世凱的文章，我認為是相當的持平之論，他說：「……大抵袁總統之為人，並非不可與為善之人，然自其受政以來，則善日少而惡日多者，此由其本身之原因者半，由於其左右及政黨政客者亦半。今試更詳言之：袁總統之為人，意志鎮靜，能御變故，其長一也；經驗豐富，周悉情偽，其長二也；見識宏遠，有容納之量，其長三也；強幹奮發，勤於治事，其長四也；拔擢材能，常有破格之舉，能盡其死力，其長五也。有此五長，而為善日少而惡日多者，一由智識之不能與新社會相接，一由於公心太少，而自扶植勢力之意太多，綜言之，則新智識與道德之不備而已。故不能利用其長於極善之域，而反以濟惡。既自顧手執政權者十餘年，天下之大，變故之繁，無不為其牢籠而宰御，則益驕視一切，以為天下事不過如此；於是其手段日以老練，其執行日以勇往，乃至舉國之人物為供奔走，儘中國國家所有，供其政治演劇之材料。某今敢斷言於此：長此不變以終古，袁總統者，在世界歷史上雖永不失為中國怪傑之資格，而在吾民國歷史上，終將為亡國之罪魁。夫以其宏遠舉世難得之資，若令其左右能盡職而忠規，議院能守法以監督，言論界能秉公勸告，則向能利用潮流以立功名，不願逆潮流以取咎戾之袁總統，未必不能進化……」

以袁世凱這樣一個人，他自己的短處固然戕賊了他自己，但社會上的一大群混蛋，確實也害死了他！現在中外關於袁的記載，已逐漸的多起來，假如有人願意為他寫一篇傳記似乎可以著手了。這本《容菴弟子記》，算是他自己的供狀，我覺得為他寫傳記的人，也不容忽視。

（52.7.19）

三、《合肥執政年譜》

（吳廷燮編，臺北文星書店影印本）

段祺瑞任中華民國的臨時執政，這是民國十三年十一月的事，從這一年十一月二十五日他就職擔任這一名義開始，到十五年四月十九日他退休到天津去為止，為時約一年又五個月。

段祺瑞活了七十二歲（1865-1936），當辛亥革命爆發於武昌的時候，他已經是四十七歲。儘管他在清末所任的軍職已相當重要，可是談不上政治關係，他之正式捲入政治漩渦，這只是入民國以後的事。

吳廷燮為他寫的這部年譜，對他一生的經歷，大致也可以說是應有盡有，可是條理不甚清楚，交代不太明白，而且抓不著事實的重點。假定一個看這部書的人，對清末民初的政治情況，不先了解一個輪廓，他對這部年譜，便將不發生怎樣的興趣，而會感到這只是一大堆的斷爛朝報，並看不出老段這個人，究竟在清民接續之交的這一時代，有何等的重要性。

毫無疑義，老段一生歷史的重要階段，與袁世凱是分不開的。可是，就他的出生地點（安徽合肥）來說，就他的祖父（名珮，字韞山）與淮軍重要人物如劉銘傳、張樹聲，以及周盛波盛傳的關係來說——乃至就老段本人青年時期曾在李鴻章所創辦的天津武備學堂肄業三年的事實來說，一方面我們固然不能不承認他是袁世凱部下最重要的將領之一，但另一方面也可以說他是「淮軍」這一派系下面一個重要的結束人物。

原來從清咸豐帝初年算起以迄今日，為時約一百一十年，中國最龐大的軍事派系共有五個：如果我們以曾國藩代表「湘軍」，李鴻章代表「淮軍」，袁世凱代表「北洋」，蔣總統代表「黃埔」，而以目前在大陸跳梁的毛匪澤東代表「共產匪軍」，我想這不會與事實相去太遠。儘管這幾個派系的軍隊對國家的是非功罪為另一問題，但站在一個研究者的立場來說，卻不能不了解它們間的脈絡與線索。

說到段祺瑞這個人，我覺得他在一般北洋軍人中，畢竟不失為鐵中錚錚，庸中佼佼。

在民國初年，我常聽到有人把王士珍、段祺瑞、馮國璋三人，說成袁門的龍、虎、狗，這自然只是一種齊東野人之語；可是像王士珍那樣閃閃爍爍，要幹而又不肯多負責，卻真有一點「神龍見首不見尾」的樣子。以老段與袁世凱的關係，他居然敢於反對老袁做皇帝，而且更不肯把袁克定那樣一位太子爺放在眼下，此所謂「弒父與君，亦不為也」，畢竟是「虎虎有生氣」的！至於馮國璋，當他辛亥在武漢督師的時候，一面放火大燒漢口，一面更猛力攻奪漢陽，一聽清廷給了他一個子爵，便欣然色喜，這可以說他對袁在當時的心理全不了解，無法不使袁不把他調回北京。後來袁介紹一位他的家庭教師和他結婚，他好像也有點受寵若驚的神氣。至於他以副總統資格繼黎元洪任總統一個短期的任內，乃至連中南海養了多年的許多魚，也被他撈取一空，像這類的事，說他不有一點近於「鼠竊狗偷」，又如何可能呢？

段於清光緒十五年春至次年秋（1889-1890），曾在德國留學年餘，雖不一定能學到什麼，但眼界固自不同。

一般無聊文人稱頌段祺瑞的，說他有什麼三次翊贊共和之功。

第一次是說他辛亥率領大批北洋軍人兩次通電逼溥儀退位。第一次的電還比較溫和，宗社黨的載澤溥偉等未為所動；第二次他乃正式表示一種倒戈的姿態，說要「謹率全軍將士入京，與王公剖陳利害」，於是把清廷嚇慌了，退位一幕才急轉直下，其實這一舉動，完全是袁及其策士們所授意，段等不過機械的作了他們一次傀儡就是了。這正與後來袁不肯南下到南京就任臨時大總統職，而由楊度袁克定等設計嗾使曹錕在京津保兵變同一筆法。民國以來的軍人如馮玉祥之類，動輒倒戈，活不知恥，始作俑者，便是老袁。老袁一面教猱升木，其結果乃不戢自焚，無聊的文人乃把辛亥這兩次通電，說成段祺瑞的翊贊共和，真不知從何說起。至於這兩電的內容，當然第二次的比第一次的大，但著年譜的人，卻只附錄了第一電的全文，而第二電則略去，我也不知道是何用意。

說到老段第二次的翊贊共和，便是說他民國四五年之間，反對老袁稱帝，這一點可與黎元洪不接受武義親王媲美，確可表現段的一點骨氣，我在前面已經說了。

所謂第三次的翊贊共和，是說民國六年段在馬廠誓師討伐擁溥儀復辟的張勳。這件事的內幕相當複雜，後來張勳失敗逃入荷蘭駐京使館，還聲言要把所有內幕公諸世人，段對張也就馬馬虎虎，不敢硬逼。這也可看出段對這件事儘管表面上是理直氣壯，但實際也不過是投機，以便他自己再度登台，所謂「功」也就只是這麼一回事就是了。

寫年譜的人，對上面所舉的三件事，卻只是浮光掠影，完全不能給讀者一深刻的印象。民國十三年中山北上，謀與老段和張作霖面談，而中山即於十四年在北京病逝，這也是民國以來的一件大事。寫年譜的人，於段在中山北上以前，究竟有過何種表示，也隻字未提，完全不能表達出這件事的來龍去脈。

總而言之，這部年譜從段一生的經歷，大體上可備研究清末民初中國政治者的參考，認他有如何了不起的價值，那就很難說了。

（52.6.28）

四、岑春煊著：《樂齋漫筆》

（臺北文星書店影印本）

《樂齋漫筆》是岑春煊的一篇自傳。全傳雖只兩萬多字，但敘述他在清末的一大段相當翔實。入民國後，他仍參加了「護國」與「護法」兩幕，在他寫這篇自傳的時候，因為和他共事的人生存者尚多，便不免寫得簡略一些，但也只有隱諱而甚少歪曲。

《抱冰堂弟子記》述張之洞生平行事，託名弟子，實之洞自撰；雖文字簡潔，但微嫌太簡，非詳知當時中樞與地方政情者，未必完全懂得。

《容菴弟子記》為沈祖憲、吳闓生所編纂，述袁世凱生平到他五十三歲（宣統三年）為止，大抵為袁氏所口授；雖可供研究袁世凱者之一助，但曲筆與諛辭稍多，未必完全信史。

春煊較張、袁為篤實，其自傳文字，可謂文如其人，可相信是他自己的手筆。但他著手寫這篇《漫筆》，已在他民八退居上海以後，序文更是在民國十九年寫成的，其時他已七十，在記憶上亦不能完全無誤。

我的朋友沈雲龍，寫過一篇〈清末民初之岑春煊〉（為《現代政治人物述評》一書所載的七篇之一）；吳相湘先生寫過一篇〈岑春煊〉（見他所主編《中國現代史料叢書》中本書的附錄），他們都除《樂齋漫筆》以外，參考了多種其他的資料，確能補春煊自述之不足。假定我們取沈、吳、岑三篇合看，則對於春煊一生及清末民初一段政局的了解，大致也就差不多了。

春煊原名春澤，字雲階，晚號炯堂老人，廣西西林人。生咸豐十一年（1861），卒民國二十二年（1933），得年七十三，為清雲貴總督岑毓英第三子。幼隨父任所讀書，光緒五年（1879），年二十，始入居京師，以國學生加捐主事，分工部學習行走，兼習舉業。七年（1881），以疾乞假回籍；十一年（1885），應本省鄉試，中式第二十八名舉人。十四年（1888），回工部銷假；十五年（1889），報效海軍經費，旋值光緒帝大婚，奉特旨以應升之缺儘先升用。春煊自云：「計余在工部先後凡十年，見知於吳縣潘文勤公祖蔭最深……潘公治事精能，不畏強禦，與余　直之性，雅相契合。……」同年六月，父卒官，奔喪赴滇，扶櫬回籍守制。毓英在滇二十餘年，平定回亂，恩信感人深，父老兒童皆稱「我老宮保」云。

十七年八月（1891）服滿回京，補授光祿寺少卿，旋遷太僕寺少卿，署大理寺正卿。春煊負氣敢任，有父風，不耐久居此閒曹，會二十年甲午（1894），中日戰爭爆發，我陸軍敗於平壤，海軍熸於大東溝，廷議以劉坤一為欽差大臣，節制關內外各軍。劉受命遲遲未行，春煊見國事日急，而大臣畏葸不前，乃發憤上疏，請赴前敵效力，語頗訐直，主戰派軍機大臣李鴻藻、翁同龢頗賞識之，因奉旨交劉坤一差遣委用。劉以岑年少喜事，殊不重視，僅命其赴前敵繪圖，給以書手兩名，兵十名，岑又不願。於是翁同龢再為之函託吳大澂（時吳以湘撫幫辦前敵軍務），適其時山東告急，有旨命劉坤一派兵往援，劉因派岑往煙台總理營務，卒以頽勢無可挽救，不久即有馬關和會出現，等到條約訂立以後，岑乃自請開缺回籍。

岑之得以嶄然露頭角，實自光緒二十四年戊戌（1898）始。先是是年春，春煊送其弟春蓂會試赴京，以京堂銷假及大臣子弟資格到宮門請安，因獲召見，乃於奏對時大放厥辭，主張興學、練兵、講吏治、信賞罰為發憤圖存之計，並稱當時將領，僅一聶士成能戰，董福祥則驕蹇難御不可恃。繼又上封事（按此疏出張鳴岐手筆），謂：「賞罰者朝廷大權，今皇上徒有其名，而不得操其權，」致「是非不明，賞罰不當；」皆「樞臣誤國，蒙蔽聖明之罪！」時新敗之後，德又藉口教案，以武力佔我膠州，光緒帝方銳意欲有所為，聽了岑這番話，乃大為所動，因簡任岑為廣東布政使。

時粵有道員王某，為粵督譚鍾麟（譚延闓之父）所信任，身兼多職，不法有據。岑到任，即有所聞，乃詳請撤去該員各項要差，嚴行查辦；譚不從，又面譚力爭，至彼此拍桌相罵。會不久岑奉召入京，譚慮其錄王某控詞全案以行，可能於入覲時面陳其事，亟輦金入京賄當道，阻其北上。岑果於行抵武漢之際，即奉調補甘藩無庸來京訓之諭。岑到任後，終以譚王營私舞弊事具疏劾奏，有旨查辦，譚因罷歸，王亦革職，此可見岑風骨稜稜之一斑。

二十六年庚子，拳匪大擾津京，八國聯軍，京師危急。岑請於甘督魏光燾（《庚子西狩叢談》作陶模誤），願率兵勤王，魏以餉絀兵單為辭，頗有難色；岑以大義力爭，卒獲兵與餉若干以行，到京甫一入覲，而京師已陷，慈禧挾帝西幸，岑亟率所部，於南口途次迎謁，於兩宮護衛備至；慈禧感其誠，過懷來以後，即命其督辦糧台，而以原懷來縣知縣吳永及俞啟元（湘撫俞廉三之子）為會辦，一切應付頗稱妥善。慈禧到太原，恐聯軍再進，不敢久居，於是再幸西安。甫近潼關，即命岑為陝西巡撫，旋又命其改撫山西，結束若干教案，使聯軍無所借口，亦甚扼要。二十八年，調補廣東巡撫，未及赴任，又奉署理川督之命，蓋其時四川有拳匪蠢動，且有小部竄入省城，因命岑兼程入蜀。岑到任後，剿撫兼施，未及三月，匪患即告肅清。又參劾在任候補各官四十人，雖有慶親王奕劻為之關說者，亦置不顧，其不畏強禦，確有足多者。

光緒二十九年三月，岑奉旨調署兩廣總督，督辦廣西軍務。岑以桂人而官本省督臣，可見清廷用岑之意，實著重肅清廣西匪患。岑到任後，首將不職縱匪的廣西巡撫王之春及提督蘇元春奏劾革職，並調兵遣將，定四路包圍剿撫兼施之計，歷時三年，始將四十八峒及十萬大山等處匪巢次第蕩平，最後並擒斬柳州餘匪陸亞發。他在這一段剿匪期間的最得意之作，便是拔識了龍濟光和陸榮廷，入民國後他還有一段政治活動，多少便有龍陸兩人的關係。

岑在兩廣任內，依然發揮了他大刀闊斧懲治貪汙作風，計兩省不法的文武大小官吏被他參劾去職的，凡一千四百餘人，如貪汙的南海縣知縣裴景福，經他奏准遣戍新疆；殘酷的廣西某縣知縣陳景華，經他拿辦；均為人所樂道。時粵海關為廣東一個最闊的衙門，監督例由內務府奏派，一年一換，旗員視為利藪，戶部定每年徵稅五百萬兩，從未交足。光緒三十年，慈禧特命岑兼任監督，經派人整理，一年中乃得稅收六百六十萬兩，較定額且超過四分之一。又該海關有庫書周榮曜者，以一簿書小吏，侵蝕公款至數百萬兩之多，且因重賂慶親王奕劻，居然簡放出使比國大臣，經岑發其奸罪，乃奏准革職查抄。像岑這一類的做法，表現於光緒末年，誠然難能可貴，但以其時一般腐化的情況來說，亦終無救於清室之亡。

原來清廷經過庚子一役以後，一時創鉅痛深，未嘗不想有所振作，但一經回到北京以後，便一切故態復萌。二十七年，李鴻章死了，二十八年，一個重要疆臣兩江總督劉坤一死了，還剩了一個長江上游的張之洞，一個北洋新起的袁世凱；二十九年，在中樞握有大權的榮祿也死了，慈禧乃不能不一切仰賴資格最老的奕劻。袁的年齡與官階均較岑早兩年，但一以戊戌告密，一以庚子護駕，同為慈禧所信任。奕劻以貪汙視岑為眼中釘，袁則以爭寵必以去岑而後快。袁近在天津，有干與中樞的便利，確又相當能幹，更不惜以金錢迎合奕劻，於是袁與奕劻乃勾結甚深，而且形成了一條排岑陣線。岑到三十三年卒不得不鎩羽而去，便是慶袁合力排岑的一個結果。

先是，三十二年八月，春煊改任雲貴總督，岑知係慶袁詭謀，故意使之與中樞疏遠，乃稱病不行，留滬就醫。延至三十三年正月，又奉旨調補四川總督，毋庸來京請訓。岑知仍出慶袁之意，因於道出武漢時，即電請順道入覲，不待允許，逕乘京漢車北上。慈禧的性格，從一方面看，本來是婆婆媽媽的，庚子一役，他和岑共過一次患難，因此對岑確有好感，岑到京後，一連被召見四次，岑記某次他向慈禧的面奏，確能道出清末政情真象的一斑，現在我們用對話形式節錄一部在下面：

岑：「近年親貴弄權，賄賂公行，以致中外效尤，紀綱掃地，皆由慶親王奕劻，貪庸誤國，引用非人，若不力圖刷新政治，重整紀綱，臣恐人心離散之日，雖欲勉強維持，亦將挽回無術矣。」太后：（初聞此言，頗有怒容）「何至人心離散？汝有何證據？可詳細奏明。」

岑：「天下事人同此心，心同此理。假如此間有兩御案，一好一壞，太后要好的，還是要壞的？」太后：「當然要好的。」

岑：「此即是人之心理，臣請問今日中國政治，是好是壞？」太后：「因不好纔改良。」

岑：「改良是真的還是假的？」太后：（又現怒容）「改良還有假的！此是何說？」

岑：「太后固然真心改良政治，但以臣觀察，奉行之人，實有欺矇朝廷不能認真改良之據。請問太后記得在岔道行宮時，蒙垂詢此仇如何能報，臣當時曾奏云：報仇必須人才，培養人才，全在學校。旋蒙簡援張百熙為管學大臣，足見太后求才之切。惟此刻距回鑾已將七載，學校課本尚未審定齊全，其他更不必問。又前奉上諭，命各省均辦警察，練新軍，詔旨一下，疆臣無不爭先舉辦；但創行新政，先須籌款，今日加稅，明日加釐，小民苦於搜括，怨聲載道。倘果真刷新政治，得財用於公家，百姓出錢，尚可原諒一二；現在不惟不能刷新，反較前更加腐敗；從前賣官鬻缺，尚是小的；現在內而侍郎，外而督撫，皆可用錢買得；醜聲四播，政以賄成，此臣所以說改良是假的。且太后亦知出洋學生有若干否？」太后：「我聽說到東洋學生已有七八千，西洋尚未詳悉，想必也有幾千。」

岑：「以臣所聞，亦是如此。古人以士為四民之首，因士心所尚，民皆從之也。此去不過數年，伊等皆畢業回國，眼見政治腐敗如此，彼輩必聲言改革，一倡百和，處處與政府為難，斯即人心離散之時，到此地步，臣愚實不敢言矣！」（岑說至此，不覺失聲痛哭。）太后：（亦哭。）「我久不聞汝言，政事竟敗壞至此！汝問皇上，現在召見臣工，不論大小，即知縣亦常召見，均勗以激發天良，認真辦事，萬不料全無感動。」

岑：「大法方能小廉，慶親王奕劻，貪庸如此，身為元輔，何能更責他人？」太后：「汝說奕劻貪，有何憑證？」

岑：「納賄之事，惟恐不密，一予一受，豈肯以憑據示人？但曾記臣在兩廣總督兼粵海關任內，查得新簡出使比國大臣周榮曜，係粵海關庫書，侵蝕洋藥項下公款二百餘萬兩，奏參革職查辦，斯時奕劻方管外務部，周犯係伊所保，非得賄而何？」太后：

「奕劻太老實，是上人的當。」

岑：「當國之人何等重要，豈可以上人之當自解？此人不去，紀綱何由整飭？」太后：「懿親中，多係少不更事，尚有何人，能勝此任，汝可保奏。」

岑：「此乃皇太后皇上特簡之員，臣何敢妄保？此次蒙皇太后皇上垂詢時政，是以披肝瀝胆，不敢一毫隱瞞，惟啟程之時，因應奏之事極多，而牽涉奕劻，關係重大，不得不入京面陳，故特冒昧前來；今在京數日，尚覺所懷未盡，又須遠赴川省，臣不勝犬馬戀主之情，意欲留在都中為皇太后皇上作一看家惡犬，未知上意如何？」太后：「汝言過重。我母子西巡時，若不得汝照料，恐將餓死，焉有今日？我久已將汝當親人看待。近年汝在外所辦之事，他人辦不了，故未叫汝來京，汝當知我意。」

岑：「臣豈不知受恩深重，內外本無分別，惟譬如種樹，臣在外，係修剪枝葉，樹之根本，卻在政府，倘根本之土，被人挖鬆，枝葉縱然修好，大風一起，根本推翻，樹倒枝存，有何益處？故臣謂根本前要之地，不可不留意也。」太后：「汝所言極是，好在外邊現已安靖，我亦望你在京辦事，明日即可下旨，汝先下去。」

果然，經過這次召見，第二天便任岑為郵傳部尚書，而該部侍郎朱寶奎剛好正是一位因納賄而得官的，岑乃首先將其劾罷。慶袁覺得岑果久留中樞，他們將無法安枕，乃不惜以重賄運用宮眷，卒出岑再任兩廣總督，蓋其時革命黨在兩廣鬧得最凶，袁認非粵督周馥（袁的兒女親家）所能了，所恃以鎮壓革命的陸榮廷、龍濟光，又適為岑之舊部，故以岑代周最為順理成章，不由慈禧不聽。岑知仍出慶袁排擠，乃稱病逗留上海不進，遷延兩月有餘。可是袁終慮岑去粵仍於他在全國樹黨營私的做法有妨，於是乃更有偽造一張岑與梁啟超站在一塊的照片出現（一說由端方承慶袁之意所造，一說出自蔡乃煌，另一說更離奇：乃謂蔡與陳少白合作。但其時民黨不願岑督粵則係事實。），並密呈慈禧，以為岑勾結黨人之罪證。慈禧驚愕至於淚下，但仍不願過度與岑以難堪，僅命其開缺調理了事。至此，岑與清廷的關係乃根本斬斷，雖辛亥再起督川，也終於無法到任了。

入民國以後，岑春煊仍有過三度的表演。

袁與岑在清末已造成一兩大莫能相容的形勢，光緒三十三年（1907），岑既以岑梁合影事件去職，次年終，袁亦終被載灃驅逐回籍養疴；這可以說是他們兩人同陷於一個最不得意的時候。辛亥革命成功，袁因緣時會，並憑藉他過去所培養的實力，居然取得中華民國的臨時大總統，其時岑正閑居上海，無所事事；內心雖不無怏怏，但亦無可如何。袁究竟不失為一眼明手快之人，他覺得岑正當有為之年（其時袁五十三，岑五十一），斷不自甘落寞，也決不願以遺老自居；再加上上海情況相當複雜，多的是政治販子，假定岑一旦被他的政敵勾搭上（袁自始即準備與民黨為敵），這顯然對他不利，於是他乃對岑裝出一棄仇尋好的樣子，刻意與之交歡，一會兒願意把他安頓在甘肅，一會兒又想叫他去山陝或四川，最後乃於民元的秋冬之交，用岑做了一任福建宣撫使。岑總算也為福建去了一個禍害（時福州有警察總監彭壽嵩擁兵踞城，貪殘妄殺，岑一到便把他趕走了），但結果終無可為，仍悄然回滬。

袁知道廣西的陸榮廷，廣東的龍濟光均岑舊部，假定把岑安頓在兩廣，當不難收龍陸以為對付民黨之用，因而又有一度以岑為廣西民政長之擬議。可是袁之忌岑，類似曹操之忌劉備，總怕他一旦「蛟龍得雲雨，終非池中物」，岑向他索款兩百萬作為赴桂的條件，袁卒吝不肯予，事亦不果實現。

民國二年二月，袁以岑繼黃興為粵漢鐵路督辦。時袁與國民黨的衝突已漸趨尖銳，鐵路督辦可藉護路為名養若干軍隊，袁並指定岑由閩帶回之衛隊千名，龍濟光在桂舊部六千，田中玉駐兗州之一師，統歸岑節制（田亦岑舊屬）。岑以一下便能擁兵兩萬，故對袁此一命令乃欣然同意。正當岑整裝準備赴鄂之際，袁忽變卦：謂岑衛隊勾結土匪，應予遣散；同時武漢更發生岑偕張鳴岐赴鄂將奪取湖北都督及民政長的謠言；袁即利用此項謠言，電岑將龍部留滬，田師亦緩撥；倫龍轉鳳，使岑在一轉移之間仍變得一無所有，僅存一督辦空名，於是岑更恨袁刺骨。

民國二年三月二十日，宋教仁在上海滬寧車站遇刺，延至二十二日晨三時，卒以傷重死於滬寧鐵路醫院。在二十三、二十四兩天，先後將謀殺犯應夔丞（即應桂馨），兇手武士英（即吳銘福）捕獲，並於應宅搜得密電及密電本多件，知主謀者尚有國務院秘書洪述祖及內閣總理趙秉鈞，且涉及袁世凱。四月二十六日，江蘇都督程德潛，民政長應德閎乃將全案證據宣布，於是國民黨與袁的破裂，已如箭在弦上。再加上本月二十七日，袁向英、法、德、俄、日五國銀行團借款二千五百萬金鎊簽字，更有恃無恐，乃決心以武力對付國民黨。六月，贛督李烈鈞，粵督胡漢民，皖督柏文蔚先後免職。七月十二日，李烈鈞在江西湖口發難，自任討袁軍總司令；黃興、陳其美分別在南京、上海發動；皖柏文蔚，粵陳炯明，閩孫道仁，湘譚延闓也通電聲援。實際則意見絕不一致，步伐也欠整齊，袁則早具決心，早有布置，命令也完全統一，因之僅及兩月，討袁軍乃完全失敗。岑對這一幕是參加的，且曾親赴廣州，派人持手書勸龍濟光覲光兄弟反正，並親往陳炯明軍中慰勉，但龍不聽，陳部也生了變化；岑不得已去香港，英人不許登岸，乃亡命南洋，且以首要資格與黃興並列被袁通緝。未幾，國會也被袁解散。

民四袁氏稱帝，十二月二十五日蔡鍔起義於雲南，國民黨方面僅有與中山稍稍立異之歐事研究會及水利速成社分子李根源、李烈鈞、楊永泰等首先參加，岑亦投袂奮起，並偕章士釗、張耀曾赴日本，以個人名義取得日方百萬現款及兩師裝備的實力援助，陸榮廷擁岑，龍濟光亦被逼附和，故岑在這一幕的地位相當重要，初任兩廣護國軍都司令，繼設軍務院，岑又以撫軍代唐繼堯執行撫軍長職務。袁以人心已去，武力不靈，內部亦發生離異，結果撤銷帝制，並於五年六月六日憂憪以死。此為岑倒袁的一大成功，亦即岑自清末以來與袁積年衝突的一最快心之事。

袁死黎繼，國會重開，段祺瑞任內閣總理，藉名參戰，實欲取得日本援助，以謀武力統一，研究系贊助之，國會仍以國民黨佔多數，因而參戰案不獲通過。段所親國務院秘書長徐樹錚跋扈囂張，致造成黎段間的府院之爭，黎免段職，未幾，有督軍團出現，逼黎去位，並以解散國會為罷兵條件。黎挽張勳作調人，張即率領辮子兵兩千人到天津而不即入京，黎乃解散國會以順其意。繼而張勳到京，實行復辟，段又以推翻復辟再起，黎去而總統由馮國璋以副總統代理。其時被解散的國會議員紛紛南下，於是孫中山於六年七月，有護法一役的發動，所謂護法者，護民國元年所訂之中華民國臨時約法也。國會在廣州開非常會議，組軍政府，中山為大元帥。但西南實力派與中山意見不一，如唐繼堯，陸榮廷被推為元帥即始終未就職。七年五月，更由政學系策動，改組軍政府大元帥制為總裁制，推中山及春煊、陸榮廷、唐繼堯、唐紹儀、伍廷芳、林葆懌七人為總裁，中山即於是月退回上海開始著書。春煊於七月就總裁職，旋被推為主席總裁。自此春煊周旋於南方軍閥與政客之間，凡兩年以上，實際乃被人利用而一無成就，延至九年十月，不得已乃與陸榮延，林葆懌等宣告解除軍政府總裁，岑的政治生命也到此終了。其間經過異常複雜，為《樂齋漫筆》所不詳，余此篇在評介漫筆，所以也只好到此為止。

（51.8.24）

五、《黎元洪傳》

這本書是臺北中央研究院「近代史研究所」的專刊，沈雲龍著。該書著者近年已有多種關於人物傳記一類的寫作發表，但說到內容的完整，持論的平實，把一個人物的生平，說到恰如分際，要以此書為第一。

黎元洪本來是一個平平常常的人，假定清朝不亡，他在一個良好的領導者之下，可能做到一個中上級的模範將領，如果運氣好的話，按資歷升遷，一帆風順，爬到一個提督軍門也沒有多大問題。至於幹政治，他自來無此素養；即對他的性格，也是格格不入。說到主持全國的大政，這當然更是超出他的能力範圍以外了。

他根本無所謂革命思想，自然更沒有革命企圖，對清末一般從事革命的人物或團體，也絕對沒有任何關係。因緣時會，中國的大革命居然爆發於武昌；而當時革命的發動者，大抵只是一大群下級的軍官和士兵；革命地點是那樣的重要；革命空氣又是那樣的濃厚；在一個群龍無首而必須有一個足資號召的領導者又是那樣迫切的情況之下；於是他乃被擁戴，被強迫，作成了這樣一個不可少的重要角色！儘管他的生平也有若干應該遭受批評或非難的事項，可是今天我們研院中國現代史的人們，也無法不承認他是中華民國開國的元勛之一，中外歷史上一位大人物功名的成就，像他這樣得之於儻來，可以說是並不多見的。

黎籍湖北黃陂，天津水師學堂出身，算是嚴復的學生之一；甲午中日戰爭，他正在廣甲兵艦上服務，廣甲在大連附近沉沒，他是四個泅水逃生而保全了生命者之一。他後來之所以被張之洞所賞識，在辛亥以前他能在湖北軍界服務到十七年之久，一方面固然是由於他所學的相當踏實，做事相當認真；一方面他的性格和態度能避免他人的忌刻和中傷，以及他的籍貫能適合當地的環境，也不失為重要的原因之一。

黎生於前清同治三年甲子，卒於民國十七年戊辰，得年六十又五（1864-1928）。當他初回湖北的時候，他是一位剛到三十的少壯軍官；辛亥革命爆發，他還不過四十七八，也是正當大可有為之年。

在袁世凱稱帝的野心還沒有十分顯著的一段時期，黎一直是擁護老袁的。這一點以黎在清末的經歷和他入民國後的地位，以及他和一般革命黨人的關係來說，是無怪其然的。可是等到老袁已經接受勸進而封他為武義親王的時候，他乃對中華民國表現了異常的忠貞，而斷然加以拒絕，這卻是他一生的歷史上最值得大書特書的一筆。原來在民國二年二次革命以後，老袁為擴充北洋軍人的地盤，並避免黎在南方被別人利用，已把黎湖北都督的地位根本取消而代以段祺瑞。黎到北京以後，儘管袁對他還是非常敷衍，而且兩人變成了兒女親家，可是他在瀛台那種類似幽囚的生活，如名記者黃遠生筆下之所描寫，在他人已經是萬難忍受的，而他卻還是能忍人之所不能忍，這一點也可看出黎在處逆境時候的態度，確是相當的沉著。假定袁世凱不利令智昏的話，則當籌安會初發起的時候，一經第一流的文人如梁啟超、張一麐，第一等親信如段祺瑞、馮國璋公然反對，便早已應該偃旗息鼓；可是他過信自己的實力，又為他的兒子以及一般趨炎附勢的政客官僚所蒙蔽，還是要一意孤行。這種情形，也可以說是袁的這種弱點，黎一一都看在眼裡，袁這個太祖高皇帝之無法實現，可以說三尺童子也可與知；難得的乃是黎處在那種完全喪失自由的環境，而且隨時有發生生命危險的可能，而還能毅然決然不喪其所守；單就這一點來說，黎已經可算得一個對歷史有交待的人物了。

黎在民初最不理於人口的一件事，便是他在民國元年八月假手袁世凱誘殺張振武、方維的一幕。可是就我所知道的來說，辛亥首義的那般所謂革命元勳，其能精白乃心確實具有悲天憫人的懷抱的誠然很多，但平日毫無修養，滿肚皮懷著功名富貴的念頭的，卻也所在皆是。即以張振武來說，革命尚未成功，他便和孫武、蔣翊武以職位關係而大鬧情緒；從他的私生活來看，以一個革命軍人的地位，所討的姨太太，為當時的人所知道的，便有六個之多；至於生活的豪華，對於公款的侵佔與揮霍，當然更不在話下；僅此數點，本來已經足以遭殺身之禍而有餘，何況他對湖北失意軍人更多方勾結，其有顛覆當時湖北政局的企圖，事屬顯然。誠然，黎在殺張方的手續上相當操切；袁僅憑他一紙電文，便不經審訊而捕去槍斃，確實也近於惡毒；可是以張方在當時武漢的潛勢力，如果不把他們誘到北京去殺，在湖北境內黎便沒有殺他們的可能。儘管有人以這件事對黎不能加以原諒，可是以黎的性格來說，毋寧說他是非常機警而能弭患於未然的。

沈先生這本書，共有十二萬字左右，以一本傳記性質的書，可以說是夠詳細的了。看這本書不僅能使我們對黎兩度秉政的始末得到充分的了解，即對民國十三年以前的一般政象，以及當時那般北洋軍閥猙獰面目，也能給我們一清晰的印象。現在關於中國現代史的好書還不多見，這一本我覺得真是值得大家看一看的了。

（52.7.5）

六、劉厚生著《張謇傳記》

（上海龍門聯合書局出版）

（一）

張孝若早已為他的老子季直先生寫過一本傳記，我讀後所留下的印象，乃遠不如劉厚生的這一本。

劉是張季直二十多年的老友，他任過大生第二廠的經理，民二季直任熊希齡內閣農商部長時，劉做過短時間的次長，其他清末民初若干與季直有關的大事，劉也每多與聞，因之，他對於季直一生的經歷，及其在當時所處的環境，大抵得之耳聞目擊，或躬與其役，因之以他來寫這本傳記，確實是適當的人選。

劉在本書的結論上，不承認季直是一個政治家，或文學家，甚至並不承認他是一個實業家，似乎有點近於唐突；可是當你把這本書看完以後，你便會感到季直的一生確不以政治、文學、實業為限，而確確鑿鑿是清末民初約四十年間一個有多方面關係的人物。

著者寫這本傳記的計劃，不完全著重在把張季直一生的事跡不問重要不重要一一搜括無遺，他的主要目的只在借張作一個線索，把他所生存這一時代的重要史料好好的保存下來。這本書共有二十多萬字，從正面寫張的不過佔全書篇幅的十分之三，而寫他時代背景的乃佔十分之七。這自然是寫傳記的一種變體，可是在我這樣一個搜求近代史料的人看來，卻有極高的價值。在本書的五章正文，一篇敘言，三種附錄所寫這一時代的大事，有一部分是我以前所不知道的；就知道一個大概，也不怎樣的清晰；經過作者這樣一番敘述，確使我得益不少，我不能不在這裡對作者表示敬意。

(二)

張季直生清咸豐三年癸丑（一八五三，即洪秀全佔領南京的這一年），卒民國十五年丙寅（一九二六，即國民黨北伐軍佔領上海南京的前一年），活了七十四歲。這個時期確實是中國的多事之秋，也就是中國變動最大的新舊交替之際。張本人曾眼見清朝的中興及其衰敗以至滅亡；他曾牽入立憲，革命兩派的鬥爭，而參與了中華民國的創建；他對甲午、戊戌、己亥、庚子、辛亥，以及民國四五間的倒袁護國，都曾顯過他的身手；而且民五以後以迄民十五這個軍閥動亂的十年，他也還儼然活著，而與這一群牛頭馬面的人物，不能不有若干輕微的關係。可是他一切都所入不深，出面的時候少，幕後的時候多，地位儘管重要，可是以一身當萬難之衝的險境，他卻不曾有過。

例如甲午中日一役，張因為對朝鮮問題比較當時其他的人看得清楚，因此他在經過光緒八年（1882）的朝鮮動亂以後，便有善後六策的提出；及甲午戰敗，他又痛劾李鴻章；可是以當時的環境以及他個人的地位，儘管他的文字確有內容，但在事實上是不會有何等影響的。

戊戌維新在原則上張是贊成的，但他對康有為的為人卻曾表示不滿（見《張季子九錄》專錄卷六卷七季直自訂的《年譜》）；本傳記的作者對譚嗣同等的急進曾強調的稱許，以當時的實況來說，不把那拉氏趕走，變法自然不會成功，可是以張季直的性格來說，假定他直接參與的話，他也決不會附和這類躁進的做法，首先他對袁世凱就不會給以太高的估價。

己亥（光緒二十五年）的廢立不成而止於建儲（立大阿哥），這雖是當時國內外的形勢使然，但兩江總督劉坤一的一個電報卻於光緒帝位的保全大有關係，而這個電報乃正是出於張季直的手筆。這個電報有兩句警句：「君臣之分已定，中外之口宜防，」大致也是張生平的得意之作。

庚子東南自保，張是參與策劃的重要分子之一，當時和各國在上海訂立這個互保條約，中國方面最主要的代表人物，長江上游是張之洞，下游是劉坤一，而劉之敢於下最後的決心，卻與季直一席剴切的陳述有關，東南的元氣賴以保全，清朝猶得苟延十年的殘喘，這一幕也是一大關鍵。

辛亥革命得以迅速成功，革命立憲兩派合作是主要原因之一，張在當時不僅參加了南京的臨時政府（實業部長），甚至連清廷所下的退位詔書，也是由張起草，這可看出張在當時所處地位重要的一斑。

反對袁氏帝制的一幕，季直積極的表示不多，但即以他那種消極的不合作，我相信對於馮國璋等的反袁也不無影響。至於軍閥一期他對李純、齊燮元、孫傳芳等不能不偶有週旋，這也於環境使然，因為他經營的地方事業，其勢不能不與這班人發生若干關係也。

（三）

那拉氏自同治初元秉政，迄光緒卅四年之死，前後凡四十七年。在這四十七年的下半期，也正是張季直最積極活動的時代。本傳記的作者既以保存張季直一生時代背景的史料為主，所以本書的開始，即詳述那拉氏最初之如何取得政權。那拉氏第一期的主要助手是奕訢（恭王），二期是李鴻章，三期是袁世凱，因此作者對於奕訢和李袁三人的敘述，幾乎佔了全書篇幅的半數，實際也是全書最精采的部分。關於作者對這三個人批評的部分，雖然也偶有過火的地方，但大體上要不失為客觀而公正。

張季直的一生不是沒有重點的，他在甲午以後的口號是「實業救國」，「教育救國」，而著手則在他的本縣南通；入民國後他叫出「棉鐵政策」，這正是「實業救國」的具體化，即在今天看來也還是不錯的；張用力最勤的是導淮計劃，與墾荒計劃，儘管是成敗互見，但重要卻不能不說是十分重要。作者敘述張的生平，著眼多在他的全國性，而忽略了他的地方性，因此對他在南通一地的建樹，似乎是敘述太簡，其實在清末民初，能以一地方人士的資格埋頭於一縣一鄉的建設而使其影響及於全國如張季直其人者，求之當時的全國，能有幾人？自然，他的地方事業太側重個人而忽略了組織，不能不說是一種毛病，但在張死去近五年的時候我去參觀南通，儘管「人存政舉，人亡政息」，景象已經逐漸暴露，但地方的一般風氣與教育水準，乃至家給人足的那種樣子，依然非他處所能及，這能不說是張氏之賜？

（四）

此外在全書敘述上還有一兩點可斟酌的地方，我也可附帶的提出：

1. 庚子拳亂一役，清廷在對各國正式宣戰以前，曾舉行過四次的御前會議，當時李秉衡還不及參加，作者說在這個會議中漢大臣袒拳最力的為「徐桐、李秉衡、趙舒翹三人，」其實這幾次會議舉行在五月二十五日宣戰以前，而李秉衡自清江入援，卻在六月二十以後，他決沒有參加御前會議的可能，這在時間上應該是一個小小的錯誤。

2. 趙秉鈞是袁世凱的一個特務頭子，而宋教仁在當時的活動，又與趙個人的利害直接衝突，刺宋一幕，趙確為最初的主謀者之一，這有當時在應夔丞家裡搜出與趙往來的密函密電可證，可以說是鐵案如山。作者在本書有好幾處為趙開脫，甚至說刺宋為趙所反對因而遭袁之忌，為袁所毒斃，我看不出作者有何必要把眼前的事實歪曲一至如此！但這些都是比較小瑕疵，一經更正，自於原書的價值無損。

（47.9.12）

七、宋教仁著：《我之歷史》

（臺北文星書店影印本）

這是宋教仁在清光緒三十年（1904）至三十三年（1907）留居日本時所寫的一部日記。宋留日凡六年（1904-1910），這部日記僅他留日的前三年所記。民國九年，他的同學友人曾為他印行於其故鄉桃源。

大致在民國十年左右，其時我正在上海中華書局任編輯，友人王蒲生先生，特由長沙把這部日記購來贈我。封面的標題為「宋漁父遺著」，沒有用宋自己定的這個名稱——《我之歷史》。

其時我對中國近代史和現代史的研究還沒有開始，因而對這部書也沒有全部細看，四十八年退出大陸時，這部書也就連同我的其他藏書一併失落在上海了。

後來看李劍農著的《中國近百年政治史》，關於「中國革命同盟會」成立的經過，其所徵引的資料，乃完全以這部日記所記錄的為主，曾給我清晰可靠的印象，於是再度引起我想重得到這部日記的熱望。

有一天，偶然和劉百閔先生談起，他說他手邊還有這部書，乃從他的藏書中檢出送我，真使我喜出望外。

去年臺北的文星書店又依照這一桃源的石印本影印了出來，列入他們出版的《中國現代史料叢書》的第一輯，連裡面許多錯字也全未加以改正。（實際這些錯字都是很顯然的，似乎是改正後排印比較好。）

宋本來是參加華興會的一分子，光緒三十年九月，「華興會」因在長沙謀發動革命失敗，其重要分子如黃興、陳天華、劉揆一等，均逃出湖南經上海前往日本（黃於光緒二十九年即曾在日本入弘文速成師範。「華興會」即其時在東京所發起者）。宋到長沙聽到這一消息，知道他自己的名字已為被捕者供出，也就匆匆逃出長沙，到日本亡命。

宋字遯初，籍湖南桃源，後來他在上海《民立報》發表文字，其筆名即為「桃源漁父」或「漁父」，在日本讀書時，為取得湖南公費的方便乃改名「宋錬」。光緒二十九年，年二十二，曾入武昌文普通學校，即與胡瑛等創建一革命團體，名「科學補習所」。次年回湘，乃參加黃興等（其時黃名軫，字慶午，其名興字克強，亦逃出湖南後所改者）的「華興會」。到日本曾入東京弘文學校、及早稻田大學為中國學生特設的預備班，專習日本語文。

光緒三十一年，「華興會」分子在東京者不少，且相當活動，因有《二十世紀之支那》雜誌的創刊，鼓吹種族革命甚力。是年六月（陽曆七月），孫中山由歐洲到達日本，由楊度之介，首先與黃克強見面，謀「興中會」與「華興會」的合併，黃已答應，隨後又由宮崎寅藏介紹宋及陳天華與中山見面。宋在日記中記他與宮崎第一次見面的情形說：「十九日（陽曆七月）已初，至程潤生（即程家檉）寓，同赴宮崎滔天之約，……滔天已外出，惟其夫人在，速客入，囑稍待之，余等遂坐，良久，一偉丈夫美髯椎髻，自外昂然入，視之，則滔天君也。遂起與行禮，潤生則為余表來意訖，復坐。滔天君乃言：「孫逸仙不日將來日本，來時余當為介紹君等」云云。又言：「君等生於支那，有好機會，有好舞臺，君等須好為之，余日本不敢望其肩背。余深恨余之為日本人也。」又言：「孫逸仙所以遲遲未敢起事者，以聲名太大，凡一舉足，皆為世界所注目，不敢輕於一試。君等將來做事，總以祕密實行為主，毋使虛聲外揚也。」言次，復呼取酒來，遂圍坐而飲之。滔天君又言：「孫逸仙之為人，志趣清潔，心地光明，現今東西洋殆無其人也。」又言：「現今各國無一不垂涎於支那，即日本亦野心勃勃，日本政黨中始終為支那者，惟犬養毅一人而已。余前往支那一切革命之事，皆犬養氏資助之，現今大隈重信之政策，皆其所主張者，孫逸仙亦深得其助動力，蓋純然支那主義者也。君等既有做事之志，不可之一見犬養毅氏，余當為介紹，改日偕余去可也。」至下午四時始飲酒畢，……至酉初始辭去。……」

宋日記又記他與陳天華第一次與中山見面的情形說：「二十八日（陽曆七月）……午正回，接程潤生來信稱：孫逸仙約余今日下午至「二十世紀支那社」晤面，務必踐約云。未初，余遂至該社，孫逸仙與宮崎滔天已先在。余既見面，逸仙問此間同志多少，如何。時陳君星臺（即陳天華）亦在坐，余未及答，星臺乃將去歲湖南風潮事稍談一二及辦事之方法，訖逸仙乃縱談現今大勢及革命方法，大概不外聯絡人才一義。言：「現在中國不必憂各國之瓜分，但憂自己之內訌，此一省欲起事，彼一省亦欲起事，不相聯絡，各自號召，終必成秦末二十餘國之爭，元末朱（元璋）陳（友諒）張（士誠）明（玉珍）之亂，此時各國乘而干涉之，則中國必亡無疑矣。故現今之主義，總以互相聯絡為要。」又言：「方今兩粵之間，民氣強悍，會黨充斥，與清政府為難者十餘年，而清兵不能平之，此其破壞之能力已有餘矣。但其間人才太少，無一稍可有為之人以主持之。去歲柳州之役，彼等間關至香港，招納人才，時余在美國而無以應之也。若現在有數十百人者出而聯絡之，主張之，一切破壞前之建設，破壞後之建設，種種方面，件件事情，皆有人以任之，一旦發難，立文明之政府，天下事從此定矣。」（逸仙之言餘尚多，不悉記）談至申正，逸仙約余等來日日曜日往赤坂區黑龍會會談，余允之，遂回。……」

在清光緒三十一年乙巳（1905）「中國革命同盟會」成立於日本東京以前，中國倡導革命的團體共有三個：（一）興中會，光緒二十年甲午十月（一八九四，十一月），由孫中山發起於檀香山，時中山年二十九。次年，該會即有在廣州發動革命的一幕。光緒二十二年丙申，中山在倫敦被難，國際對中國革命運動始漸有認識，而孫逸仙為中國革命首領，尤為國際所知名。（二）華興會，光緒二十九年由黃興等發起於東京，次年在長沙更有所擴大，與湖北革命團體「科學補習所」及馬福益所代表的會黨有聯繫，謀於是年十月在省城起事，事洩，官廳迫捕甚急，黃及劉揆一、陳天華、宋教仁等，均先後逃往日本。（三）光復會，光緒三十年成立於上海，以蔡元培為會長，章炳麟、陶成章、徐錫麟、秋瑾等均為該會重要分子。

在光緒三十一年，一個包括各方面的革命大團體能成立於東京，這不是一件偶然的事：一、經過了戊戌庚子兩幕，全國知識分子關心國事的熱度提高，其欲獵取新知的要求也非常迫切，尤）在辛丑條約訂立以後，滿清的中央政府及地方政府，對於派遣學生出洋一事，更獎掖甚力。二、到日本交通方便，用費不多，而且往來極端自由，不須辦理任何出入境手續。基於上舉這兩種理由，在光緒三十一年以前，中國的留日學生乃多至八千人左右。三、這類青年分子一出國門，眼見日本維新以後各方面的進步，所受刺激甚大，深信中國確有改革的必要，且確有可能，因之對國事的關心，乃日趨於白熱化。四、其時這類留學生對國事的意見，大抵分為穩健與急進兩派：主穩健者贊成君主立憲，主急進者，則認滿清政府非徹底推翻不可，因而贊成革命。同時日本一部分民間志士，對此兩派的改革運動，也不惜寄以同情，多方加以掩護，因而他們的活動，可減去多少阻力。五、立憲派的梁啟超，為中國近代第一個宣傳家，其在日本所出《清議報》、《新民叢報》等刊物，影響青年甚大；尤其日俄戰爭爆發（1904-1905），日本勝利已著著實現以後，滿清對於立憲已不敢公然拒絕，於是立憲派的意見，居然有見諸實行的可能，因而革命派也感到有大舉團結的必要。

凡此種種理由，均為促成「同盟會」的有利條件，加上其時領導革命派的孫中山，正在四十的壯年，因為經過了十年的活動，所遭遇的頓挫已不少，所積累的聞見與知識已甚多，他對進行革命的理論與實行革命的方案，已漸進於成熟階段，因而這一革命的大團結，經過他多方的聯絡與鼓吹，乃居然得以產生。

孫中山這次由歐洲重到日本以後，關於聯絡「華興會」事，他先首與黃興接洽，黃已允諾，但「華興會」其他分子，卻有種種不同的意見。據宋教仁的日記，他們在事前是經過一番考慮的。他的日記有一段說：「七月二十九日（陽曆），晴。已正至陳星臺（即陳天華）寓，邀星臺同至黃慶午寓，商議對於孫逸仙之問題。先是孫逸仙已晤慶午，聯絡湖南團體中人，慶午已應之；而同人中有不欲者，故約於今日集議。既至，慶午先提議。星臺主以吾團體與之聯合之說；慶午則主形式上入孫逸仙會，而精神上仍存吾團體之說；劉林生（即劉揆一）則主張不入孫會之說。余則言，既有入會不入會之別，則當研究將來入會者之關係如何。其餘亦各有所說，終莫能定誰是，遂以個人自由一言了結而罷。……」（舜按：根據宋這一段記載，可見團結並非無困難，其後隨事實之演變，孫黃間亦終不能無意見之參差。）

又宋日記記「同盟會」成立經過說：「七月三十日，晴。……未初至赤坂區檜町三番黑龍會，赴孫逸仙會也。既至則已開會，到者七十餘人。孫逸仙演說革命之理由，及革命之形勢，與革命之方法，約一小時許訖。黃慶午乃宣告今日開會，原所以結會，即請各人簽名云。乃皆簽名於一紙訖，孫逸仙復布告此會宗旨訖，復由各人自書誓書，傳授口號。卒乃舉起草員，規定章程，舉得黃慶午八人訖，乃閉會。……」（舜按：此次集會，實為「同盟會」成立大會的預備會）

日記又說：「八月十三日，晴。……午初至富士見樓，經理開會一切事宜畢。午正至櫻亭，孫逸仙已至，遂囑其早到會場，余遂復至富士見樓。未初孫逸仙至，遂開會，先由余述歡迎辭，眾皆拍手，大喝采。次乃請孫逸仙演說，時到者已六七百人，而後來者猶絡繹不絕，門外擁擠不通，警吏命封門，諸人在外不得入，喧嘩甚。余乃出，攀援至門額上，細述人眾原因，又開門聽其入，遂罷。申正，孫君演說畢，程潤生（即程家檉）及蒯□□相繼演說，又請來賓宮崎滔天及末永節二君演說，至酉初始散會。……」（舜按：此次為對孫的歡迎會，同時也有擴大宣傳意味，以到會者之擁擠，可見革命情緒之熱烈。）

日記又說：「八月二十日，陰。是日為□□□會成立開會發布章程之期，會場在赤坂區靈南坂阪本金彌邸。午後一時余到會，時到者約百人，二時開會，黃慶午宣讀章程，共三十條，讀時會員有不然者，間有所增減。讀訖，乃公舉總理及職員議會，眾皆舉得□□□為總理，舉得□□□等八人為司法部職員。舉得□□□等二十人為議員。其執行部職員，則由總理指任，當即指任□□□等八人為之，訖，總理復傳授□□。末乃由黃慶午提議，謂《二十世紀之支那》雜誌社同人，半皆入本會，今該社員願將此雜誌提入本會，作為機關報，何如？眾拍手贊成。議決候下次再商辦法。會事既畢，呼乃大萬歲而散，時已酉初矣，大雨。……」

所謂《二十世紀之支那》，原係「華興會」同人所辦的一種刊物，光緒三十一年五月，出版了第一期，延至是年的八月，才出第二期。剛剛由印刷所送到發行處，即被警察追蹤而至，謂本期文字有妨害公安處，不許發行，即將所送到之雜誌全部收去。經向警署再三交涉，終不得要領，僅云係奉內務大臣之命令，不肯說明理由，惟問第一篇文稿從何而來，然後知第二期第一篇〈日本政客之經營中國談〉出了毛病。

光緒三十四年，余在長邑高等小學讀書，曾於舊書攤上購該雜誌第一期一本，前面有插圖兩幅：第一圖為黃帝像，反面有題詞云：「起崑崙之頂兮，繁殖於黃河之滸。藉大刀與闊斧兮，以奠定乎有九。使吾世世子孫有噉飯之所兮，胥賴帝之櫛風而沐雨。嗟四萬萬之同胞兮，尚無數典而忘其祖。」現在看這部日記，才知道係出於宋之手筆。第二圖為孔子像，反面題詞為舊文，即「孔子孔子，大哉孔子，孔子以前，前無孔子，孔子以後，後無孔子，孔子孔子，大哉孔子！」這也可看出當時留東學生風氣的一斑，今天則並此調也不彈了。

宋留在日本的這三年多，其年齡為二十三至二十六，看他的全部日記，可以知道他時其對於學問、品格，以及待人接物各方面，都還沒有怎樣成熟。他家境清貧，留學係官費，平日手中常常沒有錢，但有了一點錢，便要買書，這可看出他的求知慾確實是相當高的。可是他買書絕無標準，有許多毫不相干的書，他也買來亂看。他歡喜看小說，懸格也不高，大致他在略通日文以後，即藉看小說以消遣，並不是欣賞什麼文學。在他的日記中有談到《紅樓夢》的地方，見解也非常平凡。此外，他也看過若干關於修養的書，他在一個時候，頗服膺陽明，日記中錄過他的話不少。他在讀書時有一個重點是可以看得出的，即頗留意中國邊疆的地理，後來他對「間島問題」、「片馬問題」有些見解，大概即導源於此。

宋的年紀究竟很輕，非常好動，除生病外，幾乎每天都出去看朋友，一談動輒兩三小時，甚至談到深夜，他的朋友大致非同志即同鄉。他也愛喝酒，隨時都和朋友們上館子，有時乃至喝得爛醉。他初到東京時對某一日本女子頗有情愫，後經朋友再三勸告，即斷絕不復往來，這也可看出他的生活相當有節制。他因為錢不夠用，因此，凡有人為他介紹可以賺錢的工作，如教中國文語，或翻譯文件等，他總答應，但也做不長久。他曾屢次發願學英文，交過學費，上過課，但依然無法繼續。凡此種種現象，大致是當日一般出國留學同時又要做政治活動的青年的普通情況，不獨宋個人如此也。

《二十世紀之支那》既不能繼續出版，於是『同盟會』的機關報乃改名《民報》，第一期即光緒三十一年十月（十一月）出版。黃克強與宋，因過去《二十世紀之支那》的關係，曾擔任過《民報》一時期的經理和發行，不過到第二年的二月（陽曆），黃宋與孫中山之間，已鬧得相當不快。宋在這一年的二月二十八日有一段記載說：「下午，……七時，至民報社，與慶午言余辭職事（按即辭《民報》經理發行事），慶午不應，良久，慶午忽言欲退會（指同盟會），斷絕關係。其原因則以□□以己意製一新國旗，而慶午以為不善，請其改之，逸仙固執不改，並出不遜之言，故慶午怒而退會。時諸人均在，皆勸之。余則細思慶午不快之原因，其遠者當另有一種不可推測之惡感情漸積於心，以致借是而發，實則此猶小問題；蓋□□素日不能開誠布公，虛心坦懷以待人，做事近於專制跋扈，有令人難堪處故也。今既如此，則兩者感情萬難調和，且無益耳，遂不勸止之。又思：□會自成立以來，會員多疑心疑德，余久厭之，今又如是，則將來之不能有所為亦意中事，不如早自為計，以免燒炭黨人之譏，遂決明日即向逸仙辭職，慶午事亦聽之。十時回，夜大風。」

又：「三月，一日，晴，十時，至孫逸仙寓，言辭職事，並以一切文件交之，逸仙初猶不允，余固言之，乃已，遂皆交代清楚。」

余前言在宋日記中可看出他隨時歡喜找朋友談天，他既有一段時期處理《民報》事務，而《民報》在十三期以前，以汪精衛寫的長文最多，可是在宋的日記中，卻無一字提及汪精衛、汪兆銘或汪季新者，為《民報》撰文章的人如胡展堂，章太炎（《民報》自第六期起，即由太炎編輯，蓋此時太炎已自上海出獄，被歡迎到東京也。）等，卻隨時有與宋接觸的事實，宋亦有記載，唯獨於汪，絕無往來，亦一怪事也。

在黃花崗一役後，宋與譚人鳳（亦華興會舊人）陳其美等在上海創建「中國同盟會中部總部」，其所發出宣言及章程，亦出自宋的手筆，則批評同盟會「有共同之宗旨，而無共同之計劃；有切實之人才，而無切實之組織」，其對會員個人，（包括中山、克強、展堂）亦多有微詞。又辛亥商量組織臨時政府，宋即主張內閣制而為中山所反對；孫欲提宋為臨時內務部長，亦為同志所不能通過；此可見宋之態度確實咄咄逼人，忌宋者固不止袁世凱一人，即黨內亦然也。

章太炎為馮自由序《中華民國開國前革命史》，盛推譚人鳳及宋之功；及辛亥宋在滬寧為臨時政府活動，章更不惜以江左夷吾目之；及宋被刺死，梁任公為文追悼，稱宋「有政治家風度」，張季直以聯輓宋，則曰：「何人忍賊來君叔，舉世誰為魯仲連」。可見在民國初年，中國尚有公道可講也。

（52.8.30）

八、《蔡松坡先生年譜》

（見蔡遺集卷首，臺北文星書店影印本）

《蔡松坡先生遺集》，遠在十五年前我即已看過，當時匆匆翻閱一過，未及細加檢討，不過我覺得編輯這部《遺集》的劉達武（粹叔）先生，能從事搜集，把護國一役的史料大部分保存下來，總算煞費苦心，值得重視。

後來，我根據這部《遺集》，寫過一篇一千多字的筆記，題曰〈為爭人格而討袁的蔡鍔〉，一度在某刊物上發表，後來收入我的《萬竹樓隨筆》（頁二八三－二八五）。其內容僅就可靠者記下一個梗概以備遺忘而已。

去年，臺北的文星書店，把這部《遺集》又影印了出來，列入他們出版的《中國現代史資料叢書》第一輯，內容一切如舊。

《遺集》的傳首，第一篇《蔡松坡先生年譜》，是《遺集》的編輯者劉達武先生所寫的，總算把這位活到三十五歲（1882-1916）的模範軍人的生平，敘述了一個大概；對於護國一役，更花不少的筆墨。我近來因為研究民國十四年中山逝世以前的這一段現代史，乃又有機會把松坡的這篇《年譜》檢閱了一遍。

《中國現代史資料叢書》的主編者吳相湘先生，曾指出《松坡年譜》的二十一、二十二頁上的時日有錯誤，但就我所知道，《年譜》所敘述的事實，錯誤之點還很多，現在不妨就我知道的，舉出幾個例子如下：

一、松坡與梁任公間的一段師生關係，實自光緒二十三年丁酉十月任公赴長沙時務學堂講學開始。任公在時務講學，始於是年十月，於次年正月，即因病赴上海就醫，二月，乃由康廣仁陪同前往北京，其留長沙的時間，實不足四個月。（參看《梁任公先生年譜長篇》卷六卷七，任公〈三十自述〉，及梁啟勳《曼殊室戊辰筆記》等資料。）

松坡年譜二十四年戊戌一條說：「十七歲，三月，以督學徐仁鑄薦，入長沙時務學堂肄業。（時譚嗣同為學監，梁啟超為總教習，所倡學說傾於民主政治，公思想為之一變。啟超於諸生中獨器重公。）」云云。

上面引號裡面的一段話，包括括弧裡面的說明，都是《年譜》的原文，我可以斷定「三月」兩字確係錯誤。假使松坡的參加時務學堂確在戊戌的三月，則其時任公早已離開湖南，而且早已經過上海到達了北京，試問任公與松坡間的一段師生關係，將如何建立？更如何談得到松坡聽過任公的講「思想為之一變」的話呢？自光緒戊戌年迄民國五年（1898-1916）松坡之死，為時共十八年。在這十八年中，包括松坡在日本讀書的一段，梁蔡的關係始終未斷；假如我們說松坡一生的成就，最主要的一部分，確係建立在他與任公的師生關係上面，也決不為過。考時務學堂的成立，在光緒二十三年丁酉的秋天，松坡加入時務，至遲也不會遲到同年的冬季，如果照年譜所說，係在二十四年三月，則不僅任公與松坡的關係無從建立，乃至後來十八年的關係，包括護國一役兩師徒合作在內，也就一筆勾銷了。因此，像這種錯誤便不是小錯，而是不可原諒的大錯。

二、《年譜》宣統三年辛亥一條，在十月後，十一月初六日前，忽然插入如下面的一段文字：「電令北伐援川各部隊，聯合各蜀軍分道援勦，並電覆南京大總統、黃元帥、武昌副總統及各都督」云云。同條稍後，更有如下面的一段記載：「初十日，與各省公認鄂為臨時政府，並請鄂先告外交團，電各該國承認」云云。《年譜》編者在民國元年以前所寫的時間，均用陰曆，這當然是應該的。可是編者好像不知道中山是是年陰曆十一月初六日始取道歐洲抵達上海，其時連臨時大總統副總統的選舉會也不曾召集，何來「大總統」、「副總統」這類名目？既然有了大總統，副總統，則是臨時政府已確定在南京了，何以下面又有「與各省公認鄂為臨時政府」的記載呢？大抵由於《年譜》的編者對當時一切事實發展的先後序次全不分曉，以致陷於這樣的顛倒錯亂，更使《年譜》的讀者感到莫名其妙。

三、《年譜》民國元年的一條，更有如下面的一段記載：「（十月），以四川尚未獨立，川督趙爾豐仇視民兵，再出兵援川」云云。按四川重慶的光復，在辛亥年十年初二，成都的光復，在同年十月初七，而趙爾豐之被殺，則在同年的十一月初三，到了民國元年的十月，四川的獨立和趙的被殺，已快經過一年了，而《年譜》的編者，忽然在民國元年一條，冒出這樣一段，真是白晝見鬼！所以陷於這樣的大錯，其理由與上面所舉的第二例正同，即《年譜》的編者，對當時一切事實發生的先後次序全不分曉是也。

四、《年譜》民國四年一條，也有一段莫名其妙的錯誤，其原文如下：「十一月，以病往天津日本共和醫院，函招戴戡自黔來津（時戡方卸貴州巡按職），共詣梁啟超寓廬（時袁有命，任梁為法部副大臣）商討對袁計劃……」云云。按任公反對袁氏稱帝的一篇大文——〈異哉所謂國體問題者〉，已於是年八月下旬脫稿，大致至八月底九月初，即已遍登京滬各報，而袁氏在此時亦尚未公然稱帝，怎麼會有「任梁為法部副大臣」這種怪事？袁任梁為法部副大臣，係袁氏在宣統三年九月二十六奉清廷命組織內閣時候的事，《年譜》的編者把這件事記在民國四年的十一月，真是匪夷所思！

好，我不想再寫下去了，總而言之，松坡的遺集，松坡的年譜或傳記，都有待於重編、重寫，劉達武先生所寫的這篇《年譜》，當然是要不得的。假如說劉先生所寫的也還有可供參考之處，則大致在敘述松坡先生家世的一部分，可是也還得細細加以檢討才行。

（52.8.2）

九、曹亞伯編：《武昌革命真史》（中華書局出版）

曹亞伯，湖北陽新縣人。早歲曾參加湖北革命團體「科學補習所」及「日知會」。光緒三十一年，「同盟會」成立於日本東京，亞伯與焉。旋由日赴英留學，仍於革命工作多所盡力。民元歸國，曾一度入黎元洪幕。民二討袁失敗，孫中山在東京有「中華革命黨」之組織，亞伯亦東渡參加。後以所受刺激過多，厭聞時政，乃售去其所自辦之亞林臭藥水廠，於崑山購地數十畝，經營農業以自給。

民十七，亞伯出其多年所珍藏之「日知會」文書筆記，及辛亥武昌起義時之一切有關文獻，輯為一書，題曰《武昌革命真史》凡數十萬言，交由中華書局出版。時余任中華編輯所新書部主任，總經理陸費伯鴻，以稿交余審查，問是否可以出版。余大體翻閱一過，即告伯鴻，謂以史料視此書，則價值頗高；以著作體裁論，則大可商榷。蓋此書所蒐集之資料，無一而非真實，然僅側重兩湖，於其他方面，則不免掛一漏萬。如題曰「辛亥革命史料，」則毛病尚小，斷不能名之曰史，更不能曰「真史」。伯鴻早歲曾參加「日知會」，與曹君有舊，誼無可卻，卒為印行。但出版不久，即為政府所禁，且令將剩餘之數百冊，每本切去一角，絕對不許流行。其實書名可以變更，史料乃斷不容湮滅，顧政府必以鹵莽滅裂之姿態出現之，亦適見其輕率而已。假令今有人焉，欲就辛亥一役，成一完整之著作，如不得曹書參考，余真不知其從何著筆也。余當時以職務上之方便，仍得保留未切角者一冊，且曾攜以入川，惜居重慶鄉間，一夜被竊去書籍一千餘冊，此書以精裝之故，亦同被竊去，（偷書者係一笨賊，專偷洋裝書，線裝書一本未動）余實不勝怏怏。抗日勝利後回滬，一日，偶至愛文義路某舊書店，則見此書赫然在焉，余乃以法幣三萬元得之，喜出望外。惜大陸淪陷，余全部藏書鎖存上海愚園路地豐里樓上，不及運出，此書又一併遺失。幸近年近代史料出版者頗多，曹書內容錄存者不少，仍得略窺梗概。可見中華民國不亡，革命史蹟終不容毀，有不解事之政府隨意禁止，即有好事者之多方搜求，天下事往往如此也。

聞亞伯晚年學佛，頗有所得，在民國二十六年十月，日軍未進佔崑山以前，病歿於其所自營之農舍。

（民國四十二年）

一〇、周善培（孝懷）著：《四川爭路親歷記》

（此書曾在重慶印行現在已不容易購得了）

這本書是周善培在一九五六年他八十二歲的時候寫的。敘述辛亥四月清廷宣示鐵路國有政策，川人起而爭路，迄是年十一月初三（公曆十二月二十二）尹昌衡以兵圍督署，殺趙爾豐，全川獨立，歷時約七閱月。在這七個月的時間，四川境內真是鬧得天翻地覆，不僅外省人不明真相，即當地較有知識而又留心時局的分子，能在事後把這次大亂的經過，不夾主觀成見，作出一原原本本的記載的，至少我還不曾見過。

周善培字孝懷，浙江諸暨人，辛亥六月以前，他在川任勸業道，後改提法司。在他任勸業道時，因川路與他的職務直接有關，他過問得較多；任提法司後，儘管他不必直接負責，可是因為他的性格勇於任事，同時他比成都其他的官方人士有辦法，也歡喜出主意，再加上他與成都的紳士們也大抵處得好，因此，在這一次大亂的演變中，他始終是要角之一。

我在抗日以前，因曾慕韓的介紹便和周認識，在他的上海寓所，曾和他談過好幾度。其時他還不到六十，健談，精神飽滿，自信力頗強，聽他的口氣，好像凡事他都有辦法。有一次，不記得談到一個怎樣的問題，他忽然慷慨激昂的高聲說：「蔣介石，假如他肯把一部分的責任交給我，如果辦不好，他可以殺我的頭！」語氣正是這樣，至今如聞其聲。後來，我確有機會對蔣先生提到過他這位同鄉，蔣說他知道，但未置可否。我也知道孝懷和梁任公的關係甚深；民初，任公辦《大中華》雜誌，屢向孝懷索稿，他被催促不已，乃報以一短篇，題曰〈辭窮〉，即表示他已無話可說的意思（其時正是二次革命以後，袁世凱提倡復古，並醞釀帝制的時候。）。民五任公南下討袁，曾於是年四月六日在南寧發有一電給孝懷，文曰：「梧州莫鎮守使請轉周孝懷鑒：幹公（指陸榮廷）頃他往，尊電明日乃得達。幹對粵別有規畫，持之頗堅，弟初不謂然，今亦首肯。覺頓（湯）今日銜命東下，乞公少待，晤後請溝通意見，聯名電幹。啟超叩，魚。」

我只知道孝懷討袁一役有所參與，究竟其時他扮演的是一個怎樣的角色，卻不清楚。

當中共快要佔領大陸，盧作孚住在廣州利群飯店，我曾花半天的時間，勸他不要對中共存幻想，後來作孚原已到達香港，他其所以終於回去以身殉民生公司，聽說也還是由於孝懷的一信；又聽說毛澤東毅然把「中華民國」四字一筆勾銷而代以所謂「中華人民共和國」。也以孝懷主張最力；此兩事均不知確否？孝懷在臨死以前，還擔任著民生公司董事長的名義，大致是事實。

孝懷寫這本《四川爭路親歷記》的時候，年齡已在八十以上，且患頭暈甚劇，但仍力疾把它寫完；全書約四萬字，條理明白，純用流暢的白話，筆調非常有力，可證明他的神智始終未衰。張表方（瀾）死於一九五四，年八十四，他是在四川爭路風潮中被趙爾豐拘禁的一人，他本與孝懷相約要由他們兩人合力寫出這一部爭路的史料，但時間已來不及；因此孝懷在生前扶病把這部小書寫完，也算是實踐了對他的老友這一諾言。孝懷死於一九五八，他小於表方四歲，因此他的死年也是八十四。

所謂四川的爭路風潮，其最前的一段，實際只是官紳兩方的衝突，與革命不相干，與革命黨更不相干。孝懷在敘述這本書的一開始，便就當時的官紳兩方人物列成兩個表，一看便能使我們對當時的情況明白一個大概，極為扼要，現在我把這兩表的人物及其籍貫職務等錄在下面。

（一）官方人物：

王人文（采臣，雲南，護理川督，閏六月初一日卸任），趙爾豐（季和，漢軍旗，川督，閏六月初一日到任），玉崑（滿洲，將軍），奎煥（滿洲，都統），田邦振（山東，提督），尹良（惺吾，滿洲，藩司），劉嘉琛（幼樵，河北，提學司），江毓岷（江西，提法司，六月卸任），周善培（孝懷，浙江，勸業道，六月卸任；提法司，六月到任），楊嘉紳（彥如，江蘇，鹽運司），徐樾（季回，浙江，巡警道），胡嗣芬（宗武，貴州，勸業道，六月到任），朱慶瀾（子橋，浙江，陸軍鎮統），田徵葵（夢卿，山東，營務處總辦），吳鍾鎔（壁華，浙江，兵備處總辦），路廣鍾（巡警教練所長）。

(二) 紳方人物：

蒲殿俊（伯英，廣安，諮議局議長），羅綸（子春，南充，諮議局副議長），伍肇齡（崧生，華陽，翰林院編修），曾培（篤齊，華陽，鐵路公司總理），鄧孝可（慕魯，奉節，主事），顏楷（雍耆，成都，翰林院庶吉士），張瀾（表方，南充，鐵路公司），邵從恩（明叔，青神，刑部主事），陳崇基（子立，大竹，督署法學顧問），周鳳翔（紫亭，彭山，高等學堂監督），胡嶸（雪生，成都，電報局總辦），江山乘（大竹，諮議局議員），葉秉誠（諮議局議員），王銘新（諮議局議員），胡蘭芬（實業學堂），蒙裁成（西充，鐵路公司），王小舟（洪雅，鐵路公司），尹昌衡（成都，陸軍學堂總辦），葉荃（雲南，陸軍標統）。

《清史稿》有趙爾豐傳，孝懷把這本書寫完以後，取趙傳加以檢查，僅爭路迄趙被殺一段，即發現四大錯誤。我把孝懷這本書看過兩次，取《清史稿》趙傳檢查，覺孝懷所指謫者，乃無可否認。

1. 趙傳說：「川亂起，爾豐還省。」孝懷說：「路事起後三個月，趙督才到任，那時川並無亂，亂事是在七月十五誘拘諸人之後才起來的。」

2. 趙傳說：「爾豐捕蒲殿俊等拘之。」孝懷說：「對蒲殿俊等並未用逮捕的方式，乃係藩台尹良趁藩署每日會議的時候，偽稱郵傳部有電來，誘諸紳到督署看電報，而拘留的。」

3. 趙傳說：「軍民環請獨立，爾豐遽讓政權。」孝懷說：「並無軍民環請的事，只是趙督為大勢所迫自己不得已才把政權交出來的。我所記的移交政權一段才是事實。」

4. 趙傳說：「標統尹昌衡率部入城。」孝懷說：「兵變之日，尹昌衡並未當標統。」任清史館館長者為趙爾巽，為乃弟爾豐立傳僅四百餘字，竟錯誤如此之多，爾巽殆未一過目，其草率誠不可恕也。

平心而論，鐵路國有，原不失為一堂堂正正的政策；以事實來說，當時的粵漢、川漢兩路，涉及湖北、湖南、四川、廣東四省，名為商辦，而籌款的方法，川則按租抽股，湘更抽及米鹽、房屋、田畝各雜捐，人民實已感到非常吃力。以川路來說，在國有政策宣布以前，原已集有股款兩千餘萬（包括租股及認股），經過了四年的工夫，僅僅把路線勘察了幾次，在宜昌築了三十里路基，已經把股款耗費了不少。再加上，川路上海分公司的經理施典章，更把存款拿去做投機，又損失了兩百餘萬，曾經川紳甘大璋、杜德輿等參奏。當時經過盛宣懷和載澤（宣統二年冬盛與載澤分任郵傳部及度支部尚書，三年四月改稱郵傳及度支大臣。）授意主張鐵路國有最力的，有四品京堂鄭孝胥，給事中石長信；石的奏摺說：「……從前規畫未善，全國路政，錯亂紛歧，不分枝幹，不量民力，一紙呈請，輒許商修。乃數年以來，粵則收股及半，造路無多，川則倒賬甚鉅，參追無著；湘鄂則開局多年，徒資坐耗；竭萬民之脂膏，虛糜侵蝕，恐曠時愈久，民累愈深，一誤何堪再誤？……」這些話大抵都是很對的。

可是政策儘管不錯，所指商辦種種毛病儘管都是事實，但要由一個貪汙有名的慶親王奕劻所領導的內閣來完成這樣一件大事，則畢竟不可能。原來自從光緒三十四年慈禧死了以後，清廷的最高政權，已落在一個少不更事的載灃之手。他執政以後的總方針，乃在藉預備立憲之名，行中央集權之實。所謂集權，第一是集軍權，第二是集財權。為集中軍權，他便首先去袁；為集中財權，他便用一個皇族載澤管財政（舜按：載澧和載澤還是聯襟），更用一個最長於借債的盛宣懷長交通。所謂鐵路國有政策者，一方面是集中財權的基本辦法之一，另方面也就是大借外債最有效的方法之一種。再加上到了宣統的元二三年，革命的鼓盪，已達高潮，這次慶內閣成立，正緊接著黃花崗一役以後，載澧眼見漢人的排滿一天天趨於激烈，他覺得最有效的對付，便是針鋒相對的排漢，因此這次慶內閣的一十三個大臣，滿人佔去八個，蒙古一個，漢人只得四個，而八個滿人中，更有五個是皇族（除總理大臣奕劻外，度支部載澤，民政部善耆，海軍部載洵，農工商部溥倫），於是乃有「皇族內閣」之稱，不僅革命派振振有辭，即立憲派也大失所望。有人說辛亥革命為路潮所引起，實際相反，路潮乃正為革命潮所推盪。一個政府最不能失掉的，乃是人民的信任，信用一失，不僅做壞事人民要反對，就實際是一件好事，人民也還是要反對的。所謂鐵路國有風潮，簡單明瞭的說，即人民對這一「皇族內閣」

根本不信任的一種借題發揮而已。

當鐵路國有的消息初到四川，反對的聲浪並不怎樣高，甚至還有有力人士，提出附條件的贊成。例如鄧孝可，他便主張政府將四年來用去及上海損失之款全部用現金歸還，他們便可連同未用之款改作四川的建設經費，而把完成川路交由政府去負責。後來其所以惡化到不可收拾，原因相當複雜。扼要言之，下面的幾點都頗重要：

1. 護督王人文對這件事是主張慎重解決的，他曾電奏政府，指出盛宣懷與四國銀團所訂合同損失權利太大，要求改約，並劾宣懷，結果被「傳旨嚴行申飭」（王電奏稿即由孝懷起草）。

2. 趙爾豐以前任川督的是他的乃兄趙爾巽，爾巽去川，乃改爾豐。其時爾豐任川滇邊務大臣，未即到任，故由王人文護理。政府以人文懦，促爾豐速來，於是爾豐以閏六月入成都。時川路駐宜昌總理李稷勳，一聞鐵路國有，即與郵傳部商訂，移交工款；郵部招與密議，仍令接主宜歸路工。川人謂稷勳未經總公司通知，股東會議決及川督命令，擅自達都，仍用川款，築宜歸路，要爾豐代奏，黜退稷勳。爾豐也覺得政府過於操切，即據以上達。但郵部復奏請欽派稷勳管宜歸路事。於是川人大譁，謂郵部蔑法欺天，置全川出資築路商民於不顧，因有七月初一成都罷市、罷課、頂著光緒帝靈牌游行，並聲言不納稅，不出雜捐以抵股息的大風潮發生。

3. 川人推諮議局副議長蕭湘及劉聲元、阮峘等入都上書反對，均不得要領，結果聲元等被遞解回籍，蕭湘懼禍南歸，也由載澤電湖廣總督瑞澂將其逮捕，囚於武昌。

4. 載澤、盛宣懷疑風潮為川紳所鼓動，認爾豐鎮壓不力，乃命「督辦粵漢川漢鐵路大臣」端方帶兵一協，入川戡亂，於是川人更為憤激。

5. 罷市風潮歷半月不得解決，趙怕端來他自己的地位不能保，又發現高等學堂學士閣士一散布所謂「自保商榷書」，亦疑蒲殿俊等所為，於是與藩司尹良密謀，於七月十五，誘拘羅綸、鄧孝可、蒲殿俊、顏楷、胡榮、張瀾、江山乘、葉秉誠、王銘新等於督署（初擬殺之，繼交將軍玉崑看管）。川民聞訊，因扶老攜帶，集督署環跪，為諸紳請命，趙見群眾勢難遏止，乃命田徵葵開鎗，當場死七人，傷無數，自是川亂擴大，各縣紛起民團，與官軍開戰，互有死傷，至成都閉城門數日。爾豐誣奏羅綸等為逆，焚攻督署，已以計先期捕獲，政府雖獎之，仍謂其不能已亂，於是乃更起岑春煊入川辦理剿撫事宜。

6. 春煊奉命入川，實七月二十三，已在川紳被拘、川亂擴大以後（春煊自著之《樂齋漫筆》，謂在辛亥六月，殆晚年記憶有誤），初電宣懷詢收路章程，盛覆電謂：「朝廷命公剿辦亂民，不命公問收路事，」但以朝旨促其速行。春煊曾於光緒二十八年一度署川督，川民對之有好感，至是乃為書誥誡川人，持論平允，且動以舊情，川人甚為感動，日盼其來，亂已略定。但春煊曾於光緒三十三年於慈禧前面劾奕劻貪汙，奕劻恨之刺骨，此次起用非奕劻意，遇事必多方扼之；及八月抵武昌，與瑞澂議既不合；川官吏也怕春煊嚴厲，敢誅殺，更勸爾豐造蜚語，謂春煊獨斷侵權（參看尚秉和《辛壬春秋》第二卷）；於是春煊知事不可為，因托病回滬。時武昌革命已爆發，川人知春煊不來，川亂因而蔓延愈廣。迄八月二十三，清廷命袁世凱為湖廣總督，春煊為四川總督，並督辦剿撫事宜，但春煊無一兵一卒，自然更無法成行了。

大體說來，孝懷這本書，自不失為研究清末川路風潮的一良好資料，尤其可為我們了解川亂演變的一大幫助。但有一點我們必須注意：即孝懷在臨死的前三年，所以扶病汲汲要把這本書寫成，為他自己辯誣，實為主要動機之一。

這話怎麼說呢？原來自八月十九武昌起義以後，更繼以各省紛紛響應，清廷的步伐乃趨於凌亂。本來清廷對處理川亂的方針，一直是主嚴厲的，其命端方帶兵入川，又命岑春煊入川剿撫，都是這種嚴厲辦法的表示。可是武昌革命爆發以後，他們乃完全軟化。八月二十四，詔王人文撤去侍郎銜，開去川滇邊務大臣，趙爾豐仍充川滇邊務大臣。九月初五，又詔奪盛宣懷官以謝天下。先是有川京官曾鑑等，合詞劾趙爾豐誣奏正紳為逆，戕斃無辜多命。事下端方，端覆奏屬實（端的態度也軟化了）。於是詔奪提法使周善培（即孝懷），營務處總辦田徵葵，候補道王棪、王梓官，徵葵並發往巴塘效力，候補道饒鳳璪降補同知，釋蒲殿俊、羅綸、顏楷、鄧孝可、胡嶸、蕭湘、江山乘（《辛壬春秋》作江三乘）、葉秉誠、王銘新、張瀾諸人。九月十六，更命端方暫行署理四川總督。

當時被參的不止一個周善培，為什麼孝懷獨非辯誣不可呢？原來當時在四川境內，發生了一種普遍謠言，說七月十五川紳多人的被誘拘督署，係出自孝懷與巡警道王棪及候補道饒鳳璪的陰謀，勸爾豐捕首要定亂。假如他不切實辨明，不僅影響他的身後之名，即在當時也有生命的危險，現在看見端方大舉奏參多人，爾豐也在其列，他認為這是他辯誣的一個最好機會，乃於九月初六，首先給爾豐一個呈文，原文云：「大帥鈞座，敬稟者：竊七月十五日之事，究由憲台獨斷，抑有他人參議，署司（孝懷自稱，其時他署理提法司），毫未預聞。乃自七月以後，外間紛紛造謠，皆謂十五之事乃由署司主謀告密。匪徒散布傳單，竟有欲得署司而甘心者。因值事變，大局方在危難之中，一身何復毀譽可計。且自路事發生以後，署司一念惟知大局，既未嘗取悅於上，又何必求諒於民？故聞謠謗之來，均只付之一笑。不意昨日得渝中報告，謂端大臣駐節在渝，博稽輿論，遂不免兼采謠言，謂必參署司以謝川人。報告所云，雖難保其必確；時勢至此，一官尤無足惜；惟是非所關，去留有道。倘憲台以署司七月十五以前不應力持和平辦法，責以姑息誤事，雖加嚴劾，萬無所辭。至於十五之事，署司方恨與聾聵無殊，端大臣采及謠言，署司豈甘以曖昧獲罪？應懇憲台將十五之事，究由憲台獨斷，抑由何人告密主謀，電知端大臣，俾免誤聽。至於署司前此不應力持和平辦法，若蒙憲台將署司立予撤

任，奏請參處，以為姑息貽誤者戒，尤沐大德。不勝迫切待命之至，須至稟者。宣統三年九月初六日。」（舜按：原書誤九月為七月）

孝懷除上了這一呈文以外，第二天並跑去面逼爾豐，爾豐此時對端正大不滿，乃承認：「七月十四以前是端老四屢次催我拿人的。七月十四的最後決定是尹老四（藩司尹良也行四）力勸我拿人的，沒有第二個人參預。……」說完之後並親筆對孝懷呈文擬了批，批文云：「署總督部堂趙批：據稟悉。此次首要諸人，係因其借路倡亂，逆跡昭彰，迫不得已，遵旨拘獲。該署司並未預議，外間謠諑詎足為信。端大帥尚未抵省詳查，何致以無稽之辭，遽行參奏？該署司以力主和平，深自引咎；本署督部堂以前對於諸紳研究路事，亦何曾不力主和平？而彼時固有以和平為本署督部堂罪者，任事之難如此，不獨該署司一人已也。總之，毀譽難知，是非具在，切勿輕聽浮言，鰓鰓過慮，是為至要。繳。初七。」

孝懷得了爾豐這樣一個批，他自己已把立場站穩，乃寫一封數千言長信給端方，痛述川變經過，對端加以責難，措辭咄咄逼人；並印了十萬份，專派四十人到全省一百四十二州縣各城鎮張貼（文長不錄，請閱原書）。九月二十二，端方已到達資州，終於不敢前進，與孝懷這封信大致也不無關係。

十月初七，端方被殺於資州；十一月初三爾豐被殺於成都，因不在孝懷此書範圍以內，姑存勿論。至於孝懷辯誣的經過，就當日被拘的張瀾和葉秉誠而論，前者和我有多年的交往，後者與我有多度的通信，從沒有聽到他們對孝懷有何微辭，則孝懷被誣大致總是可信的了。

（51.7.2-8.3）

一一、淩鴻勛著《詹天佑年譜》

這本《詹天佑年譜》，是淩鴻勛（竹銘）先生為詹先生誕生一百年的紀念而編的，於民國五十年由中國工程師學會（按此學會原為詹氏所首創）出版。

淩先生以一個鐵路工程專家的資格，為他這位同行的前輩來寫這部年譜，確實是最適當不過的人選。

這本書儘管只有不足五萬字的篇幅，但取材精審，文字謹嚴，對於詹先生一生的所志，所學、所事，確能從各方面發揮淋漓盡致，而致讀者自自然然對這位譜主發生無限的景仰。在最近十餘年間，我所讀過古代和近代人的年譜，殆不少於三百種，而經我看過兩遍者，則不出十種左右，而淩先生這一種實居其二。我所以對這本書特別感到興趣，其理由也很簡單：一、我們從本書不只對詹先生的生平能得一個清晰的印象，即在民國八年（1919）詹氏去世以前有關中國各鐵路修築的經過，編者也都大體的提到，對清末民初這一段中國的鐵路小史，也可從此書看到一個輪廓。二、詹先生其所以在鐵路工程方面得享盛名，實由於不假外國工程師之助，由他個人領導，以四年不足的時間，完成了一條工作非常艱鉅的京張鐵路。〔按京張鐵路的開工始於光緒三十一年（1906）九月初四，迄宣統元年（1909）的八月十九，即已舉行全路通車典禮。〕淩先生在這本書裡，附載有兩幅很要緊的圖：一幅為「京張鐵路平剖面圖」，另一幅為「京張鐵路八達嶺附近平剖面圖」。看此書時，以圖文對照，乃能喚起我三十二年前在這一條路上一度旅行對所經南口至康莊一段路工艱鉅的回憶。三、我平常也感到年譜往往只能詳於譜主個人，對其人所生時代的背景，及其人在該時代中所生的影響，乃至承先啟後的種種關係，則每每不能儘量發揮（真正寫得好的年譜當然不如此）。同時，一個不善剪裁的作者，又每多自矜博雅，對譜主個人一切行事與言論，乃不惜毛舉細故，甚至譜主某年某月所作過一篇極不重要的文或一首詩，也不惜將其題目逐年逐月加以列舉，而其實這位譜主又不一定是一位真正了不起的文學大家，實在令人讀來索然寡味，而不及一篇寫得好的傳記或評傳，使人一看即能明白其人在其所生時代的地位及其師友淵源。淩先生此書，於按照普通年譜體例逐年作一縱的敘述而外，更補寫了一篇約三千字的〈編後〉，就詹先生生平所作大事及其成功的關鍵所在，更能給以一種夾敘夾議的發揮，乃使人於讀年譜所得的益處以外，更能有一種讀傳記之樂。

詹先生原籍安徽婺源，自其祖父世鸞公始遷居廣州，遂為廣東南海人。他生於清咸豐十一年辛酉（1861），卒於民國八年己未（1919），得年僅五十有九。

詹係清同治十一年實行派遣幼童一百二十名赴美留學第一批的三十名之一。其時派遣此項學生，須由其家庭正式向官方具結，詹父興洪公，當時所寫的具結書下：「茲有子天佑，情願送赴憲局（指當時清廷在上海所設的出洋局），帶往花旗國肄業，學習技藝。回來之日，聽從差遣，不得在國外逗留生理。倘有疾病死亡，各安天命。此結是實。……童男詹天佑，年十二歲，身中，面圓白。徽州府婺源縣人氏。曾祖文賢，祖世鸞，父興洪。」

其時清廷採納容閎派遣幼童一百二十名赴美留學的建議，並於清同治十一年（1872）迄光緒元年（1875）分作四批派送，原議此項幼童可在國外肄業十五年，可是後來清廷的保守派人物聽信學生監督吳子登對此類學生過度洋化的蜚語中傷，於光緒七年（1881）將此項留學生全部撤回。詹先生以出國在第一批，乃得經過預備學校、中學校，並於光緒四年（1878）考入耶路大學（Yale University）工學院，習土木及鐵路工程，於光緒七年五月畢業，年齡始二十有一，可謂幸運（其時被撤回的學生以尚在大學肄業者居大多數。）

詹於回國以後，曾服務於水師學堂，測繪廣東沿海形勢，並充當洋文教習，先後歷七年之久，實用非所學；迄光緒十四年（1888），始應當時的鐵路公司經理伍廷芳之聘，北上任工程師，是為置身鐵路之始。自此以後，凡歷三十一年，迄未間斷。當時中國境內所築各路，如關內外，津蘆、西陵支線、洛潼、滬寧、道清、萍醴、津浦、潮汕、京張、張綏、粵漢、川漢、中東等等，詹先生莫不躬與其役，發生或多或少的關係，而以築成京張一路最為有名。

詹先生「生平受知於張之洞、伍廷芳、胡橘芬、盛宣懷、李鴻章、袁世凱、徐世昌諸顯要」，（用淩先生〈編後〉的原文）假如他熱中於做官的話，他也可能更做到飛黃騰達；但他絕對不肯跳出他的本行範圍，僅此一點，已足為後輩的矜式。

又凌先生於年譜〈編後〉，就京張路全路工款每公里用費，隧道工程每公尺用款，及京張路建築資本中的總務費用與其他各路所用者列成三個簡單的比較表，則詹對於公帑的力事撙節，可以一目了然，現在我把這三個表錄在下面：

甲、全路建築工款平均每公里約用銀元數：（一）滬寧，122,900元。（二）津浦，119,000元。（三）京漢，95,600元。（四）京奉，94,600元。（五）京張，48,600元。

乙、隧道工程用款：（一）粵漢南段，隧道共長642公尺，平均每公尺用400元；（二）平漢，664公尺，358元；（三）京張，1,645公尺，319元。

丙、工程時期的總務費用：（一）津浦，平均每公里約10,000元；（二）平漢，8,500元；（三）滬寧，7,700元；（四）京奉，6,300元；（五）京張，3,100元。

按京張路全路工款的原預算為銀七百二十九萬一千八百六十兩，實際收到七百二十二萬三千九百八十四兩，但結束時實用者僅六百九十三萬五千零八十六兩，尚餘二十八萬八千八百九十八兩，較原預算則省三十五萬六千七百七十四兩。像他這種不敢濫費國庫的精神，更足資一切從事公務者的模範了。

（52.9.13）

一二、胡適著：《丁文江的傳記》

關於丁文江（在君，1887-1936）先生的生平，過去，我僅從老友丁月波（文淵，在君的胞弟）和丁廷標（在君和月波的族叔）兩位的口頭知道一個大概；對在君本人，我更只在南京某一會場中見過一面，而沒有過正式的接觸。民國四十六年的三月，月波把胡適之先生為在君寫的這部傳記（中央研究院院刊第三輯抽印本）送了一本給我；我當時匆匆看過一遍，引起我的感想甚多：中國近代學人如梁任公（啟超）先生，僅活到五十有七（1872-1929。舜按：任公生清同治十二年正月二十六，卒民國十八年一月十九，如照公曆標任公的生卒年代，其生年應為一八七二，以同治十二年正月二十六，適為一八七二年十二月二十四日也。）王靜安（國維）先生乃剛到五十晉一（1877-1927，其生年為清光緒三年丁丑十月二十九，卒年為民國十六年五月三日），而在君則更僅得四十有九（一八八七年四月十三，迄一九三六年一月五日，即清光緒十三年丁亥三月二十日，迄民國二十五年一月五日也），他們三位都是儲學最力而又貢獻最多之人，除靜安先生係受時局影響憤世自沉以外，任公與在君兩位，都不免多少為醫生所誤，未克盡其天年，而更精進於所學，誠不能不使人有「人亡國瘁」之感。同時我也想到：中國近代若干對政治與學術極有關係而又都係入民國後始先後去世的人物，如孫中山、黃克強、章太炎，宋遯初、蔡孑民、康長素、梁任公、蔡松坡、嚴又陵、王靜安、陳伯嚴、乃至反派人物如袁世凱、盛宣懷、梁士詒、楊晳子等等，都沒有中國的歷史學者，以謹嚴的態度，分別為他們各寫一篇評傳，這也不能不令人感到中國史學界的荒蕪。我曾假定：我們如果從清季以迄今日約一百二十年，在這一段時期中，選出對政治與學術確有過重大影響的一流或二流人物（影響包括好的和壞的），七八十人到一百人，由民間的研究機構或個人，通力合作，廣集資料，嚴加鑑別，再物色適當的人選，為這群人分別各寫一篇傳記，把這一段時期中在政治上表現的種種糾紛，思想上種種不同的說法，一一反映出來，這不僅對於一般的國民教育大有用處，即為一般研究中國近代史的人著想，確也可節省他們多少精力，同時糾正他們若干錯誤的看法。就我近年所看到這類的書籍而論，如劉厚生寫的《張謇傳記》，胡適之寫的《丁文江的傳記》，便大致能符合我這種希望。

胡先生在民國四十五年為在君先生寫這本傳記的時候，其時他還住在美國，對於在君的若干遺著，他感到無法搜集得完全。例如在君在《努力週報》和在天津《庸報》上所發表的文字；尤其是民國十五年在君任淞滬總辦這一時期的許多文電原稿，曾由在君寄存在他的一個朋友手裡的；他在海外都沒有看到。言外好像他對自己的這一工作，仍有若干不滿足的意思。但我就這部傳記的篇幅約略檢查了一下，已經有十一萬字左右，總也算得夠詳盡了。

傅斯年說：「……在君確是新時代最良善最有用的中國人之代表；他是歐化中國過程中產生的最高的菁華；他是用科學知識作燃料的大馬力機器；他是抹煞主觀，為學術為社會為國家服務者，為公眾之進步及幸福服務者。這樣的一個人格，應當在國人心中留個深刻的印象。……」

胡先生平日寫文字，那怕在一般大人先生們看來不算是一個怎樣了不起的題目，例如〈醒世姻緣傳考證〉，但他總是竭全力為之，甚至不惜窮年累月去找材料。他的這部《丁文江的傳記》，自然也不是例外。他確實花了不小的氣力，對上面傅斯年所說的幾點，可以說都已十足的做到。只要你能把這部傳記細看一遍，丁文江這個人，便能在你「心中留個深刻的印象」，自屬毫無疑義。

我對在君的四弟丁月波先生，曾有過兩度的共事：一度在美國人出錢辦的「知識分子救協會」；一度在「中國文化協會」。當月波在這兩個機構任事的時候，他的身體已經害了一種不治之症，而且經醫生動過大手術，宣告他只有五年的壽命了！可是他依然是孜孜不倦，凡事不肯馬虎，好像他知道自己是快要死的人，再不努力便來不及了的樣子！實在使我非常感動。

我讀過這本《丁文江的傳記》，才知道在君和月波兩昆仲的性格完全一樣：都是凡事認真，而又不肯節勞。因此，在君二十四年的十二月，到我們潮南湘潭譚家山去測勘煤礦，他一定要親自走下六百英尺斜深的礦洞，洞內熱度很高，著單衣也汗流浹背，但出洞以後，卻是極冷的原野冬風，於是傷了風，同時也陷於極度的疲勞，乃不能不生上煤爐，將門窗關了睡覺，因而中了煤毒；在君之死，便是這樣死的。在君以一個地質學專家，其致死之因則由於測勘煤鑛，真可以說是以身殉學了。

在君又不只是一位科學家，他對中國文學的造詣也不錯，詩文都寫得很好，因而他對人的感情乃極端豐富。有兩個湖南人，他終身不能忘記：一位是做過他家鄉泰興縣長同時也鼓勵他出洋讀書的龍研仙（璋）先生；一位是老教育家同時也是早年帶到日本去留學的胡子靖（元倓）先生。梁任公對在君很了解，也很重視，任公死了，在君做了一首非常感人的輓聯輓他：「生我者父母，知我者鮑子；在地為河嶽，在天為日星。」在君本人有一個得意的學生名趙亞曾，民國十八年在君和趙亞曾等分組到川、滇、黔一帶去作地質調查，趙君在雲南的昭通被土匪打死了，在君非常傷心，在路上哭過好幾次。同時，在君還是一位愛國者，因而他也熱心政治。他似乎覺得中國要建設成一個現代國家，民主也許反不如獨裁來得快。民國二十二年在君在蘇俄旅行以後，二十三年十二月，乃在《獨立評論》發表一篇政論〈民主政治與獨裁政治〉，便公然主張所謂「新式的獨裁」，可是他對這種獨裁首領的資格，卻限制非常的嚴格：

一、獨裁的首領要完全以國家的利害為利害。

二、獨裁的首領要徹底了解現代化國家的性質。

三、獨裁的首領要能夠利用全國的專門人才。

四、獨裁的首領要利用目前的國難問題來號召全國有參與政治資格的人的情緒與理智，使他們站在一個旗幟之下。他的結論是：「我已經說過，目前的中國，這種獨裁還是不可能的。但是我們大家應該努力使他於最短期內變為可能。放棄民主政治的主張，就是這種努力的第一個步驟。」

我們應該注意：他這種論調，是抗戰前兩年多提出的。他好像不知道中國的所謂「獨裁」，乃是從一黨專政演變出來的，既是從一黨專政演出，則所謂「獨裁的領袖」，乃不能不處處顧到「黨的利益」，如此，則所謂「以國家的利害為利害」，「利用全國的專門人才」，所謂「號召有參與政治資格的人的情緒與理智，使他們站在一個旗幟之下」，乃成為不可能。假定在君不早死，居然參與了後來的政治，他可能做出的成績，最多也不會超過翁文灝與楊永泰。所以我對他這種說話，實在無法苟同，換言之，既不能產生一個諸葛亮，則不如運用三個臭皮匠來實行「漸進的民主」要妥當得多了。

一三、吳永口述《庚子西狩叢談》

（余所見者為民國三十二年再版本。出版者苕溪漁隱，經售者上海道德書局。）

《庚子西狩叢談》四卷，吳永口述，劉治襄筆記。吳字漁川，浙江吳興人，曾紀澤之女婿。甲午中日戰爭後，李鴻章張蔭桓先後辦理日本換約事宜，吳以直隸試用知縣調充文案委員，事後經張密保「堪膺方面」，但仍以知縣留原省補用，丁酉補懷來縣，戊戌九月到任。庚子七月，聯軍破北京，慈禧偕光緒帝出奔，吳於是月二十四日於去懷來縣城二十五里之榆林堡迎駕，一切供應，均取辦倉卒，頗稱旨，因得慈禧眷注，並命開缺以知府隨扈，督辦行在糧台。由是而太原，而西安，迄翌年八月自西安啟蹕回鑾，至十一月吳自開封途次奉命赴廣東雷瓊道新任，計歷時一年有餘，凡拳亂之始末，行在之起居，與內外大臣鉅璫貴冑之言語態度，以及小朝廷中人事上之磨擦擠排，吳君無不一一得之耳聞目擊，誠一幕可歎可愕，可歌可泣之絕大悲喜劇也。記者劉君，浙江蘭溪人，光緒壬寅進士，文筆暢達，能曲狀一切複雜事象，讀之逸趣橫生。全書凡近八萬言，分五卷：第一卷，自義和拳發難，迄於兩宮出狩；第二卷，則述吳永本人先在懷來禁遏拳教，與後來所受之種種危險；第三卷，自兩宮駕抵懷來，沿途扈從，至於太原駐蹕；第四卷，則自西安起程回鑾，至黃河南岸登舟北渡為止，第五卷，述他在清末民初的服官的經過。首尾完備，敘次整然，實為研究庚子拳變一役之第一等史料。

清室之亡，非亡於辛亥，而實亡於庚子，蓋自庚子一役，清廷一切腐敗愚昧之真相始暴露無遺，亦自庚子以後，革命風潮始日趨劇烈而無法遏止。當時有人以為慈禧經此一度刺激，於創鉅痛深之餘，必將一反前此所為，但實際則制度已成定型，心理習慣尤牢不可破，除一二敷衍外人或塗飾耳目之事項不得不表示順應潮流以外，在精神上則大抵因仍舊貫，不獨親貴用事，閹宦擅權，人以倖進，政以賄成，一切無異於庚子以前，而奢侈泄沓之風，或且變本加厲；又不獨戊戌以來之新人絕對不能引用，甚至內而朝廷，外而各省，其用人標準，求如往日且不可得。迄光緒三十四年，慈禧與光緒帝同時殂落，政權落於一輩少壯親貴之手，更假借集權之名，而有所謂「皇族內閣」之出現。地方較有為之督撫，亦必以去之而後快。因之武昌義旗一舉，而全國土崩，雖曰天命，豈非人事？讀吳永此書，回思五十年前之往事，真使人感慨萬千也。

（民國四十一年）

附錄　吳漁川先生年譜

先生諱永，字漁川，一字槃盦，別號觀復道人，浙之吳興人也。生於同治四年，歿於民國二十五年，享年七十有二。

年號		年次	紀錄
同治	4年	乙丑	一歲。是年四月三十日，誕生於四川寧遠府西昌縣縣署。
	5年	丙寅	二歲。
	6年	丁卯	三歲。
	7年	戊辰	四歲。
	8年	己巳	五歲。
	9年	庚午	六歲。就傅讀。
	10年	辛未	七歲。
	11年	壬申	八歲。已能詩文，群目為逸才。
	12年	癸酉	九歲。
	13年	甲戌	十歲。
光緒	元年	乙亥	十歲。
	2年	丙子	十二歲。
	3年	丁丑	十三歲。
	4年	戊寅	十四歲。父病篤，每夜就中庭焚香，吁天號泣，乞以身代；及父歿，哀毀幾以身殉。

年號	年次		紀錄
光緒	5年	己卯	十五歲。隨母徙成都，家貧甚，無力延師，從親友假書讀，刻苦自勵。涉獵經史之餘，工繪事，通音律，摹刻漢印，古茂有致，雅俊稱於時。
	6年	庚辰	十六歲。
	7年	辛巳	十七歲。
	8年	壬午	十八歲。從名孝廉劉復初先生習詞章。
	9年	癸未	十九歲。應童子試冠前茅。
	10年	甲申	二十歲。從郭紹先先生游，學益大進，是年法越搆難，投筆從戎，初為鮑超部曲，記名提督鄧統領訓誥所延致。旋入忠壯幕，治箋摺，草露布，馳驅於冰天炎瘴中，備嘗險阻。是時法軍屢挫，其大將孤拔戰死。
	11年	乙酉	二十一歲。清廷與法議和，遂解甲歸田。泛洞庭，客長沙，旅橐蕭然，粥書畫鐫刻，以自給。湘陰郭子瀞觀察耳其名，聘為記室，間從侍郎郭嵩燾習古文義法，藝益進。
	12年	丙戌	二十二歲。
	13年	丁亥	二十三歲。由湘至京師，郭嵩燾侍郎為致荐於戶部侍郎毅勇侯曾紀澤，一見拭目，館於臺吉廠邸第。
	14年	戊子	二十四歲。曾惠敏公紀澤以次女妻之。
	15年	己丑	二十五歲。
	16年	庚寅	二十六歲。庚寅春，惠敏公薨於位，先生護喪之長沙。
	17年	辛卯	二十七歲。
	18年	壬辰	二十八歲。
	19年	癸巳	二十九歲。先生以家貧親老，援例以知縣試史直隸。
	20年	甲午	三十歲。中日啟釁。（甲午之戰）
	21年	乙未	三十一歲。中日和議告成，侯官羅公豐祿荐先生於李文忠公（鴻章），派隨辦日本商約。

年號		年次	紀錄
光緒	22年	丙申	三十二歲。李文忠公奉詔賀英皇加冕禮，南海尚書張蔭桓接辦商約大臣，遵旨保荐賢才，首舉安徽臯司趙爾巽，伍廷芳及先生等皆列薦剡。
	23年	丁酉	三十三歲。補授直隸懷來縣知縣。
	24年	戊戌	三十四歲。蒞懷來縣任，兢兢吏職，以勤廉自矢，頗著循聲。
	25年	己亥	三十五歲。
	26年	庚子	三十六歲。是年拳亂作，紅巾滿城，生殺任意，先生洞燭亂機，痛治之，境內晏然。秋七月，八國聯軍犯京師，兩宮微服倉皇出走。車駕猝蒞懷來，先生守土不去，接駕有功，奉旨辦理隨扈前路糧臺。以位卑邀重眷，恐遭眾忌，毅然奏請簡派甘肅藩司岑春煊為督辦，寧自居會辦。至宣化，擢升知府，准專摺奏事，賞道員，交軍機處存記。賞賚優渥，寵冠群僚，朝臣盡為側目。
	27年	辛丑	三十七歲。五月，簡授廣東雷瓊道缺。兩宮自西安啟鑾，命督辦回鑾前站事宜，至開封，奉懿旨逕赴廣東新任，毋庸隨扈。
	28年	壬寅	三十八歲。補授廣東高廉欽兵備道，兼統潮普等八營，督辦高州清鄉事宜。
	29年	癸卯	三十九歲。
	30年	甲辰	四十歲。
	31年	乙巳	四十一歲。調署雷瓊道，兼統廣東巡防七營，兼督辦撫黎局務。旋調授惠潮嘉兵備道。十月，繼娶宮保郵傳部尚書盛宣懷之弱妹為繼室。
	32年	丙午	四十二歲。丁憂去官，入蜀奔喪。
	33年	丁未	四十三歲。
	34年	戊申	四十四歲。服闋入都。旋授山東兗沂曹濟兵備道，兼管黃運兩河事宜，誥授資政大夫，賞二品頂戴。
宣統	元年	己酉	四十五歲。
	2年	庚戌	四十六歲。
	3年	辛亥	四十七歲。秋，武昌起義，去官之滬。

年號		年次	紀錄
民國	元年	壬子	四十八歲。魯都督周自齊召赴濟南，委署山東提法使。旋改任都督府秘書長，兼籌備國會省議會選舉事務所所長。
	2年	癸丑	四十九歲。簡任膠東觀察使，兼外交部煙臺交涉使，及僑工事務局長，給二等大綬嘉禾章。官制革新，改觀察使為道尹，在任歷十年之久。
	3年	甲寅	五十歲。
	4年	乙卯	五十一歲。
	5年	丙辰	五十二歲。
	6年	丁巳	五十三歲。
	7年	戊午	五十四歲。
	8年	己未	五十五歲。與劉治襄先生初晤於濟南山東省署之西園，席間暢談庚子故實，未竟即散。
	9年	庚申	五十六歲。
	10年	辛酉	五十七歲。以事忤上官，遂掛冠去，從茲息影都門。
	11年	壬戌	五十八歲。
	12年	癸亥	五十九歲。
	13年	甲子	六十歲。
	14年	乙丑	六十一歲。
	15年	丙寅	六十二歲。
	16年	丁卯	六十三歲。孫公寶琦潘公復先後綰理中樞，一再辟攬，復出任國務院秘書，與劉治襄先生重共几席，賡續前問，遂成《庚子西狩叢談》一書，凡五卷，都七萬餘言。
	17年	戊辰	六十四歲。
	18年	己巳	六十五歲。見國事日非，遂杜門養痾，精闡釋學。

年號		年次	紀錄
民國	19年	庚午	六十六歲。
	20年	辛未	六十七歲。
	21年	壬申	六十八歲。
	22年	癸酉	六十九歲。
	23年	甲戌	七十歲。
	24年	乙亥	七十一歲。美教士浦愛德將《庚子西狩叢談》譯成英文，付美國耶魯大學刊行。後更有德文日文譯本，中外推崇，視為信史。
	25年	丙子	七十二歲。十月十七日，易簀於北京宣南求志巷。先生為宦一生，所餘僅圖書四壁，筆硯數笥而已。

一四、《驛舍探幽錄》

（王慶保曹景郕記錄張蔭桓遣戍新疆時的途中談話，見《中國近代史資料叢刊》「戊戌變法」第一冊。）

「康長素之出，實由樵野薦之於翁叔平，翁薦之於光緒，故戊戌變政，樵野實其原動，西太后欲殺之久矣。庚子亂命，與害珍妃同一筆法，事類袁紹之殺田豐。蓋自恥失敗而永圖滅口，且杜翻案耳。樵野之起，不由科第，而才華顯露，眾多側目；至其親家李芍農亦與不諧，故受禍雖烈，而稱之者稀，尚不克比於許景澄、徐用儀，亦可傷矣。阮季湖前覓得樵野遺集寄京，偶題此什，以抒所感，亦論近世史者所宜知也。」

上面這段文字，乃葉玉甫（公綽）《遐菴詩乙稿》中〈讀張樵野鐵畫樓集〉一首七律的短序。長素康有為字，樵野張蔭桓字，叔平翁同龢字也。

翁日記對薦康一事，諱莫如深，蓋畏罪而自行改竄者。

又王慶保，曹景郕所著《驛舍探幽錄》，亦記張蔭桓對康表示極端不滿：「張曰：康有為何足齒數，如此妄作，何異瘋痰？諭旨謂我尚非康黨，我罪爰從末減，其實我豈屑黨彼哉？……」此蓋與翁同一心理，不得不自為洗刷，決與事實不符。但葉玉甫所謂「戊戌變政，樵野實為原動」，則說得分量太重，如謂戊戌變政一幕，翁與張均為極有關係之人，則固不容否認也。

按戊戌八月，張蔭桓與徐致靖、楊深秀、楊銳、林旭、譚嗣同、劉光第、康廣仁共八人，同繫刑部獄，事前原有張與六君子同日處決的傳說，英使館得知此訊，乃與日本使館聯繫，共同救張。日代辦公使林權助，且親向李鴻章關說，並稱當時在北京遊歷的日前首相伊藤博文亦望張能得救。於是由李轉達榮祿，再由榮向太后緩頰，張罪乃得減刑，改戍新疆。當時張由北京前往新疆，係由沿途各省，分段派文武專員押解，並有少數軍隊衛護。《驛舍探幽錄》著者王曹兩位，均當時直隸的候補知縣，即奉命押解張赴山西交割的解官。張初忘記了自己是一位犯官，對王曹仍大模大樣，後見王曹亦非俗吏，能談，且能詩，態度乃一變；在直隸境內同行十餘日，彼此相處頗為融洽，且相互唱和，作詩甚多。王曹亦好事者，見張相待如此，乃對張提出問題甚多，例如張得罪的原因，被逮的經過，在刑部獄內的情形，張多年來所辦各事的概況，他與康有為的關係，翁與的康關係，慈禧對光緒帝后的虐待，德親王亨利及伊藤訪問北京的經過，太監李蓮英的納賄召權等等，幾於無所不問，張亦大放厥辭，幾於無所不談。《探幽錄》全文約一萬四千字，雖所記與他種資料有合有不合，但大抵可資參考，也可看出當日清廷人才及政象的一斑，茲摘述其要點如下：

一、政變發生於八月初六，是日，張蔭桓住宅因被疑為康有為藏匿之所，曾被搜查一次。

但張本人被捕，則在初八。捕去在提督衙門住一宿，即奉旨交刑部審訊，入監，與甲午戰爭得罪之葉志超為鄰。據葉云，他入獄用了六千四百元，而張對王曹兩解官說，他這次乃花了一萬一千餘元，此可見當時監獄之黑暗。

二、六君子被殺在八月十三，並未經過提審。在車赴刑場前，張問獄卒「能留一二人否？」卒答：「留二人。」問「為誰？」答：「楊深秀、康廣仁。」及聞套車為六輛，張知不免，乃靜以待死。但結果提出者為楊深秀、楊銳、林旭、譚嗣同、劉光第、康廣仁，張始稍微放心。

三、張於八月二十日自良鄉出發，帶家丁五名，戚友送行者六七人。十九日，張與戚友梁姓晏姓談至夜深，所操粵語，多為兩解官所不解，但聞某處若干萬，某處若干萬，共約七八十萬，此證張確有錢。

四、康應乙未會試，本不在被取之列，翁同龢於落卷中搜出之，乃得中式。康於翁有知己感，乃請張介紹見翁，翁允而臨時不見。此與康自編年譜所述不合，蓋翁不惟見之，且向康表示十四年不為康代遞所上書之悔意。

五、張述戊戌正月初三在總署召見康，同見者為奕劻、李鴻章、翁同龢、及張本人，此亦與康年譜不合，康述是日在總署與之談話者除李、翁、張外尚有榮祿及廖壽恆，共五人，奕劻並未出席。

六、張認康與中山為同黨，戊戌康在京活動所用之錢，皆出自中山，此亦想像之辭，蓋孫與康固無一面之雅也。

七、張平日在同官中恃才傲物，此不難於張答兩解官之語氣中看出，實其召禍重要元凶之一。張在總署處理外交事件，多由其一人主持，同事者鮮得與聞。蓋剛毅、廖壽恆輩本甚胡塗，翁亦不甚了了，一切為張之言是聽。參劾張者謂其「專擅」，張自認除「專擅」外亦無他法也。

八、張路經保定，託友人代為搜購書籍甚多，備到戍所後閱覽，此足徵其平日好尚，要不失為當日官僚中之佼佼者。

九、張述其二十三年赴歐，曾於巴黎購得名貴禮物兩份，以一份獻太后，一份獻光緒帝，惟於總管太監李蓮英毫無點綴；李乃於太后前多方挑撥之。太后性本倔強，但其大半生乃甘心被玩弄於李蓮英掌股之上，所謂「智勇多困於所溺」，信然。（此點須參看吳永所述《庚子西狩叢談》）

十、張經手借外款頗多，此亦其被人疑忌原因之一。

十一、伊藤到北京，由張帶領見太后，張與伊握手為禮，耳語頗殷勤，此本尋常禮貌，太后乃疑張與伊有私。德親王欲一遊天壇，廷議不許，張力爭，亦引起同官不悅謂其見外國，欲藉以抬高自身地位。

十二、張謂光緒帝身體漸成虛損，已入膏肓，惟貼奕劻所進膏藥稍可。帝后事太后均甚苦，太后賜食，即已甚飽亦必食盡。

十三、張又說太后有私蓄二三千萬金，半在南苑，半在大內，皆用紅頭繩束之。在第一次償日本賠款時，曾撥出兩百萬。按庚子聯軍入京，此藏金未被搜去，太后大喜。

（此事須參看羅惇融《庚子國變記》。）

（52.6.21）

一五、胡思敬著《驢背集》

《驢背集》四卷，胡思敬撰。作者自云：「庚子之變，予隨扈不及，挈室避居昌平，嘗孤身跨一蹇驢，微服入都，探問兵間消息，返則筆而記之。既又繫以小詩，皆實錄也。」詩凡一百三十餘首，均詠有關拳亂一役之人與事，而每首之後，均附有注釋甚詳，其體裁與王壬秋詠太平天國一役之「獨行謠」相類似，為研究庚子一幕甚可貴之資料也。

茲錄詠賽金花一首及其注釋於後，與曾孟樸《孽海花》張某《續孽海花》及樊樊山〈後彩雲曲〉所述固相脗合也。詩云：

月照秋梧葉葉霜，禁庭雙宿野鴛鴦，
韋娘半老風情在，十斛明珠負石郎。

（註）蘇妓曹夢蘭，以色藝冠絕一時，兵部侍郎洪鈞奉命使德奧，道出上海，以七千金購為侍姬，挾以西行，寵之如嫡室，西人亦以夫人禮待之。嘗與柏林公讌，與威廉第二后攝一小像，見者皆為之傾倒。侍郎使還，不一年遽卒，夢蘭盡竊其貲，隨一僕逃歸上海，僕旋以瘵死。再入樂籍，更姓名為賽金花，久之復還京師，諸貴人輳集其門，有藉之以通聲氣者。各使

館隨員多與之交好，春初，拳匪未亂時，公使循例入賀，擬假金花西服，偽為公使夫人，內廷微有所聞，遣許景澄峻拒之，乃止。瓦德西佩八國兵符，前僭居儀鑾殿，召金花入宮，與同臥起，如夫婦。金花居柏林久，通曉德意志語言文字，是時年已三十，顏色姣艷如初遊泰西時。其裝束雜採中西服飾，以新法改之，奇詭出人意表。瓦德西返國，亦遘疾幾死。

在胡氏筆底，頗視賽金花如禍水，其實曹本妓女，洪死而重操舊業，無所謂負不負；瓦德西來中國時，年已六十八，所謂「遘疾幾死」，亦無足異也。樊山「後彩雲曲」及張君「續孽海花」則稱賽金花於當時北京人民頗多保全，樊山「後彩雲曲」自序云：「因思庚子之亂，彩雲侍德帥瓦爾德西，居儀鑾殿，爾時聯軍駐京，惟德軍最殘酷，留守王大臣，皆森目結舌，賴彩雲言於所歡，稍止淫掠，此一事足述也。」蓋賽金花原名傅彩雲，曹夢蘭亦其初作妓女時之別稱也。

（民國四十一年）

一六、呂碧城及其《曉珠詞》

呂碧城，字聖因，一字遁天，晚年學佛，法號寶蓮，安徽旌德人。生光緒九年（1883），幼承家學，早慧；中歲漫遊歐美；二次世界大戰起，始由歐渡美，越太平洋，返居香港。以民國三十二年（1943）一月二十四日，卒於九龍，得年六十。遺命火花，將骨灰和麵為丸，投諸海中，結緣水族。

碧城父名鳳岐，字瑞田，清光緒三年丁丑科進士，與樊增祥同年，曾任山西學政，碧城二十以前所作詩詞，即為樊所激賞。碧城二十以後，任天津河北女子師範學堂監督；又向嚴復問業，治名學，習英文，嚴譯名著八種中之耶芳斯《名學淺說》，即用以授碧城之講義也。

入民國後，碧城曾一任袁世凱公府秘書，帝制議起，乃翩然南下，奉母居滬，閉戶讀書，仍進修英文甚力。

民九赴美，入哥倫比亞大學旁聽，專攻文學，兼為上海《時報》通信。後更遍遊英、法、義、瑞諸國，著遊記《鴻雪因緣》。

至民十五，乃卜居瑞士。時碧城已躭禪悅，潛心佛典，且茹素戒殺，參加歌洲士女之護生運動。能以英語弘揚佛法，頗為歐人所禮重。

碧城早歲，原與鄉人汪姓訂有婚約，汪姓藉故解除。碧城受此刺激，因以獨身終老。

自其父母先後逝世，兩兄及一姊一妹亦先卒。碧城姊妹共四人，長名惠如，次美蓀，均以文學有名，時人以與碧城稱「淮南三呂」，而碧城尤傑出。但美蓀與碧城以家事失和，致三十年不通音問，故碧城晚年孑然一身，身世與李易安不同，而不無類似之處。

碧城著作甚富，以《曉珠詞》四卷最為有名，茲錄四首，以見其概。

〈瑞鶴仙〉

予昔有〈齊天樂〉雪山觀日出之詞，今遊炎嶠，觀海日將沈，奇彩愈烈，更賦此詞，而感慨深矣。

瘴風寬蕙帶，又瘦影扶筇，楚香閒採。登臨感輕快。對層雲曳縞，亂峯橫黛。搴裳步隘，正雨過、湍奔石瀨。戰松林、萬翠鳴秋，併作怒濤澎湃。凝睞，陰晴弄暝，愁近黃昏，蜃華催改。明霞照海，渲異艷，遠天外。竚丹輪半彈，迅頹羲馭，哀入驃姚壯采。渺予懷，此意蒼涼，更誰暗解？

〈祝英臺近〉

綰銀瓶，牽玉井，愁思黯梧苑。蘸淥搴芳，夢斷楚天遠。最憐娥月含顰，一般消瘦，又別後依依重見。倦凝眄，可奈病葉驚霜，紅蘭泣騷畹？滯粉黏香，繡屧悄尋徧。

小欄人影淒迷，和煙和霧，更化作、一庭幽怨。

〈浪淘沙〉

寒意透雲流，寶篆煙浮，夢深聽雨小紅樓。姹紫嫣紅零落否？人替花愁。臨遠怕凝眸，草膩波柔，隔簾咫尺是西洲。來月送春兼送客，花替人愁！

〈浪淘沙〉

百二莽秦關，麗堞迴旋，夕陽紅處儘堪憐，素手先鞭何處著，如此山川！花月自娟娟，簾底燈邊，春痕如夢夢如煙，往返人天何處住，如此華年。

（55.3.27）

一七、馬君武譯《威廉退爾》劇本

（中華書局出版）

去今二十六年前，即民國十四年，馬君武先生，即譯有德國十九世紀文豪席勒（Schiller）所著《威廉退爾》（William Tell）一劇本在中華書局出版。其時余正在中華編輯所任事，凡此類書籍出版，均由余經手，余當時曾一讀馬先生之譯稿，殆無疑義。顧其時余對此所留之印象並不甚深，僅恍惚記得有此一事而已。

近讀愛克爾曼所著《哥德對話錄》一書（周學普譯，商務出版），始知哥德與席勒間友情之深厚，而《威廉退爾》一劇之寫成，乃與哥德有密切之關係。據一八二七年五月六日哥德對愛克爾曼所述，渠於再度遊覽瑞士時，為其地湖光山色之自然美所感動，擬以此舉世無與倫比之風景區為背景，就有關退爾之傳說，構成一長篇敘事詩。已著手矣，顧以牽於他事，卒未成篇，因將全部題材讓於席勒，是即席勒寫成《威廉退爾》一劇最主要之助力也。余因有感於此一事實，因取馬譯本重讀之。馬先生譯是書時，正僦居瑞士之茵夢湖邊，目睹其地方之文明，人民之自由，到處瞻仰威廉退爾之遺像，更陶醉於其環境之美，其所感觸者，殆類似哥德之當年，故其譯本中亦時有神來之筆。

是劇啟幕時，首由漁兒牧童獵人更迭歌唱，馬譯此種歌辭，仍以韻語出之，其摩繪景色，讀之令人神往。茲錄如下，使不得讀此一劇本者，猶可鼎嘗一臠也。

「湖波含笑招人浴，兒童酣睡草茵綠，忽聞短笛一聲鳴，有如樂園天使聲。空氣芳馥兒童醒，湖水澄甘聊可飲，有人呼汝聲低微，兒今既醒其來歸。」（漁兒所唱）

「暫與芳草別，長夏已將歸，來往山谷間，風景當復非。一朝布穀鳴，歌聲會更起，滿地布新花，山前看流水。暫與芳草別，長夏已將歸，來往山谷間，風景當復非。」（牧人所唱）

「雷聲忽起山谷怒，獵人徬徨失歸路，山頭白雪亦崩摧，稻草不綠春色微。城郭人民不可識，腳下但見白雲飛，聊自雲隙望世界，綠原遠在湖水外。」（獵人所唱）

馬先生自述其譯是書時，「不知墜過幾多次眼淚，」其實當時奧皇所派駐瑞士之總督格思勒（Gessler），不過命獵人退爾於八十步外遙射其子瓦得頭上所置之蘋菓，暴虐誠暴虐矣，然以較今日毛澤東，必命他人之子女於稠人中鬥爭其父母，其殘酷無人理又何如耶！

（民國四十年）

血歷史170　PC0830

新銳文創
INDEPENDENT & UNIQUE

中國近代史話集

原　　著	左舜生
主　　編	蔡登山
責任編輯	姚芳慈
圖文排版	楊家齊
封面設計	蔡瑋筠

出版策劃	新銳文創
發 行 人	宋政坤
法律顧問	毛國樑　律師
製作發行	秀威資訊科技股份有限公司
	114 台北市內湖區瑞光路76巷65號1樓
	電話：+886-2-2796-3638　傳真：+886-2-2796-1377
	服務信箱：service@showwe.com.tw
	http://www.showwe.com.tw
郵政劃撥	19563868　戶名：秀威資訊科技股份有限公司
展售門市	國家書店【松江門市】
	104 台北市中山區松江路209號1樓
	電話：+886-2-2518-0207　傳真：+886-2-2518-0778
網路訂購	秀威網路書店：https://store.showwe.tw
	國家網路書店：https://www.govbooks.com.tw

出版日期	2021年1月　BOD一版
定　　價	490元

版權所有・翻印必究（本書如有缺頁、破損或裝訂錯誤，請寄回更換）
Copyright © 2021 by Showwe Information Co., Ltd.
All Rights Reserved

Printed in Taiwan

國家圖書館出版品預行編目

中國近代史話集 / 左舜生原著 ; 蔡登山主編. --
一版. -- 臺北市 : 新銳文創, 2021.01
面 ;　公分. -- (血歷史 ; 170)
BOD版
ISBN 978-986-5540-28-9(平裝)

1. 近代史 2. 中國史

627.6　　109020109

讀者回函卡

感謝您購買本書，為提升服務品質，請填妥以下資料，將讀者回函卡直接寄回或傳真本公司，收到您的寶貴意見後，我們會收藏記錄及檢討，謝謝！

如您需要了解本公司最新出版書目、購書優惠或企劃活動，歡迎您上網查詢或下載相關資料：http:// www.showwe.com.tw

您購買的書名：______________________________

出生日期：________年________月________日

學歷：□高中 (含) 以下　□大專　□研究所 (含) 以上

職業：□製造業　□金融業　□資訊業　□軍警　□傳播業　□自由業

□服務業　□公務員　□教職　□學生　□家管　□其它______

購書地點：□網路書店　□實體書店　□書展　□郵購　□贈閱　□其他

您從何得知本書的消息？

□網路書店　□實體書店　□網路搜尋　□電子報　□書訊　□雜誌

□傳播媒體　□親友推薦　□網站推薦　□部落格　□其他__________

您對本書的評價：(請填代號　1.非常滿意　2.滿意　3.尚可　4.再改進)

封面設計____　版面編排____　內容____　文／譯筆____　價格____

讀完書後您覺得：

□很有收穫　□有收穫　□收穫不多　□沒收穫

對我們的建議：______________________________

____

____

____

請貼
郵票

11466
台北市内湖區瑞光路 76 巷 65 號 1 樓
秀威資訊科技股份有限公司 收
BOD 數位出版事業部

（請沿線對折寄回，謝謝！）

姓　　名：＿＿＿＿＿＿＿＿＿＿　年齡：＿＿＿＿　性別：□女　□男

郵遞區號：□□□□□

地　　址：＿＿＿＿＿＿＿＿＿＿＿＿＿＿＿＿＿＿＿＿＿＿＿＿＿

聯絡電話：(日)＿＿＿＿＿＿＿＿＿＿＿(夜)＿＿＿＿＿＿＿＿＿＿＿

E-mail：＿＿＿＿＿＿＿＿＿＿＿＿＿＿＿＿＿＿＿＿＿＿＿＿＿